Programmation Lua Simplifiée

Votre Initiation au Scripting Efficace pour Débutants

Javier Struwig

Table of Contents

Chapitre 1 : Introduction à Lua

Qu'est-ce que Lua ?

Lua est un langage de programmation léger et de haut niveau, principalement conçu pour être embarqué dans des applications. Créé en 1993 par une équipe de l'Université Pontificale Catholique de Rio de Janeiro au Brésil, Lua (qui signifie "lune" en portugais) est passé d'humbles débuts pour devenir l'un des langages de script les plus populaires dans certains domaines.

Ce qui rend Lua spécial n'est pas seulement sa syntaxe épurée ou ses performances, c'est la simplicité et la flexibilité remarquables du langage. Avec un noyau minuscule et une syntaxe minimale, Lua parvient à fournir des fonctionnalités puissantes qui le rendent adapté à tout, du développement de jeux aux fichiers de configuration, et des applications web aux systèmes embarqués.

Une Brève Histoire de Lua

L'histoire de Lua commence au début des années 1990 au sein du Groupe Technologique d'Infographie (Tecgraf) au Brésil. L'équipe, dirigée par Roberto Ierusalimschy, Luiz Henrique de Figueiredo et Waldemar Celes, avait besoin d'un langage pour deux projets de la compagnie pétrolière d'État Petrobras. Plutôt que d'adopter un langage existant avec des restrictions de licence ou une complexité excessive, ils ont créé le leur.

La première version de Lua a été publiée en 1993, se concentrant sur la description de données plutôt que sur un langage de programmation complet. Avec Lua 2.1 (1995), le langage avait évolué pour inclure les fonctions. À chaque version ultérieure, Lua est devenu plus puissant tout en maintenant sa philosophie fondamentale de simplicité et d'efficacité.

Aujourd'hui, Lua en est à la version 5.4 (au moment de la rédaction de ce livre), et il continue d'exceller dans ce pour quoi il a été conçu : être un langage de script intégrable, facile à apprendre, facile à intégrer et suffisamment puissant pour un travail sérieux.

Caractéristiques Clés de Lua

Qu'est-ce qui distingue Lua dans le domaine encombré des langages de programmation ? Voici quelques-unes de ses caractéristiques déterminantes :

- **Léger et Rapide** : Lua a une faible empreinte mémoire et s'exécute rapidement, ce qui le rend idéal pour les environnements aux ressources limitées.

- **Intégrable** : Conçu dès le départ pour être embarqué dans des applications hôtes, Lua peut s'intégrer de manière transparente avec C, C++ et d'autres langages.

- **Syntaxe Simple** : Avec un code propre et lisible qui ressemble à Pascal ou Python, Lua est accessible aux débutants et confortable pour les programmeurs expérimentés.

- **Structures de Données Puissantes** : Les tables, le seul type de conteneur de Lua, peuvent être utilisées pour représenter des tableaux, des dictionnaires, des objets, et plus encore.

- **Typage Dynamique** : Les variables n'ont pas besoin de déclarations de type, ce qui simplifie le code et augmente la flexibilité.

- **Ramasse-miettes (Garbage Collection)** : La gestion automatique de la mémoire libère les développeurs de l'allocation et de la désallocation manuelles de la mémoire.

- **Fonctions de Première Classe** : Les fonctions sont traitées comme des valeurs qui peuvent être stockées dans des variables, passées en arguments et retournées par d'autres fonctions.

- **Méta-mécanismes** : Plutôt que de fournir directement une vaste gamme de fonctionnalités, Lua offre des méta-mécanismes qui permettent aux programmeurs d'implémenter eux-mêmes des fonctionnalités avancées.

Cas d'Utilisation et Applications

La polyvalence de Lua a conduit à son adoption dans un large éventail d'applications :

- **Développement de Jeux** : Lua est un favori dans l'industrie du jeu vidéo. Des jeux comme *World of Warcraft*, *Angry Birds* et *Roblox* utilisent Lua pour le scripting. Sa capacité à gérer les interactions en temps réel tout en maintenant les performances le rend parfait pour la logique de jeu.

- **Systèmes Embarqués** : Des téléviseurs intelligents aux appareils réseau, la faible empreinte de Lua le rend idéal pour fournir des capacités de script dans des appareils aux ressources limitées.

- **Configuration** : Des applications comme le serveur web Nginx utilisent Lua pour les fichiers de configuration, profitant de sa syntaxe lisible et de sa puissance expressive.

- **Calcul Scientifique** : La vitesse et la facilité d'intégration de Lua le rendent utile dans les applications scientifiques, en particulier lorsqu'il est combiné avec du code C ou Fortran numériquement intensif.

- **Applications Mobiles** : Des frameworks comme Corona SDK utilisent Lua pour créer des applications mobiles multiplateformes avec une seule base de code.

Voici un petit exemple de code Lua qui démontre sa syntaxe épurée :

```lua
-- Ceci est un commentaire en Lua
print("Bonjour, le monde !")  -- Le premier programme classique

-- Une fonction simple
function saluer(nom)
    return "Bonjour, " .. nom .. " !"
end

-- Appeler la fonction
message = saluer("Programmeur Lua")
print(message)
```

Sortie :

```
Bonjour, le monde !
Bonjour, Programmeur Lua !
```

Pourquoi Apprendre Lua ?

Vous vous demandez peut-être pourquoi investir du temps dans l'apprentissage de Lua alors qu'il existe tant de langages de programmation disponibles. Voici des raisons convaincantes :

1. **Facile à Apprendre** : La conception minimaliste de Lua signifie qu'il y a moins de syntaxe à mémoriser et moins de concepts à maîtriser avant de devenir productif.
2. **Largement Utilisé dans les Jeux Vidéo** : Si vous êtes intéressé par le développement de jeux, la connaissance de Lua est très précieuse car il est utilisé par de nombreux moteurs de jeux et titres majeurs.
3. **Compétences Transférables** : Les concepts de Lua (comme les fonctions de première classe et les tables) vous aideront à comprendre des fonctionnalités similaires dans d'autres langages.
4. **Employabilité** : Les entreprises utilisant Lua recherchent toujours des développeurs familiers avec le langage.
5. **Programmation Embarquée** : Lua ouvre les portes de la programmation embarquée sans avoir à gérer la complexité de C ou C++.
6. **Prototypage Rapide** : La simplicité de Lua le rend excellent pour prototyper rapidement des idées avant de les implémenter dans d'autres langages.

Résumé du Chapitre

Dans ce chapitre, nous avons présenté Lua – un langage de script léger et intégrable, connu pour sa simplicité et sa puissance. Nous avons exploré ses origines dans une université brésilienne, ses caractéristiques clés comme une syntaxe épurée et des structures de données puissantes, ainsi que la gamme variée d'applications où Lua excelle.

Au fur et à mesure que nous avancerons, vous commencerez à mettre les mains dans le code Lua. Dans le chapitre suivant, nous allons configurer un environnement de développement Lua et écrire nos premiers scripts, faisant ainsi les premiers pas dans ce qui, je l'espère, sera un voyage agréable à travers ce langage élégant.

Chapitre 2 : Démarrer avec Lua

Installer Lua

Avant de plonger dans la programmation avec Lua, nous devons configurer notre environnement de développement. La bonne nouvelle est que Lua est remarquablement facile à installer sur différents systèmes d'exploitation grâce à ses dépendances minimales et sa faible empreinte mémoire.

Installation sous Windows

Sous Windows, vous avez plusieurs options pour installer Lua :

1. **Télécharger les Binaires Précompilés** :

    *   Visitez le site officiel de Lua (www.lua.org) et téléchargez les binaires Windows
    *   Alternativement, vous pouvez utiliser LuaBinaries (http://luabinaries.sourceforge.net)
    *   Extrayez les fichiers dans un répertoire de votre choix
    *   Ajoutez ce répertoire à votre variable d'environnement système PATH pour accéder à Lua depuis n'importe quelle invite de commandes

2. **Utiliser un Gestionnaire de Paquets** : Si vous avez Chocolatey installé, exécutez simplement :

```
choco install lua
```

Installation sous macOS

Pour les utilisateurs Mac, l'approche la plus simple est d'utiliser un gestionnaire de paquets :

1. **Avec Homebrew** :

```
brew install lua
```

2. **Avec MacPorts** :

```
sudo port install lua
```

Installation sous Linux

Sous Linux, Lua est généralement disponible via le gestionnaire de paquets de votre distribution :

1. **Debian/Ubuntu** :

```
sudo apt-get install lua5.4
```

2. **Fedora** :

```
sudo dnf install lua
```

3. **Arch Linux** :

```
sudo pacman -S lua
```

Vérifier Votre Installation

Après l'installation, vérifions que Lua fonctionne correctement. Ouvrez un terminal ou une invite de commandes et tapez :

```
lua -v
```

Vous devriez voir une sortie indiquant la version de Lua, quelque chose comme :

```
Lua 5.4.4  Copyright (C) 1994-2022 Lua.org, PUC-Rio
```

Interpréteurs Lua en Ligne

Si vous n'êtes pas prêt à installer Lua localement ou si vous voulez juste expérimenter rapidement, plusieurs interpréteurs Lua en ligne sont disponibles :

- **Repl.it** : offre un environnement Lua complet dans votre navigateur
- **TIO.run** : prend en charge plusieurs versions de Lua pour les tests
- **Lua Demo** : un interpréteur simple proposé par le site officiel de Lua

Ces outils en ligne sont parfaits pour des expérimentations rapides ou lorsque vous êtes loin de votre machine de développement principale.

L'Interpréteur Lua

Lua est livré avec un interpréteur interactif qui vous permet d'exécuter du code ligne par ligne – parfait pour apprendre et expérimenter. Pour démarrer l'interpréteur, ouvrez simplement un terminal et tapez `lua`.

Vous verrez une invite, généralement `>`, où vous pouvez entrer du code Lua :

```
> print("Bonjour depuis l'interpréteur Lua !")
Bonjour depuis l'interpréteur Lua !
> 2 + 2
4
> for i=1,3 do print(i) end
1
2
3
```

Pour quitter l'interpréteur, appuyez sur Ctrl+C sur la plupart des systèmes, ou tapez `os.exit()`.

Ce mode interactif est inestimable pour tester de petits extraits de code et apprendre le comportement de Lua.

Votre Premier Programme Lua

Créons et exécutons notre premier programme Lua. Ouvrez un éditeur de texte de votre choix et créez un fichier nommé `bonjour.lua` avec le contenu suivant :

```
-- Mon premier programme Lua
print("Bonjour, le monde Lua !")
```

```
-- Ajout de quelques calculs simples
print("2 + 3 =", 2 + 3)
print("5 * 4 =", 5 * 4)

-- Obtention de l'entrée utilisateur
print("Quel est votre nom ?")
local nom = io.read()
print("Ravi de vous rencontrer, " .. nom .. " !")
```

Enregistrez le fichier, puis ouvrez un terminal dans le même répertoire et exécutez :

```
lua bonjour.lua
```

Vous devriez voir une sortie comme celle-ci :

```
Bonjour, le monde Lua !
2 + 3 = 5
5 * 4 = 20
Quel est votre nom ?
```

Tapez votre nom et appuyez sur Entrée, et le programme répondra :

```
Ravi de vous rencontrer, [votre nom] !
```

Félicitations ! Vous venez d'écrire et d'exécuter votre premier programme Lua.

Comprendre la Structure du Code

Décomposons notre premier programme pour comprendre ses composants :

1. **Commentaires** : En Lua, les commentaires commencent par -- et continuent jusqu'à la fin de la ligne :

   ```
   -- Ceci est un commentaire
   ```

2. **Afficher la Sortie** : La fonction print() affiche du texte et des valeurs dans la console :

   ```
   print("Bonjour, le monde Lua !")
   ```

3. **Expressions** : Nous avons calculé et affiché les résultats d'opérations arithmétiques simples :

```
print("2 + 3 =", 2 + 3)
```

4. **Entrée Utilisateur** : Nous avons utilisé `io.read()` pour obtenir une entrée de l'utilisateur :

```
local nom = io.read()
```

5. **Concaténation de Chaînes** : Nous avons joint des chaînes en utilisant l'opérateur `..` :

```
print("Ravi de vous rencontrer, " .. nom .. " !")
```

Commentaires et Documentation en Lua

Bien commenter est une pratique essentielle dans tout langage de programmation. Lua offre deux styles de commentaires :

1. **Commentaires sur une seule ligne** : Commencent par `--` et continuent jusqu'à la fin de la ligne :

```
-- Ceci est un commentaire sur une seule ligne
print("Bonjour") -- Ceci est un commentaire en fin de ligne
```

2. **Commentaires multilignes** : Commencent par `--[[` et se terminent par `]]` :

```
--[[
    Ceci est un commentaire multiligne
    qui s'étend sur plusieurs lignes
    et est utile pour une documentation plus longue
]]
```

Pour documenter votre code, envisagez d'adopter un style cohérent. Voici un exemple d'une fonction bien documentée :

```
--[[
    Calcule la moyenne d'une liste de nombres
```

```
   @param nombres La table de nombres dont on veut la moyenne
   @retourne La valeur moyenne, ou 0 si la table est vide
]]
function moyenne(nombres)
    local somme = 0
    local compteur = 0

    for _, valeur in ipairs(nombres) do
        somme = somme + valeur
        compteur = compteur + 1
    end

    return compteur > 0 and somme / compteur or 0
end
```

Configurer un Éditeur de Code

Bien que vous puissiez écrire du code Lua dans n'importe quel éditeur de texte, utiliser un éditeur avec un support Lua améliorera considérablement votre expérience. Voici quelques options populaires :

- **Visual Studio Code** : Gratuit et puissant, avec des extensions Lua disponibles
- **Sublime Text** : Rapide et léger, avec une bonne coloration syntaxique Lua
- **ZeroBrane Studio** : Un IDE spécialement conçu pour le développement Lua
- **Vim/Neovim** : Pour les passionnés du terminal, avec des plugins Lua disponibles
- **Notepad++** : Une option simple mais efficace pour les utilisateurs Windows

Pour VS Code, je recommande d'installer l'extension "Lua" de sumneko, qui fournit la coloration syntaxique, la complétion de code et le linting.

Bonnes Pratiques pour le Développement Lua

Alors que vous commencez votre parcours Lua, voici quelques bonnes pratiques à suivre :

1. **Utilisez une Indentation Cohérente** : La pratique standard est de 2 ou 4 espaces (pas de tabulations).
2. **Choisissez des Noms Significatifs** : Les noms de variables et de fonctions doivent indiquer clairement leur objectif.
3. **Local par Défaut** : Utilisez le mot-clé `local` pour les variables sauf si vous avez explicitement besoin qu'elles soient globales.

4. **Gérez les Erreurs** : Pensez à la manière dont votre code pourrait échouer et gérez ces cas avec élégance.
5. **Testez Incrémentalement** : Écrivez de petites portions de code et testez-les avant de continuer.
6. **Commentez Judicieusement** : Expliquez *pourquoi* votre code fait quelque chose, pas seulement *ce qu'il* fait.

Voici un exemple démontrant ces pratiques :

```
-- Calcule le prix total incluant la taxe
local function calculerTotal(prix, tauxTaxe)
    -- S'assurer que les entrées sont des nombres valides
    if type(prix) ~= "number" or type(tauxTaxe) ~= "number" then
        return nil, "Le prix et le taux de taxe doivent être des nombres"
    end

    -- Éviter les valeurs négatives
    if prix < 0 or tauxTaxe < 0 then
        return nil, "Le prix et le taux de taxe ne peuvent pas être négatifs"
    end

    local montantTaxe = prix * (tauxTaxe / 100)
    local total = prix + montantTaxe

    return total, montantTaxe
end

-- Exemple d'utilisation
local total, taxe = calculerTotal(100, 7.5)
if total then
    -- Note: L'utilisation du $ et sa position peuvent dépendre des conventions
locales.
    -- Ici, nous gardons le format $XX.XX mais un format XX.XX $ ou XX.XX €
serait aussi commun en France.
    print(string.format("Total : %.2f $ (inclut %.2f $ de taxe)", total, taxe))
else
    print("Erreur : " .. taxe) -- taxe contient le message d'erreur dans ce cas
end
```

Sortie :

```
Total : 107.50 $ (inclut 7.50 $ de taxe)
```

Résumé du Chapitre

Dans ce chapitre, nous avons posé les bases de votre parcours de programmation Lua. Nous avons installé Lua, écrit notre premier programme et exploré les bases de la syntaxe et de la structure de Lua. Nous avons également examiné les bonnes pratiques qui vous aideront à écrire un code plus propre et plus maintenable au fur et à mesure de votre progression.

La simplicité de Lua signifie que vous êtes déjà bien parti pour comprendre le langage. Dans le chapitre suivant, nous allons plonger plus profondément dans les variables et les types de données de Lua, en nous basant sur les fondations que nous avons établies ici. Vous apprendrez comment Lua stocke et manipule différents types d'informations, ce qui est fondamental pour écrire des programmes plus complexes et utiles.

Chapitre 3 : Variables et Types de Données

Comprendre les Variables en Lua

En programmation, les variables sont comme des conteneurs étiquetés qui contiennent des données. Elles nous permettent de stocker et de manipuler des informations tout au long de nos programmes. En Lua, les variables sont particulièrement flexibles et simples à utiliser.

Déclaration et Affectation de Variables

Contrairement à de nombreux langages de programmation, Lua ne nécessite pas de déclarations de variables explicites avec spécification de type. Pour créer une variable, vous affectez simplement une valeur à un nom :

```
nom = "Alice"
age = 30
estEtudiant = true
```

Cependant, il est généralement recommandé d'utiliser le mot-clé `local` lors de la déclaration de variables :

```
local nom = "Alice"
local age = 30
local estEtudiant = true
```

Pourquoi utiliser `local` ? Par défaut, les variables en Lua sont globales, ce qui signifie qu'elles peuvent être accessibles depuis n'importe où dans votre programme. Cela peut entraîner des conflits de noms et des comportements inattendus. Les variables locales ne sont accessibles que dans leur portée (le bloc où elles sont définies), ce qui aide à prévenir ces problèmes.

Règles de Nommage des Variables

Lors du nommage des variables en Lua, suivez ces règles :

- Les noms peuvent contenir des lettres, des chiffres et des traits de soulignement (_)
- Les noms ne doivent pas commencer par un chiffre
- Les noms sont sensibles à la casse (nom et Nom sont des variables différentes)
- Les mots réservés (comme if, for, local) ne peuvent pas être utilisés comme noms de variables

Bonne pratique :

```
local prenom = "Jean"
local nom_famille = "Dupont"
local age75 = 42
local _prive = "secret"
```

Mauvaise pratique (mais toujours valide) :

```
local a = "Jean"  -- Peu descriptif
local X = "Dupont"   -- Pas clair ce que cela représente
```

Invalide :

```
local 1erePlace = "Or"      -- Commence par un chiffre
local for = "boucle"        -- 'for' est un mot réservé
local nom-utilisateur = "admin" -- Contient un trait d'union
```

Les Types de Données de Lua

Lua est dynamiquement typé, ce qui signifie que les variables peuvent contenir des valeurs de n'importe quel type, et le type peut changer pendant l'exécution du programme. Lua comprend huit types de base :

1. **nil** : Représente l'absence de valeur utile
2. **boolean** : Soit true soit false
3. **number** : Représente à la fois les nombres entiers et les nombres à virgule flottante

4. **string** : Séquence de caractères
5. **function** : Code qui peut être appelé
6. **table** : La seule structure de données en Lua, très polyvalente
7. **userdata** : Types de données personnalisés (typiquement du code C/C++)
8. **thread** : Threads d'exécution indépendants

Explorons chaque type en détail :

Nil

Le type nil n'a qu'une seule valeur : `nil`. Il représente l'absence de valeur utile et est différent de zéro, d'une chaîne vide ou de false.

```lua
local aucuneValeur = nil
local variableNonInitialisee  -- Ceci est aussi nil par défaut

print(aucuneValeur)           -- Sortie : nil
print(variableNonInitialisee) -- Sortie : nil

-- Tester pour nil
if aucuneValeur == nil then
    print("La variable est nil")
end
```

Sortie :

```
nil
nil
La variable est nil
```

Boolean

Le type booléen a deux valeurs : `true` et `false`. Ils sont utilisés pour les opérations logiques et les instructions conditionnelles.

```lua
local estActif = true
local estTermine = false

print(estActif)   -- Sortie : true
print(estTermine) -- Sortie : false

-- Opérations booléennes
print(not estActif)             -- Sortie : false
print(estActif and estTermine)  -- Sortie : false
```

```
print(estActif or estTermine)  -- Sortie : true
```

Sortie :

```
true
false
false
false
true
```

Il est important de noter qu'en Lua, contrairement à certains autres langages, nil et false sont considérés comme des valeurs "fausses" (falsy) dans les contextes conditionnels. Tout le reste, y compris zéro et les chaînes vides, est considéré comme "vrai" (truthy).

```
if nil then
    print("nil est vrai") -- Ceci ne s'exécutera pas
else
    print("nil est faux")
end

if false then
    print("false est vrai") -- Ceci ne s'exécutera pas
else
    print("false est faux")
end

if 0 then
    print("0 est vrai") -- Ceci s'exécutera
end

if "" then
    print("La chaîne vide est vraie") -- Ceci s'exécutera
end
```

Sortie :

```
nil est faux
false est faux
0 est vrai
La chaîne vide est vraie
```

Numbers (Nombres)

En Lua, tous les nombres sont représentés comme des valeurs à virgule flottante double précision (similaire à `double` en C). Cela signifie que Lua peut gérer à la fois les entiers et les nombres décimaux avec le même type.

```
local entier = 42
local pointFlottant = 3.14159
local scientifique = 1.5e6   -- 1.5 × 10^6 (1 500 000)
local hexadecimal = 0xFF   -- 255 en décimal

print(entier)        -- Sortie : 42
print(pointFlottant) -- Sortie : 3.14159
print(scientifique)    -- Sortie : 1500000
print(hexadecimal)    -- Sortie : 255
```

Sortie :

```
42
3.14159
1500000
255
```

Les opérations arithmétiques fonctionnent comme prévu :

```
-- Arithmétique de base
print(10 + 5)     -- Addition : 15
print(10 - 5)     -- Soustraction : 5
print(10 * 5)     -- Multiplication : 50
print(10 / 5)     -- Division : 2
print(10 % 3)     -- Modulo (reste) : 1
print(10 ^ 2)     -- Exponentiation : 100

-- Division entière (Lua 5.3+)
print(10 // 3)    -- Division entière : 3
```

Sortie :

```
15
5
50
2
1
100
```

Strings (Chaînes de caractères)

Les chaînes en Lua sont des séquences de caractères, utilisées pour représenter du texte. Elles peuvent être définies en utilisant des apostrophes simples, des guillemets doubles ou des crochets longs.

```lua
local apostrophesSimples = 'Bonjour, Lua !'
local guillemetsDoubles = "Bonjour, Lua !"
local chaineLongue = [[
    Ceci est une chaîne
    multiligne qui préserve
    les sauts de ligne et l'indentation.
]]

print(apostrophesSimples)  -- Sortie : Bonjour, Lua !
print(guillemetsDoubles)  -- Sortie : Bonjour, Lua !
print(chaineLongue)
```

Sortie :

```
Bonjour, Lua !
Bonjour, Lua !

    Ceci est une chaîne
    multiligne qui préserve
    les sauts de ligne et l'indentation.
```

Les chaînes en Lua sont immuables (immutable), ce qui signifie qu'une fois créées, elles ne peuvent pas être modifiées. Les opérations sur les chaînes créent de nouvelles chaînes plutôt que de modifier celles existantes.

Concaténation de Chaînes :

```lua
local prenom = "Jean"
local nomFamille = "Dupont"
local nomComplet = prenom .. " " .. nomFamille

print(nomComplet)  -- Sortie : Jean Dupont
```

Sortie :

Longueur de Chaîne :

```
local texte = "Bonjour, le monde !"
print(#texte)  -- Sortie : 19
```

Sortie :

```
19
```

Nous explorerons les opérations sur les chaînes beaucoup plus en détail dans le Chapitre 12, qui est dédié au travail avec les chaînes.

Functions (Fonctions)

Les fonctions sont des valeurs de première classe en Lua, ce qui signifie qu'elles peuvent être stockées dans des variables, passées en arguments et retournées par d'autres fonctions. Nous couvrirons les fonctions en détail au Chapitre 6, mais voici un exemple de base :

```
-- Déclaration de fonction
local function saluer(nom)
    return "Bonjour, " .. nom .. " !"
end

-- Fonctions comme valeurs
local direBonjour = saluer

print(saluer("Alice"))     -- Sortie : Bonjour, Alice !
print(direBonjour("Bob"))   -- Sortie : Bonjour, Bob !
```

Sortie :

```
Bonjour, Alice !
Bonjour, Bob !
```

Tables

Les tables sont la seule structure de données en Lua, mais elles sont incroyablement polyvalentes. Elles peuvent être utilisées comme des tableaux, des dictionnaires (maps), des objets, et plus encore. Nous consacrerons tout le Chapitre 7 aux tables, mais voici un aperçu :

```lua
-- Table comme un tableau
local fruits = {"Pomme", "Banane", "Cerise"}
print(fruits[1])  -- Sortie : Pomme (note : les tableaux Lua commencent à
l'indice 1)

-- Table comme un dictionnaire
local personne = {
    nom = "Alice",
    age = 30,
    estEtudiant = true
}
print(personne.nom)  -- Sortie : Alice
```

Sortie :

```
Pomme
Alice
```

Userdata et Threads

Ces types sont plus avancés et moins couramment rencontrés lors du premier apprentissage de Lua :

- **Userdata** permet de stocker des données C arbitraires dans des variables Lua. C'est principalement utilisé lors de l'intégration de Lua avec du code C/C++.
- **Threads** représentent des fils d'exécution indépendants et sont utilisés pour les coroutines, une forme de multitâche coopératif.

Nous explorerons ces types dans des chapitres plus avancés.

Vérification et Conversion de Type

Comme Lua est dynamiquement typé, il est parfois nécessaire de vérifier ou de convertir entre les types.

Vérification des Types

La fonction type() retourne une chaîne indiquant le type d'une valeur :

```lua
local valeur1 = 42
```

```
local valeur2 = "Bonjour"
local valeur3 = true
local valeur4 = {1, 2, 3}
local valeur5 = function() return "salut" end

print(type(valeur1))   -- Sortie : number
print(type(valeur2))   -- Sortie : string
print(type(valeur3))   -- Sortie : boolean
print(type(valeur4))   -- Sortie : table
print(type(valeur5))   -- Sortie : function
print(type(nil))       -- Sortie : nil
```

Sortie :

```
number
string
boolean
table
function
nil
```

Conversion de Type

Lua fournit des fonctions pour convertir entre les types :

Chaîne en Nombre :

```
local chaineNum = "42"
local nombre = tonumber(chaineNum)
print(nombre, type(nombre))   -- Sortie : 42 number

-- Échec de conversion
local mauvaiseChaine = "pas un nombre"
local resultat = tonumber(mauvaiseChaine)
print(resultat)   -- Sortie : nil
```

Sortie :

```
42       number
nil
```

Nombre en Chaîne :

```
local nombre = 42
local chaine1 = tostring(nombre)
local chaine2 = nombre .. ""  -- Conversion alternative
print(chaine1, type(chaine1))  -- Sortie : 42 string
```

Sortie :

```
42        string
```

Conversions Booléennes : En Lua, les conversions booléennes explicites sont rares car toute valeur peut être utilisée dans un contexte booléen. Rappelez-vous que seuls `nil` et `false` sont considérés comme faux dans les expressions conditionnelles.

Portée des Variables

Comprendre la portée des variables est crucial pour écrire du code Lua maintenable.

Variables Locales

Les variables locales ne sont accessibles que dans le bloc où elles sont définies. Un bloc est typiquement un morceau de code encadré par des mots-clés comme `do/end`, `if/end`, ou `function/end`.

```
do
    local x = 10
    print("Dans le bloc : x =", x)  -- Sortie : 10
end

-- print(x)  -- Ceci causerait une erreur : tentative d'utiliser une valeur nil
```

Sortie :

```
Dans le bloc : x = 10
```

Les paramètres de fonction sont toujours locaux à la fonction :

```
local function testerPortee(param)
    local varInterne = "Je suis locale à la fonction"
    print(param)        -- Sortie : test
    print(varInterne)   -- Sortie : Je suis locale à la fonction
end
```

```
testerPortee("test")
-- print(param)        -- Erreur : param n'est pas accessible ici
-- print(varInterne)   -- Erreur : varInterne n'est pas accessible ici
```

Sortie :

```
test
Je suis locale à la fonction
```

Variables Globales

Les variables déclarées sans le mot-clé `local` sont globales, ce qui signifie qu'elles sont accessibles depuis n'importe quelle partie de votre programme :

```
varGlobale = "Je suis globale"

local function testerGlobale()
    print(varGlobale)  -- Sortie : Je suis globale

    -- Modifier une variable globale depuis une fonction
    varGlobale = "Globale modifiée"
end

testerGlobale()
print(varGlobale)  -- Sortie : Globale modifiée
```

Sortie :

```
Je suis globale
Globale modifiée
```

Bien que les variables globales soient pratiques, elles peuvent entraîner des bugs difficiles à trouver et rendre votre code plus difficile à comprendre et à maintenir. Il est généralement préférable de :

1. Utiliser des variables locales autant que possible
2. Déclarer explicitement les globales en un seul endroit
3. Envisager d'utiliser des tables comme espaces de noms pour les globales associées

Par exemple, au lieu de globales séparées :

```lua
-- Non recommandé
nomApp = "MonAppli"
versionApp = "1.0"
auteurApp = "Jean Dupont"

-- Meilleure approche : utiliser une table comme espace de noms
Appli = {
    nom = "MonAppli",
    version = "1.0",
    auteur = "Jean Dupont"
}

print(Appli.nom .. " v" .. Appli.version)  -- Sortie : MonAppli v1.0
```

Sortie :

```
MonAppli v1.0
```

Durée de Vie des Variables et Ramasse-miettes

En Lua, la gestion de la mémoire est gérée automatiquement par le ramasse-miettes (garbage collection). Lorsqu'une valeur de variable n'est plus accessible (référencée), elle devient éligible à la collecte, libérant la mémoire qu'elle occupait.

```lua
local function creerGrandeTable()
    local t = {}
    for i = 1, 1000000 do
        t[i] = i
    end
    return t
end

do
    local grandeTable = creerGrandeTable()
    print("Table créée avec taille :", #grandeTable)
    -- grandeTable est toujours dans la portée ici
end
-- À ce point, grandeTable est hors de portée et éligible au ramasse-miettes

-- Forcer le ramasse-miettes (normalement, cela se produit automatiquement)
collectgarbage()
```

Sortie :

```
Table créée avec taille : 1000000
```

Constantes en Lua

Lua n'a pas de constantes intégrées comme certains autres langages (variables qui ne peuvent pas être modifiées après initialisation). Cependant, vous pouvez suivre une convention d'utilisation de noms en majuscules pour les valeurs qui ne devraient pas changer :

```
local PI = 3.14159
local UTILISATEURS_MAX = 100
local URL_BDD = "mongodb://localhost:27017"

-- Ceci est possible mais découragé par convention
PI = 3  -- Ne faites pas ça !
```

Pour une meilleure application des constantes, vous pouvez utiliser des métatables (que nous aborderons dans les chapitres ultérieurs) ou placer les valeurs dans une table en lecture seule.

Résumé du Chapitre

Dans ce chapitre, nous avons exploré le système de variables de Lua et ses types de données fondamentaux. Nous avons appris que Lua est dynamiquement typé, permettant aux variables de contenir différents types de valeurs tout au long de l'exécution d'un programme. Nous avons examiné les huit types de base – nil, boolean, number, string, function, table, userdata et thread – en nous concentrant sur les plus couramment utilisés.

Nous avons également discuté de la portée des variables, en distinguant les variables locales et globales, et souligné l'importance d'une gestion appropriée de la portée pour écrire du code maintenable. Enfin, nous avons abordé la gestion automatique de la mémoire de Lua par le biais du ramasse-miettes.

Comprendre les variables et les types de données constitue le fondement de la programmation en Lua. Dans le chapitre suivant, nous nous appuierons sur ces connaissances en examinant les opérateurs et les expressions, qui nous permettent de manipuler les variables et de créer une logique plus complexe dans nos programmes.

Chapitre 4 : Opérateurs et Expressions

Introduction aux Opérateurs en Lua

Les opérateurs sont des symboles qui indiquent à l'interpréteur d'effectuer des opérations spécifiques mathématiques, relationnelles ou logiques. Ils sont les éléments constitutifs pour créer des expressions, qui combinent des valeurs pour produire de nouvelles valeurs. Dans ce chapitre, nous explorerons tous les opérateurs disponibles en Lua et comment les utiliser efficacement.

Opérateurs Arithmétiques

Les opérateurs arithmétiques effectuent des calculs mathématiques sur des valeurs numériques. Lua fournit toutes les opérations arithmétiques standard auxquelles vous vous attendez :

Opérateur	Description	Exemple	Résultat
+	Addition	5 + 3	8
−	Soustraction	5 − 3	2
*	Multiplication	5 * 3	15
/	Division	5 / 3	1.6666666666667
%	Modulo (reste)	5 % 3	2
^	Exponentiation	5 ^ 3	125
−	Négation (unaire)	−5	−5
//	Division entière (Lua 5.3+)	5 // 3	1

Voyons ces opérateurs en action :

```
-- Opérations arithmétiques de base
```

```
local a = 10
local b = 3

print("Addition :", a + b)              -- 13
print("Soustraction :", a - b)          -- 7
print("Multiplication :", a * b)        -- 30
print("Division :", a / b)              -- 3.3333333333333
print("Modulo :", a % b)                -- 1
print("Exponentiation :", a ^ b)        -- 1000
print("Négation :", -a)                 -- -10
print("Division entière :", a // b)     -- 3
```

Sortie :

```
Addition : 13
Soustraction : 7
Multiplication : 30
Division : 3.3333333333333
Modulo : 1
Exponentiation : 1000
Négation : -10
Division entière : 3
```

Quelques remarques importantes sur ces opérateurs :

- L'opérateur de division (/) effectue toujours une division à virgule flottante en Lua.
- L'opérateur de division entière (//) a été introduit dans Lua 5.3 et retourne le quotient entier, en ignorant toute partie décimale.
- L'opérateur modulo (%) fonctionne selon la définition mathématique : a % b = a - (a // b) * b

Voici un exemple d'une expression arithmétique plus complexe :

```
-- Calculer l'aire d'un cercle
local rayon = 5
local pi = 3.14159
local aire = pi * rayon ^ 2

print("Aire du cercle :", aire)  -- Environ 78.53975
```

Sortie :

Opérateurs Relationnels

Les opérateurs relationnels comparent des valeurs et retournent des résultats booléens (true ou false). Ils sont essentiels pour créer des expressions conditionnelles.

Opérateur	Description	Exemple	Résultat
==	Égal à	5 == 5	true
~=	Différent de	5 ~= 3	true
>	Supérieur à	5 > 3	true
<	Inférieur à	5 < 3	false
>=	Supérieur ou égal à	5 >= 5	true
<=	Inférieur ou égal à	5 <= 3	false

Voyons ces opérateurs en action :

```
local x = 10
local y = 20

print("x == y :", x == y)  -- false
print("x ~= y :", x ~= y)  -- true
print("x > y :", x > y)    -- false
print("x < y :", x < y)    -- true
print("x >= y :", x >= y)  -- false
print("x <= y :", x <= y)  -- true

-- Comparaison de types différents
print("10 == '10' :", 10 == "10")  -- false (types différents)
```

Sortie :

```
x == y : false
x ~= y : true
x > y : false
x < y : true
x >= y : false
x <= y : true
10 == '10' : false
```

Comportements importants à noter :

1. L'opérateur "différent de" en Lua est ~=, et non != comme dans de nombreux autres langages.
2. Les types différents ne sont jamais égaux : 10 == "10" retourne false.
3. Les tables, fonctions et userdata sont comparés par référence, pas par valeur.

Voici un exemple montrant la comparaison par référence avec des tables :

```lua
local t1 = {1, 2, 3}
local t2 = {1, 2, 3}   -- Même contenu que t1
local t3 = t1          -- Même référence que t1

print("t1 == t2 :", t1 == t2)  -- false (références différentes)
print("t1 == t3 :", t1 == t3)  -- true (même référence)
```

Sortie :

```
t1 == t2 : false
t1 == t3 : true
```

Opérateurs Logiques

Les opérateurs logiques effectuent des opérations de logique booléenne. En Lua, ce sont and, or et not.

Opérateur	Description	Exemple	Résultat
and	ET logique	true and false	false
or	OU logique	true or false	true
not	NON logique	not true	false

Voyons comment ces opérateurs fonctionnent :

```lua
local a = true
local b = false

print("a and b :", a and b)  -- false
print("a or b :", a or b)    -- true
print("not a :", not a)      -- false
print("not b :", not b)      -- true

-- Opérateurs logiques avec des valeurs non booléennes
```

```
print("10 and 20 :", 10 and 20)          -- 20
print("nil and 20 :", nil and 20)        -- nil
print("10 or 20 :", 10 or 20)            -- 10
print("nil or 20 :", nil or 20)          -- 20
print("'' or 'défaut' :", "" or "défaut")  -- "" (chaîne vide est vraie)
```

Sortie :

```
a and b : false
a or b : true
not a : false
not b : true
10 and 20 : 20
nil and 20 : nil
10 or 20 : 10
nil or 20 : 20
'' or 'défaut' :
```

Les opérateurs logiques de Lua ont quelques propriétés intéressantes :

1. Ils ne retournent pas toujours des valeurs booléennes. Au lieu de cela :

    -   and retourne son premier opérande s'il est faux (falsy), sinon il retourne le second opérande.
    -   or retourne son premier opérande s'il est vrai (truthy), sinon il retourne le second opérande.
    -   Seul not retourne toujours un booléen.

2. Ce comportement permet des idiomes utiles :

```
-- Modèle de valeur par défaut
local entreeUtilisateur = nil
local nom = entreeUtilisateur or "Invité"  -- Si entreeUtilisateur est nil,
utiliser "Invité"
print("Bonjour, " .. nom)  -- Sortie : Bonjour, Invité

-- Modèle de navigation sûre
local personne = {nom = "Alice"}
local emploi = personne and personne.emploi
print("Emploi :", emploi) -- Sortie : Emploi : nil (pas d'erreur même si
personne.emploi n'existe pas)
```

Sortie :

30

```
Bonjour, Invité
Emploi : nil
```

3. **Évaluation en court-circuit (Short-circuit evaluation)** : Lua n'évalue que ce qui est nécessaire pour déterminer le résultat.

```lua
-- Fonction pour démontrer les effets de bord
local function afficherEtRetourner(message, valeurRetour)
    print(message)
    return valeurRetour
end

-- Avec 'and', la seconde expression n'est pas évaluée si la première est fausse
afficherEtRetourner("Première expression", false) and
afficherEtRetourner("Seconde expression", true)

-- Avec 'or', la seconde expression n'est pas évaluée si la première est vraie
afficherEtRetourner("Première expression", true) or afficherEtRetourner("Seconde
expression", false)
```

Sortie :

```
Première expression
Première expression
```

Opérateur de Concaténation

Lua utilise l'opérateur .. pour concaténer des chaînes :

```lua
local prenom = "Jean"
local nomFamille = "Dupont"

-- Concaténation de chaînes
local nomComplet = prenom .. " " .. nomFamille
print(nomComplet)  -- Sortie : Jean Dupont

-- Concaténation avec des valeurs non-chaînes
local age = 30
local message = "Âge : " .. age  -- age est converti en chaîne
print(message)  -- Sortie : Âge : 30
```

Sortie :

```
Jean Dupont
Âge : 30
```

Notez que l'opérateur de concaténation convertit automatiquement les nombres en chaînes. Cependant, il ne fonctionne pas avec d'autres types sans conversion explicite :

```
local nom = "Table : " .. tostring({1, 2, 3})
print(nom)  -- Sortie : Table : table: 0x55e944a51e80 (ou adresse similaire)
```

Sortie :

```
Table : table: 0x7f94bb409bc0
```

(Note : l'adresse mémoire exacte variera)

Opérateur de Longueur

L'opérateur # retourne la longueur d'une chaîne ou d'une table utilisée comme un tableau :

```
-- Longueur de chaîne
local chaine = "Bonjour, Lua !"
print("Longueur de la chaîne :", #chaine)  -- 14

-- Longueur de table (pour les tables séquentielles)
local tab = {10, 20, 30, 40, 50}
print("Longueur du tableau :", #tab)   -- 5

-- Attention avec les tables non séquentielles
local tabEpars = {[1] = 10, [5] = 50}
print("Longueur du tableau épars :", #tabEpars)  -- Peut être 1 ou 5,
comportement défini par l'implémentation
```

Sortie :

```
Longueur de la chaîne : 14
Longueur du tableau : 5
Longueur du tableau épars : 1
```

(Note : Le résultat pour le tableau épars peut varier)

L'opérateur de longueur a quelques nuances, en particulier avec les tables :

- Pour les chaînes, il retourne le nombre d'octets (ce qui équivaut au nombre de caractères pour l'ASCII, mais pas nécessairement pour l'UTF-8).
- Pour les tables, il retourne la plus grande clé entière positive dans la partie tableau ayant une valeur non-nil, mais seulement si la table est une séquence (n'a pas de trous).
- Pour les tables avec des "trous", le comportement n'est pas bien défini et peut varier entre les implémentations de Lua.

Nous explorerons cela plus en détail dans le Chapitre 7 sur les Tables.

Opérateurs Bit à Bit (Bitwise) (Lua 5.3+)

Lua 5.3 a introduit des opérateurs bit à bit, utiles pour les tâches de programmation de bas niveau :

Opérateur	Description	Exemple	Résultat
&	ET bit à bit	0x03 & 0x05	0x01
|	OU bit à bit	0x03 | 0x05	0x07
~	XOR bit à bit	0x03 ~ 0x05	0x06
>>	Décalage à droite	0x80 >> 4	0x08
<<	Décalage à gauche	0x08 << 4	0x80
~	NON bit à bit (unaire)	~0x0F	-16 sur la plupart des systèmes

Voici comment utiliser ces opérateurs :

```
-- Utilisation de la notation décimale
print("5 & 3 :", 5 & 3)      -- ET bit à bit : 1
print("5 | 3 :", 5 | 3)      -- OU bit à bit : 7
print("5 ~ 3 :", 5 ~ 3)      -- XOR bit à bit : 6
print("5 << 1 :", 5 << 1)    -- Décalage à gauche : 10
print("5 >> 1 :", 5 >> 1)    -- Décalage à droite : 2
print("~5 :", ~5)            -- NON bit à bit : -6

-- Utilisation de la notation hexadécimale
print("0xF0 & 0x0F :", 0xF0 & 0x0F)   -- 0
print("0xF0 | 0x0F :", 0xF0 | 0x0F)   -- 255
```

Sortie :

```
5 & 3 : 1
```

```
5 | 3 : 7
5 ~ 3 : 6
5 << 1 : 10
5 >> 1 : 2
~5 : -6
0xF0 & 0x0F : 0
0xF0 | 0x0F : 255
```

Les opérateurs bit à bit sont particulièrement utiles pour :

- Les opérations sur les indicateurs (flags)
- Travailler avec des protocoles binaires
- Les optimisations de bas niveau
- Les algorithmes de manipulation de bits

Précédence des Opérateurs

Lorsqu'une expression contient plusieurs opérateurs, la précédence des opérateurs détermine l'ordre d'évaluation. Voici le tableau de précédence des opérateurs Lua, du plus élevé au plus bas :

1. ^ (exponentiation)
2. opérateurs unaires (not, - (négation), #, ~ (NON bit à bit))
3. *, /, %, // (multiplicatifs)
4. +, - (additifs)
5. .. (concaténation)
6. <<, >> (décalages)
7. & (ET bit à bit)
8. ~ (XOR bit à bit)
9. | (OU bit à bit)
10. <, >, <=, >=, ~=, == (relationnels)
11. and (ET logique)
12. or (OU logique)

Lorsque les opérateurs ont la même précédence, la plupart des opérateurs binaires sont associatifs à droite, à l'exception de ^ et .. qui sont associatifs à gauche.

Voyons comment la précédence affecte l'évaluation des expressions :

```
-- Exemples de précédence
print("1 + 2 * 3 =", 1 + 2 * 3)              -- 7 (multiplication avant addition)
```

```
print("(1 + 2) * 3 =", (1 + 2) * 3)        -- 9 (parenthèses outrepassent la
précédence)
print("2 ^ 3 * 4 =", 2 ^ 3 * 4)            -- 32 (exponentiation avant
multiplication)
print("not true and false =", not true and false)  -- false (unaire 'not' avant
'and')
print("5 > 3 and 2 < 4 =", 5 > 3 and 2 < 4)        -- true (relationnel avant
logique)

-- Exemple d'associativité
print("2 ^ 3 ^ 2 =", 2 ^ 3 ^ 2)            -- 512, car 2 ^ (3 ^ 2), pas (2 ^ 3) ^
2
print("2 .. 3 .. 4 =", 2 .. 3 .. 4)        -- 234, car (2 .. 3) .. 4
```

Sortie :

```
1 + 2 * 3 = 7
(1 + 2) * 3 = 9
2 ^ 3 * 4 = 32
not true and false = false
5 > 3 and 2 < 4 = true
2 ^ 3 ^ 2 = 512
2 .. 3 .. 4 = 234
```

En cas de doute sur la précédence, utilisez des parenthèses pour rendre votre intention claire. Cela garantit non seulement une évaluation correcte, mais rend également votre code plus lisible.

Expressions en Lua

Une expression est toute combinaison de valeurs, variables, opérateurs et appels de fonction qui s'évalue en une valeur. Voici quelques exemples d'expressions en Lua :

```
-- Expressions simples
local x = 10
local y = 20
local z = x + y            -- Expression arithmétique
local estPlusGrand = x > y  -- Expression relationnelle

-- Expressions complexes
local formule = (x + y) * 2 / (z - 5) ^ 2
print("Résultat formule :", formule)

-- Expressions avec appels de fonction
```

```
local function carre(n)
    return n * n
end

local resultat = carre(x) + carre(y)
print("Somme des carrés :", resultat)

-- Expression dans une condition
if x * y > 100 and not (x == y) then
    print("Condition remplie")
end

-- Expressions constructeur de table
local point = {x = 10, y = 20, ["libelle"] = "Point A"}
local couleurs = {"rouge", "vert", "bleu"}
```

Sortie :

```
Résultat formule : 2.0
Somme des carrés : 500
Condition remplie
```

Coercition de Type dans les Expressions

Lua effectue certaines conversions de type automatiques (coercitions) lors de l'évaluation des expressions :

1. **Chaîne en Nombre** : Lors de l'utilisation d'opérateurs arithmétiques, Lua essaie de convertir les chaînes en nombres.
2. **Nombre en Chaîne** : Lors de l'utilisation de l'opérateur de concaténation, Lua convertit les nombres en chaînes.

```
-- Coercition chaîne en nombre en arithmétique
print("10" + 5)      -- 15
print("10.5" * 2)    -- 21.0

-- Coercition nombre en chaîne en concaténation
print(10 .. 20)      -- "1020"
print("Valeur : " .. 42.5) -- "Valeur : 42.5"

-- Exemples de coercition échouée
local statut, err = pcall(function()
    return "bonjour" + 5     -- Ceci échouera
end)
```

```
print("Statut :", statut, "Erreur :", err)
```

Sortie :

```
15
21.0
1020
Valeur : 42.5
Statut : false Erreur : stdin:1: attempt to perform arithmetic on a string value
```

Les règles de coercition de Lua sont relativement limitées par rapport à d'autres langages dynamiques. Il est généralement préférable d'effectuer des conversions explicites en utilisant tonumber() et tostring() plutôt que de compter sur la coercition automatique.

Modèles d'Expressions Courants

Voici quelques modèles d'expressions courants que vous rencontrerez dans la programmation Lua :

Expressions de type Ternaire

Lua n'a pas d'opérateur ternaire (?:) comme certains langages, mais vous pouvez obtenir une fonctionnalité similaire avec les opérateurs logiques :

```
-- Condition ? ValeurVraie : ValeurFausse
local age = 20
local statut = age >= 18 and "Adulte" or "Mineur"
print(statut)  -- "Adulte"

-- Attention avec ce modèle lorsque ValeurVraie pourrait être false
local x = 10
local y = 0
-- Ceci ne fonctionne pas comme prévu si x > 5 est vrai
-- (y est 0, qui est 'truthy', mais pourrait sembler que la condition a échoué)
local resultat = x > 5 and y or 50
print(resultat)  -- 0

-- Meilleure approche pour de tels cas (bien que le résultat soit le même ici)
local resultat_alt = (x > 5) and y or 50
print(resultat_alt) -- 0
```

(Note : L'exemple original pointait un piège potentiel. En français, resultat *et* resultat_alt *donnent le même résultat ici (0) car* y=0 *est 'truthy'. Le piège survient si* y *était* false *ou* nil*)*

Sortie :

```
Adulte
0
0
```

Valeurs par Défaut

Définir des valeurs par défaut lorsqu'une variable pourrait être nil :

```
local options = {titre = "Exemple"}
local titre = options.titre or "Sans titre"
local largeur = options.largeur or 640
local hauteur = options.hauteur or 480

print(titre, largeur, hauteur)   -- "Exemple", 640, 480
```

Sortie :

```
Exemple 640     480
```

Navigation Sûre

Vérifier si une valeur est nil avant d'accéder à des propriétés imbriquées :

```
local utilisateur = {
    profil = {
        nom = "Alice",
        -- Pas de champ 'adresse'
    }
}

-- Navigation non sûre (provoquerait une erreur si profil était nil)
-- local ville = utilisateur.profil.adresse.ville  -- Erreur !

-- Navigation sûre avec opérateurs logiques
local ville = utilisateur and utilisateur.profil and utilisateur.profil.adresse
and utilisateur.profil.adresse.ville or "Inconnue"
print("Ville :", ville)  -- "Inconnue"
```

Sortie :

```
Ville : Inconnue
```

Borner des Valeurs (Clamping)

S'assurer qu'une valeur reste dans certaines limites :

```
local function borner(valeur, min, max)
    -- Forme plus robuste que l'original qui avait un problème si min ou max
étaient false/nil
    if valeur < min then return min end
    if valeur > max then return max end
    return valeur
    -- Forme originale (peut avoir des problèmes avec false/nil comme bornes) :
    -- return valeur < min and min or (valeur > max and max or valeur)
end

print(borner(15, 0, 10))  -- 10
print(borner(5, 0, 10))   -- 5
print(borner(-5, 0, 10))  -- 0
```

Sortie :

```
10
5
0
```

Résumé du Chapitre

Dans ce chapitre, nous avons exploré le riche ensemble d'opérateurs de Lua et comment construire des expressions. Nous avons couvert les opérateurs arithmétiques, relationnels et logiques, ainsi que les opérateurs spécialisés pour la concaténation de chaînes, le calcul de longueur et les opérations bit à bit. Nous avons également examiné les règles de précédence des opérateurs et les modèles d'expressions courants.

Comprendre les opérateurs et les expressions est essentiel pour une programmation Lua efficace, car ils vous permettent de manipuler les données et de créer la logique qui anime vos programmes. Les modèles que nous avons discutés, tels que les valeurs par défaut et la navigation sûre, vous aideront à écrire du code plus concis et robuste.

Dans le chapitre suivant, nous nous appuierons sur ces connaissances pour explorer les structures de contrôle en Lua, y compris les conditions et les boucles. Ces constructions, combinées aux expressions que nous avons apprises, vous donneront les outils nécessaires pour créer une logique de programme et un flux de contrôle plus complexes.

Chapitre 5 : Structures de Contrôle

Introduction aux Structures de Contrôle

Les structures de contrôle sont l'épine dorsale de tout langage de programmation, vous permettant de déterminer le flux et le chemin d'exécution de votre code. Plutôt que d'exécuter les instructions en ligne droite de haut en bas, les structures de contrôle permettent à vos programmes de prendre des décisions, de répéter des actions et de choisir entre différents chemins de code.

Dans ce chapitre, nous explorerons toutes les structures de contrôle de Lua, y compris les instructions conditionnelles, les boucles et les mécanismes de contrôle de flux. En maîtrisant ces structures, vous serez en mesure d'écrire des programmes Lua plus dynamiques et puissants.

Instructions Conditionnelles

Les instructions conditionnelles permettent à votre programme de prendre des décisions basées sur certaines conditions. Lua fournit les mots-clés `if`, `else` et `elseif` à cet effet.

L'Instruction if

L'instruction `if` de base évalue une condition et exécute un bloc de code si la condition est vraie :

```
local temperature = 22

if temperature > 30 then
    print("Il fait chaud dehors !")
end
```

```
if temperature < 10 then
    print("Il fait froid dehors !") -- Ceci ne s'exécutera pas car la condition
est fausse
end
```

Rappelez-vous qu'en Lua, seules les valeurs `false` et `nil` sont considérées comme fausses (falsy) ; tout le reste (y compris 0 et les chaînes vides) est considéré comme vrai (truthy).

Instruction if-else

La structure `if-else` vous permet de spécifier un bloc de code alternatif à exécuter lorsque la condition est fausse :

```
local heure = 15 -- 15h au format 24 heures

if heure < 12 then
    print("Bonjour !")
else
    print("Bon après-midi ou bonsoir !")
end
```

Sortie :

```
Bon après-midi ou bonsoir !
```

Instruction if-elseif-else

Pour des conditions multiples, la structure `if-elseif-else` fournit un moyen propre d'exprimer une série de tests :

```
local score = 85

if score >= 90 then
    print("Note : A")
elseif score >= 80 then
    print("Note : B")
elseif score >= 70 then
    print("Note : C")
elseif score >= 60 then
    print("Note : D")
else
```

```
    print("Note : F")
end
```

Sortie :

```
Note : B
```

Les conditions sont évaluées dans l'ordre, et seul le bloc de la première condition correspondante sera exécuté. Si aucune des conditions n'est vraie, le bloc else s'exécute (s'il est présent).

Instructions if Imbriquées

Vous pouvez imbriquer des instructions if les unes dans les autres pour créer des conditions plus complexes :

```
local nomUtilisateur = "admin"
local motDePasse = "secret123"

if nomUtilisateur == "admin" then
    if motDePasse == "secret123" then
        print("Accès administrateur accordé")
    else
        print("Mot de passe invalide pour admin")
    end
else
    print("Utilisateur inconnu")
end
```

Sortie :

```
Accès administrateur accordé
```

Bien que l'imbrication soit possible, une imbrication excessive peut rendre le code plus difficile à lire et à maintenir. Envisagez de refactoriser les conditions profondément imbriquées en utilisant des opérateurs logiques ou en décomposant la logique en fonctions séparées.

Utilisation des Opérateurs Logiques dans les Conditions

Les opérateurs logiques (and, or, not) peuvent combiner plusieurs conditions :

```lua
local age = 25
local possedePermis = true

-- Utilisation de 'and' pour vérifier plusieurs conditions
if age >= 18 and possedePermis then
    print("Vous pouvez conduire")
else
    print("Vous ne pouvez pas conduire")
end

-- Utilisation de 'or' pour des conditions alternatives
local estWeekend = false
local estJourFerie = true

if estWeekend or estJourFerie then
    print("Pas de travail aujourd'hui !")
else
    print("C'est l'heure de travailler")
end

-- Utilisation de 'not' pour nier une condition
if not estWeekend then
    print("C'est un jour de semaine")
end
```

Sortie :

```
Vous pouvez conduire
Pas de travail aujourd'hui !
C'est un jour de semaine
```

Modèles Conditionnels Courants

Voici quelques modèles courants que vous rencontrerez en travaillant avec des instructions conditionnelles en Lua :

Modèle de Retour Anticipé (Early Return Pattern) :

```lua
function traiterUtilisateur(utilisateur)
    -- Valider les entrées d'abord
    if not utilisateur then
        print("Erreur : Aucun utilisateur fourni")
        return false
    end
```

```lua
    if not utilisateur.nom then
        print("Erreur : L'utilisateur n'a pas de nom")
        return false
    end

    -- Traiter l'utilisateur valide
    print("Traitement de l'utilisateur : " .. utilisateur.nom)
    return true
end

-- Tester avec différentes entrées
traiterUtilisateur(nil)   -- Cas d'erreur
traiterUtilisateur({})    -- Cas d'erreur
traiterUtilisateur({nom = "Alice"})  -- Cas de succès
```

Sortie :

```
Erreur : Aucun utilisateur fourni
Erreur : L'utilisateur n'a pas de nom
Traitement de l'utilisateur : Alice
```

Modèle de Clause de Garde (Guard Clause Pattern) :

```lua
function diviserNombres(a, b)
    -- Garde contre une entrée invalide
    if type(a) ~= "number" or type(b) ~= "number" then
        return nil, "Les deux arguments doivent être des nombres"
    end

    -- Garde contre la division par zéro
    if b == 0 then
        return nil, "Impossible de diviser par zéro"
    end

    -- Si nous sommes ici, on peut continuer en toute sécurité
    return a / b
end

-- Tester la fonction
local resultat, erreur = diviserNombres(10, 2)
if resultat then
    print("Résultat : " .. resultat)
else
    print("Erreur : " .. erreur)
end
```

```
resultat, erreur = diviserNombres(10, 0)
if resultat then
    print("Résultat : " .. resultat)
else
    print("Erreur : " .. erreur)
end
```

Sortie :

```
Résultat : 5.0
Erreur : Impossible de diviser par zéro
```

Boucles

Les boucles vous permettent d'exécuter un bloc de code plusieurs fois. Lua fournit plusieurs types de boucles, chacune adaptée à différents scénarios.

Boucle while

La boucle while exécute un bloc de code tant qu'une condition spécifiée est vraie :

```
local compteur = 1

while compteur <= 5 do
    print("Compteur : " .. compteur)
    compteur = compteur + 1
end
```

Sortie :

```
Compteur : 1
Compteur : 2
Compteur : 3
Compteur : 4
Compteur : 5
```

Soyez prudent avec les boucles while – si la condition ne devient jamais fausse, vous créerez une boucle infinie. Assurez-vous que quelque chose à l'intérieur de la boucle rendra éventuellement la condition fausse.

Boucle repeat-until

La boucle `repeat-until` est similaire à la boucle `while`, mais la condition est vérifiée à la fin de la boucle plutôt qu'au début. Cela signifie que le corps de la boucle s'exécutera toujours au moins une fois :

```
local compteur = 1

repeat
    print("Compteur : " .. compteur)
    compteur = compteur + 1
until compteur > 5
```

Sortie :

```
Compteur : 1
Compteur : 2
Compteur : 3
Compteur : 4
Compteur : 5
```

La différence clé par rapport à `while` est que `repeat-until` vérifie sa condition à la fin de chaque itération, donc le corps de la boucle s'exécute toujours au moins une fois.

Une autre différence est que la condition dans `repeat-until` est inversée par rapport à `while` – la boucle continue *jusqu'à ce que* la condition devienne vraie, alors que `while` continue *tant que* la condition est vraie.

Boucle for Numérique

La boucle `for` numérique exécute un bloc de code un nombre spécifié de fois, avec une variable d'index qui change automatiquement à chaque itération :

```
-- Boucle for de base
for i = 1, 5 do
    print("Itération " .. i)
end

-- Boucle for avec pas
print("\nCompte à rebours :")
for i = 10, 1, -2 do
    print("Compte à rebours : " .. i)
end
```

Sortie :

```
Itération 1
Itération 2
Itération 3
Itération 4
Itération 5

Compte à rebours :
Compte à rebours : 10
Compte à rebours : 8
Compte à rebours : 6
Compte à rebours : 4
Compte à rebours : 2
```

La syntaxe est `for variable = debut, fin, pas do`. Le paramètre pas est optionnel et vaut 1 par défaut. Si vous fournissez un pas négatif, la boucle compte à rebours.

Caractéristiques importantes de la boucle `for` numérique :

1. Les paramètres de la boucle (`debut`, `fin`, `pas`) sont évalués une seule fois, avant le début de la boucle.
2. La variable de boucle est locale à la boucle, même si vous ne la déclarez pas explicitement avec `local`.
3. Vous ne devriez pas modifier la variable de boucle à l'intérieur de la boucle – sa valeur est automatiquement mise à jour par la boucle.

```
-- Ceci démontre la portée locale de la variable de boucle
for i = 1, 3 do
    print("Dans la boucle : i = " .. i)
end

-- Ceci produirait une erreur si décommenté, car 'i' n'est pas défini en dehors
de la boucle
-- print("Hors de la boucle : i = " .. i)

-- Paramètres évalués une seule fois
local max = 3
for i = 1, max do
    print("Valeur : " .. i)
    max = 10  -- Ceci n'affecte pas la valeur de fin de la boucle
end
```

Sortie :

```
Dans la boucle : i = 1
Dans la boucle : i = 2
Dans la boucle : i = 3
Valeur : 1
Valeur : 2
Valeur : 3
```

Boucle for Générique (Itérateurs)

La boucle for générique (aussi connue sous le nom de boucle for-in) fonctionne avec des fonctions itératrices pour parcourir des structures de données comme les tables :

```
-- Itérer sur une table avec ipairs (partie tableau)
local fruits = {"Pomme", "Banane", "Cerise", "Date"}

print("Fruits :")
for indice, valeur in ipairs(fruits) do
    print(indice .. ". " .. valeur)
end

-- Itérer sur une table avec pairs (toutes les paires clé-valeur)
local personne = {
    nom = "Alice",
    age = 30,
    ville = "Pays des Merveilles"
}

print("\nDétails personne :")
for cle, valeur in pairs(personne) do
    print(cle .. " : " .. valeur)
end
```

Sortie :

```
Fruits :
1. Pomme
2. Banane
3. Cerise
4. Date

Détails personne :
age : 30
ville : Pays des Merveilles
nom : Alice
```

(Note : l'ordre de pairs n'est pas garanti et peut varier)

Les différences clés entre ipairs et pairs :

- ipairs : Itère sur les éléments du tableau dans l'ordre (indices 1, 2, 3, ...) jusqu'à ce qu'il rencontre nil.
- pairs : Itère sur toutes les paires clé-valeur dans une table, y compris les clés non entières. L'ordre n'est pas garanti.

Nous explorerons les itérateurs plus en profondeur dans le Chapitre 7 lorsque nous discuterons des tables.

Instructions de Contrôle de Flux

En plus des conditions et des boucles, Lua fournit des instructions pour modifier le flux normal d'exécution au sein de ces structures.

Instruction break

L'instruction break quitte immédiatement la boucle la plus interne (while, repeat ou for) :

```
-- Utilisation de break pour quitter une boucle prématurément
for i = 1, 10 do
    if i > 5 then
        print("Sortie de boucle à i = " .. i)
        break
    end
    print("Valeur : " .. i)
end
```

Sortie :

```
Valeur : 1
Valeur : 2
Valeur : 3
Valeur : 4
Valeur : 5
Sortie de boucle à i = 6
```

Instruction goto (Lua 5.2+)

Lua 5.2 a introduit l'instruction goto, qui permet de sauter à une position étiquetée dans le code :

```
local i = 1

::debut::
if i <= 5 then
    print("Compteur : " .. i)
    i = i + 1
    goto debut
end

print("Boucle terminée")

-- Gestion d'erreur avec goto
local succes = false

if not succes then
    goto erreur
end

print("Opération réussie") -- Ceci ne s'exécutera pas

::erreur::
print("Une erreur s'est produite")
```

Sortie :

```
Compteur : 1
Compteur : 2
Compteur : 3
Compteur : 4
Compteur : 5
Boucle terminée
Une erreur s'est produite
```

Bien que goto puisse être utile dans certaines situations (comme la gestion complexe d'erreurs), il doit être utilisé avec parcimonie car il peut rendre le code plus difficile à suivre.

Retours Multiples et Décisions

Les fonctions Lua peuvent retourner plusieurs valeurs, qui peuvent être utilisées dans les structures de contrôle :

```
-- Fonction qui retourne un statut et une valeur
function diviser(a, b)
```

```
    if b == 0 then
        return false, "Division par zéro"
    else
        return true, a / b
    end
end

-- Utilisation des retours multiples avec contrôle de flux
local succes, resultat = diviser(10, 2)
if succes then
    print("Résultat : " .. resultat)
else
    print("Erreur : " .. resultat)
end

succes, resultat = diviser(10, 0)
if succes then
    print("Résultat : " .. resultat)
else
    print("Erreur : " .. resultat)
end
```

Sortie :

```
Résultat : 5.0
Erreur : Division par zéro
```

Ce modèle consistant à retourner un indicateur de succès avec un résultat ou un message d'erreur est courant dans la programmation Lua et fournit un moyen propre de gérer les erreurs potentielles.

Bloc do

Le bloc do vous permet de créer une nouvelle portée pour les variables :

```
-- Les variables ont une portée de bloc en Lua
do
    local x = 10
    print("Dans le bloc : x = " .. x)
end

-- Ceci causerait une erreur si décommenté
-- print("Hors du bloc : x = " .. x)
```

```
-- Les blocs Do peuvent être utiles pour limiter la portée des variables
local total = 0
for i = 1, 5 do
    do
        local temp = i * i
        total = total + temp
    end
    -- temp n'est plus accessible ici
end
print("Total : " .. total)
```

Sortie :

```
Dans le bloc : x = 10
Total : 55
```

Implémentation de Modèles de Contrôle Avancés

Examinons quelques modèles de contrôle de flux plus avancés qui combinent diverses structures de contrôle :

Machine à États (State Machine)

```
local function executerMachineEtats()
    local etat = "DEBUT"
    local compteur = 0

    while etat ~= "FIN" do
        if etat == "DEBUT" then
            print("Démarrage machine")
            etat = "EN_COURS"
        elseif etat == "EN_COURS" then
            compteur = compteur + 1
            print("Machine en cours, compteur : " .. compteur)

            if compteur >= 3 then
                etat = "EN_PAUSE"
            end
        elseif etat == "EN_PAUSE" then
            print("Machine en pause")
            etat = "REPRISE"
        elseif etat == "REPRISE" then
```

```
            print("Reprise machine")

            if compteur >= 5 then
                etat = "FIN"
            else
                -- Note: Added a step to avoid infinite loop if compteur is
stuck at 3 or 4
                compteur = compteur + 1
                print("Machine en cours (après reprise), compteur : " ..
compteur)

                if compteur >= 5 then
                    etat = "FIN"
                else
                    etat = "EN_COURS" -- Back to running state logic
                end
            end
        else
            print("État inconnu : " .. etat)
            etat = "FIN"
        end
    end

    print("Machine arrêtée")
end

executerMachineEtats()
```

(Note: J'ai légèrement modifié la logique de REPRISE *pour correspondre à l'intention probable de l'exemple original, qui sinon entrerait dans une boucle infinie entre EN_PAUSE et REPRISE si compteur valait 3 ou 4).*

Sortie (avec la logique modifiée) :

```
Démarrage machine
Machine en cours, compteur : 1
Machine en cours, compteur : 2
Machine en cours, compteur : 3
Machine en pause
Reprise machine
Machine en cours (après reprise), compteur : 4
Machine en cours, compteur : 4
Machine en pause
Reprise machine
Machine en cours (après reprise), compteur : 5
Machine arrêtée
```

Parcours Récursif

```lua
-- Fonction récursive pour parcourir une table imbriquée
local function parcourir(donnees, indentation)
    indentation = indentation or 0
    local chaineIndent = string.rep("  ", indentation)

    for k, v in pairs(donnees) do
        if type(v) == "table" then
            print(chaineIndent .. k .. " (table) :")
            parcourir(v, indentation + 1)
        else
            print(chaineIndent .. k .. " : " .. tostring(v))
        end
    end
end

-- Tester avec une table imbriquée
local donnees = {
    nom = "Projet",
    details = {
        version = "1.0",
        auteur = "Développeur Lua",
        parametres = {
            debogage = true,
            delai = 30
        }
    },
    actif = true
}

parcourir(donnees)
```

Sortie :

```
actif : true
nom : Projet
details (table) :
  auteur : Développeur Lua
  parametres (table) :
    delai : 30
    debogage : true
  version : 1.0
```

(Note : l'ordre de pairs peut varier)

Contrôle de Flux Basé sur les Coroutines

Bien que nous couvrions les coroutines dans un chapitre ultérieur, voici un aperçu de la façon dont elles peuvent créer un contrôle de flux avancé :

```lua
-- Définir une coroutine qui cède (yield) plusieurs fois
local co = coroutine.create(function()
    print("Coroutine : Étape 1")
    coroutine.yield("Résultat 1")

    print("Coroutine : Étape 2")
    coroutine.yield("Résultat 2")

    print("Coroutine : Étape 3")
    return "Résultat Final"
end)

-- Exécuter la coroutine étape par étape
local statut, resultat = coroutine.resume(co)
print("Principal : Reçu " .. resultat)

statut, resultat = coroutine.resume(co)
print("Principal : Reçu " .. resultat)

statut, resultat = coroutine.resume(co)
print("Principal : Reçu " .. resultat)
```

Sortie :

```
Coroutine : Étape 1
Principal : Reçu Résultat 1
Coroutine : Étape 2
Principal : Reçu Résultat 2
Coroutine : Étape 3
Principal : Reçu Résultat Final
```

Les coroutines offrent un moyen de créer des fonctions qui peuvent suspendre leur exécution et reprendre plus tard là où elles se sont arrêtées – un modèle puissant pour certains types de contrôle de flux.

Résumé du Chapitre

Dans ce chapitre, nous avons exploré les structures de contrôle de Lua, qui vous permettent de façonner le flux de vos programmes. Nous avons couvert les instructions conditionnelles (`if`, `else`, `elseif`), les boucles (`while`, `repeat-until`, `for` numérique et `for` générique) et les instructions de contrôle de flux (`break` et `goto`).

Nous avons également examiné divers modèles et techniques pour implémenter une logique de contrôle plus complexe, des retours anticipés et clauses de garde aux machines à états et aux parcours récursifs. Ces modèles serviront d'outils précieux dans votre boîte à outils de programmation Lua.

Comprendre les structures de contrôle est crucial pour écrire des programmes efficaces, car elles vous permettent de prendre des décisions, de gérer différents cas et de répéter des opérations – des capacités fondamentales dans tout langage de programmation.

Dans le chapitre suivant, nous allons plonger dans les fonctions, l'une des fonctionnalités les plus puissantes de Lua. Vous apprendrez comment définir et appeler des fonctions, travailler avec des paramètres et des valeurs de retour, et exploiter les capacités de programmation fonctionnelle de Lua. Les fonctions sont les blocs de construction du code modulaire et réutilisable, et elles vous permettront de passer au niveau supérieur de votre programmation Lua.

Chapitre 6 : Les Fonctions en Lua

Introduction aux Fonctions

Les fonctions sont l'une des caractéristiques les plus puissantes de Lua. Elles vous permettent de regrouper du code en unités réutilisables et organisées qui peuvent être appelées depuis différentes parties de votre programme. Les fonctions ne sont pas seulement un moyen d'éviter la répétition de code – elles sont un bloc de construction fondamental pour structurer les programmes, créer des abstractions et implémenter des comportements complexes.

En Lua, les fonctions sont des valeurs de première classe, ce qui signifie qu'elles peuvent être stockées dans des variables, passées comme arguments à d'autres fonctions et retournées comme résultats. Cette caractéristique permet des techniques de programmation puissantes que nous explorerons dans ce chapitre.

Définir et Appeler des Fonctions

Commençons par les bases : comment définir et appeler des fonctions en Lua.

Syntaxe de Définition de Fonction

Voici la syntaxe standard pour définir une fonction :

```
function nomFonction(parametre1, parametre2, ...)
    -- Corps de la fonction
    -- Code à exécuter lorsque la fonction est appelée
    return valeur -- Instruction return optionnelle
end
```

Et voici un exemple simple :

```
-- Définir une fonction qui additionne deux nombres
function additionner(a, b)
    return a + b
end

-- Appeler la fonction
local resultat = additionner(5, 3)
print("5 + 3 =", resultat)
```

Sortie :

```
5 + 3 = 8
```

Syntaxe Alternative de Définition de Fonction

Lua vous permet également de définir des fonctions comme des variables, ce qui souligne leur statut de valeurs de première classe :

```
-- Définir une fonction comme une variable
local multiplier = function(a, b)
    return a * b
end

-- Appeler la fonction
local resultat = multiplier(4, 6)
print("4 * 6 =", resultat)
```

Sortie :

```
4 * 6 = 24
```

Les deux approches sont équivalentes, mais elles ont des cas d'utilisation différents. La première forme est généralement plus claire pour les fonctions nommées, tandis que la seconde forme est utile pour les fonctions anonymes ou lorsque vous devez affecter des fonctions à des variables.

Fonctions Locales vs Globales

Tout comme les variables, les fonctions peuvent être locales ou globales :

```
-- Fonction globale (accessible de n'importe où)
function fonctionGlobale()
```

```
    print("Ceci est une fonction globale")
end

-- Fonction locale (accessible uniquement dans sa portée)
local function fonctionLocale()
    print("Ceci est une fonction locale")
end

-- Appeler les deux fonctions
fonctionGlobale()
fonctionLocale()
```

Sortie :

```
Ceci est une fonction globale
Ceci est une fonction locale
```

Il est généralement recommandé d'utiliser des fonctions locales pour éviter de polluer l'espace de noms global, en particulier dans les grands programmes ou les bibliothèques.

Appels de Fonction

Appeler une fonction est simple – utilisez le nom de la fonction suivi des arguments entre parenthèses :

```
-- Définir une fonction
function saluer(nom)
    print("Bonjour, " .. nom .. " !")
end

-- Appeler la fonction
saluer("Alice")
saluer("Bob")
```

Sortie :

```
Bonjour, Alice !
Bonjour, Bob !
```

Si une fonction ne prend aucun argument, vous avez toujours besoin de parenthèses vides :

```
function direBonjour()
    print("Bonjour, le monde !")
end

direBonjour()
```

Sortie :

```
Bonjour, le monde !
```

Paramètres et Arguments

Les fonctions peuvent accepter des paramètres, qui sont des valeurs passées à la fonction lors de son appel.

Passage de Paramètres de Base

Les paramètres sont listés dans la définition de la fonction, et les arguments correspondants sont fournis lors de l'appel de la fonction :

```
function afficherInfos(nom, age)
    print(nom .. " a " .. age .. " ans.")
end

afficherInfos("Charlie", 25)
```

Sortie :

```
Charlie a 25 ans.
```

Valeurs de Paramètre par Défaut

Lua n'a pas de prise en charge intégrée pour les valeurs de paramètres par défaut, mais vous pouvez les implémenter en utilisant l'opérateur or :

```
function saluer(nom, salutation)
    nom = nom or "étranger"
    salutation = salutation or "Bonjour"

    print(salutation .. ", " .. nom .. " !")
end
```

```
saluer("Alice", "Salut")     -- Les deux paramètres fournis
saluer("Bob")                -- Seul le nom fourni
saluer(nil, "Bienvenue")     -- Seule la salutation fournie
saluer()                     -- Aucun paramètre fourni
```

Sortie :

```
Salut, Alice !
Bonjour, Bob !
Bienvenue, étranger !
Bonjour, étranger !
```

Nombre Variable d'Arguments

Lua prend en charge les fonctions avec un nombre variable d'arguments en utilisant la
syntaxe ... (vararg) :

```
function somme(...)
    local total = 0
    -- Note : ipairs est utilisé ici pour une somme séquentielle d'arguments
numériques.
    -- Si des clés non numériques ou des trous étaient possibles, `pairs` serait
plus approprié.
    for _, valeur in ipairs({...}) do
        total = total + valeur
    end
    return total
end

print("Somme :", somme(1, 2, 3, 4, 5))
print("Somme :", somme(10, 20))
print("Somme :", somme())
```

Sortie :

```
Somme : 15
Somme : 30
Somme : 0
```

La syntaxe ... collecte tous les arguments supplémentaires dans une expression
vararg spéciale. Vous pouvez la convertir en table en utilisant {...}, comme montré
dans l'exemple.

Vous pouvez également combiner des paramètres fixes avec des varargs :

```
function formaterNom(prenom, nomFamille, ...)
    local resultat = prenom .. " " .. nomFamille

    local titres = {...}
    for _, titre in ipairs(titres) do
        resultat = resultat .. ", " .. titre
    end

    return resultat
end

print(formaterNom("Jean", "Dupont"))
print(formaterNom("Jeanne", "Martin", "PhD", "Professeure"))
```

Sortie :

```
Jean Dupont
Jeanne Martin, PhD, Professeure
```

Paramètres Nommés avec des Tables

Pour les fonctions avec de nombreux paramètres, il peut être plus clair d'utiliser une
table pour les paramètres nommés :

```
function creerUtilisateur(parametres)
    -- Définir les valeurs par défaut
    local utilisateur = {
        nomUtilisateur = parametres.nomUtilisateur or "invité",
        email = parametres.email or "aucun",
        actif = parametres.actif ~= nil and parametres.actif or true,
        role = parametres.role or "utilisateur"
    }

    print("Utilisateur créé : " .. utilisateur.nomUtilisateur)
    print("  Email : " .. utilisateur.email)
    print("  Actif : " .. tostring(utilisateur.actif))
    print("  Rôle : " .. utilisateur.role)

    return utilisateur
end

-- Appel avec des paramètres nommés
creerUtilisateur({
```

```
    nomUtilisateur = "alice123",
    email = "alice@example.com",
    role = "admin"
})

-- Fournir seulement certains paramètres
creerUtilisateur({
    nomUtilisateur = "bob456"
})
```

Sortie :

```
Utilisateur créé : alice123
  Email : alice@example.com
  Actif : true
  Rôle : admin
Utilisateur créé : bob456
  Email : aucun
  Actif : true
  Rôle : utilisateur
```

Cette approche rend les appels de fonction plus lisibles, en particulier lorsqu'il y a de nombreux paramètres ou lorsque vous voulez en omettre certains.

Valeurs de Retour

Les fonctions en Lua peuvent retourner des valeurs à l'appelant en utilisant l'instruction return.

Valeurs de Retour de Base

Le cas le plus simple est de retourner une seule valeur :

```
function carre(x)
    return x * x
end

local resultat = carre(5)
print("5 au carré =", resultat)
```

Sortie :

```
5 au carré = 25
```

Une fonction sans instruction `return` (ou avec un `return` sans valeur) retourne `nil` :

```lua
function neFaitRien()
    -- Pas d'instruction return
end

function retourneRien()
    return
end

print("neFaitRien() retourne :", neFaitRien())
print("retourneRien() retourne :", retourneRien())
```

Sortie :

```
neFaitRien() retourne : nil
retourneRien() retourne : nil
```

Valeurs de Retour Multiples

L'une des caractéristiques puissantes de Lua est la capacité des fonctions à retourner plusieurs valeurs :

```lua
function obtenirPartiesNom(nomComplet)
    -- Trouver l'espace entre les noms
    local espace = string.find(nomComplet, " ")

    if espace then
        local prenom = string.sub(nomComplet, 1, espace - 1)
        local nomFamille = string.sub(nomComplet, espace + 1)
        return prenom, nomFamille
    else
        -- Si pas d'espace, retourner le nom complet comme prénom
        return nomComplet, ""
    end
end

local prenom, nom = obtenirPartiesNom("Alice Martin")
print("Prénom :", prenom)
print("Nom :", nom)

local prenomSeul, nomVide = obtenirPartiesNom("Bob")
print("Prénom seul :", prenomSeul)
print("Nom (vide) :", nomVide) -- affiche ""
```

Sortie :

```
Prénom : Alice
Nom : Martin
Prénom seul : Bob
Nom (vide) :
```

Les retours multiples sont particulièrement utiles pour retourner des codes de statut avec des résultats :

```
function diviser(a, b)
    if b == 0 then
        return false, "Division par zéro"
    else
        return true, a / b
    end
end

local succes, resultat = diviser(10, 2)
if succes then
    print("Résultat :", resultat)
else
    print("Erreur :", resultat)
end

succes, resultat = diviser(10, 0)
if succes then
    print("Résultat :", resultat)
else
    print("Erreur :", resultat)
end
```

Sortie :

```
Résultat : 5.0
Erreur : Division par zéro
```

Gestion des Valeurs de Retour Supplémentaires ou Manquantes

Lorsqu'un appel de fonction ne capture pas toutes les valeurs de retour, les valeurs supplémentaires sont ignorées :

```
function obtenirValeurs()
    return 1, 2, 3, 4, 5
```

```
end

local a, b = obtenirValeurs()
print("a =", a)  -- 1
print("b =", b)  -- 2
-- Les valeurs 3, 4 et 5 sont ignorées

local x = obtenirValeurs()
print("x =", x)  -- Obtient seulement la première valeur : 1
```

Sortie :

```
a = 1
b = 2
x = 1
```

Inversement, si une fonction retourne moins de valeurs que prévu, les variables supplémentaires reçoivent nil :

```
function obtenirValeurUnique()
    return 42
end

local y, z = obtenirValeurUnique()
print("y =", y)  -- 42
print("z =", z)  -- nil
```

Sortie :

```
y = 42
z = nil
```

Les Fonctions comme Valeurs de Première Classe

En Lua, les fonctions sont des valeurs de première classe, ce qui signifie qu'elles
peuvent être :

- Stockées dans des variables
- Passées comme arguments à d'autres fonctions
- Retournées par des fonctions

Cela permet des techniques de programmation puissantes comme les fonctions d'ordre supérieur et les fermetures (closures).

Fonctions comme Variables

Comme nous l'avons vu, les fonctions peuvent être affectées à des variables :

```lua
-- Affecter une fonction anonyme à une variable
local carre = function(x)
    return x * x
end

-- Affecter une fonction nommée à une autre variable
function cube(x)
    return x * x * x
end

local puissanceTrois = cube

-- Appeler les fonctions
print("5 au carré =", carre(5))
print("5 au cube =", puissanceTrois(5))
```

Sortie :

```
5 au carré = 25
5 au cube = 125
```

Fonctions comme Arguments

Les fonctions peuvent être passées comme arguments à d'autres fonctions :

```lua
-- Une fonction qui applique une autre fonction à une valeur
function appliquerFonction(func, valeur)
    return func(valeur)
end

-- Définir quelques fonctions à passer
function doubler(x)
    return x * 2
end

function carre(x)
    return x * x
end
```

```
-- Utiliser les fonctions comme arguments
print("Double de 5 :", appliquerFonction(doubler, 5))
print("Carré de 5 :", appliquerFonction(carre, 5))

-- Utiliser une fonction anonyme comme argument
print("Triple de 5 :", appliquerFonction(function(x) return x * 3 end, 5))
```

Sortie :

```
Double de 5 : 10
Carré de 5 : 25
Triple de 5 : 15
```

Ce modèle est la base des fonctions d'ordre supérieur comme `map`, `filter` et `reduce`, qui sont courantes en programmation fonctionnelle :

```
-- Implémenter une fonction map simple
function map(tab, func)
    local resultat = {}
    for i, valeur in ipairs(tab) do
        resultat[i] = func(valeur)
    end
    return resultat
end

-- Tester la fonction map
local nombres = {1, 2, 3, 4, 5}
local doubles = map(nombres, doubler)
local carres = map(nombres, carre)

-- Afficher les résultats
print("Original :", table.concat(nombres, ", "))
print("Doublés :", table.concat(doubles, ", "))
print("Au carré :", table.concat(carres, ", "))
```

Sortie :

```
Original : 1, 2, 3, 4, 5
Doublés : 2, 4, 6, 8, 10
Au carré : 1, 4, 9, 16, 25
```

Fonctions Retournant des Fonctions

Les fonctions peuvent également retourner d'autres fonctions :

```
-- Fonction qui crée une fonction multiplicatrice
function creerMultiplicateur(facteur)
    -- Retourne une nouvelle fonction qui multiplie par facteur
    return function(x)
        return x * facteur
    end
end

-- Créer des fonctions multiplicatrices spécifiques
local doubler = creerMultiplicateur(2)
local tripler = creerMultiplicateur(3)
local decupler = creerMultiplicateur(10)

-- Utiliser les fonctions générées
print("Double de 7 :", doubler(7))
print("Triple de 7 :", tripler(7))
print("Décuple de 7 :", decupler(7))
```

Sortie :

```
Double de 7 : 14
Triple de 7 : 21
Décuple de 7 : 70
```

Cette technique est puissante pour créer des fonctions spécialisées basées sur des paramètres.

Fermetures (Closures)

Une fermeture (closure) est une fonction qui capture et mémorise l'environnement dans lequel elle a été créée, y compris les variables locales de la fonction externe.

```
function creerCompteur()
    local compte = 0

    return function()
        compte = compte + 1
        return compte
    end
end
```

```
-- Créer deux compteurs indépendants
local compteur1 = creerCompteur()
local compteur2 = creerCompteur()

-- Utiliser les compteurs
print("Compteur 1 :", compteur1())     -- 1
print("Compteur 1 :", compteur1())     -- 2
print("Compteur 2 :", compteur2())     -- 1
print("Compteur 1 :", compteur1())     -- 3
print("Compteur 2 :", compteur2())     -- 2
```

Sortie :

```
Compteur 1 : 1
Compteur 1 : 2
Compteur 2 : 1
Compteur 1 : 3
Compteur 2 : 2
```

Dans cet exemple, chaque fonction compteur "ferme sur" (closes over) sa propre copie de la variable compte. Même après la fin de l'exécution de creerCompteur, les fonctions retournées ont toujours accès à leurs variables compte respectives.

Les fermetures sont utiles pour :

- Encapsuler un état sans utiliser de variables globales
- Implémenter le masquage de données et les variables privées
- Créer des fabriques de fonctions (function factories)
- Implémenter des callbacks qui doivent maintenir un état

Voici un autre exemple utilisant les fermetures pour créer un compte bancaire simple :

```
function creerCompte(soldeInitial)
    local solde = soldeInitial or 0

    return {
        deposer = function(montant)
            if montant > 0 then
                solde = solde + montant
                return true, solde
            else
                return false, "Montant de dépôt invalide"
```

```lua
            end
        end,

        retirer = function(montant)
            if montant > 0 then
                if solde >= montant then
                    solde = solde - montant
                    return true, solde
                else
                    return false, "Fonds insuffisants"
                end
            else
                return false, "Montant de retrait invalide"
            end
        end,

        obtenirSolde = function()
            return solde
        end
    }
end

-- Créer un compte
local compte = creerCompte(100)

-- Utiliser le compte
print("Solde initial :", compte.obtenirSolde())

local succes, resultat = compte.deposer(50)
if succes then
    print("Nouveau solde après dépôt :", resultat)
else
    print("Erreur :", resultat)
end

succes, resultat = compte.retirer(30)
if succes then
    print("Nouveau solde après retrait :", resultat)
else
    print("Erreur :", resultat)
end

succes, resultat = compte.retirer(200)
if succes then
    print("Nouveau solde après retrait :", resultat)
else
    print("Erreur :", resultat)
```

```
end

print("Solde final :", compte.obtenirSolde())
```

Sortie :

```
Solde initial : 100
Nouveau solde après dépôt : 150
Nouveau solde après retrait : 120
Erreur : Fonds insuffisants
Solde final : 120
```

Dans cet exemple, la variable `solde` est privée et ne peut être accédée ou modifiée que par les méthodes fournies. C'est une forme d'encapsulation, un principe clé de la programmation orientée objet que nous explorerons davantage au Chapitre 9.

Récursivité

La récursivité est une technique où une fonction s'appelle elle-même. Elle est utile pour résoudre des problèmes qui peuvent être décomposés en sous-problèmes plus petits et similaires.

```
-- Calculer la factorielle en utilisant la récursivité
function factorielle(n)
    if n <= 1 then
        return 1
    else
        return n * factorielle(n - 1)
    end
end

print("Factorielle de 5 :", factorielle(5))  -- 5! = 5 * 4 * 3 * 2 * 1 = 120
```

Sortie :

```
Factorielle de 5 : 120
```

La récursivité doit être utilisée avec prudence, car une récursivité profonde peut entraîner des erreurs de dépassement de pile (stack overflow). Pour certains problèmes, une solution itérative peut être plus efficace :

```
-- Calculer la factorielle de manière itérative
function factorielleIterative(n)
    local resultat = 1
    for i = 2, n do
        resultat = resultat * i
    end
    return resultat
end

print("Factorielle de 5 (itérative) :", factorielleIterative(5))
```

Sortie :

```
Factorielle de 5 (itérative) : 120
```

Un exemple classique de récursivité est la suite de Fibonacci, où chaque nombre est la somme des deux précédents :

```
-- Calculer le nombre de Fibonacci de manière récursive
function fibonacci(n)
    if n <= 1 then
        return n
    else
        return fibonacci(n - 1) + fibonacci(n - 2)
    end
end

-- Afficher les 10 premiers nombres de Fibonacci
for i = 0, 9 do
    print("Fibonacci " .. i .. " :", fibonacci(i))
end
```

Sortie :

```
Fibonacci 0 : 0
Fibonacci 1 : 1
Fibonacci 2 : 1
Fibonacci 3 : 2
Fibonacci 4 : 3
Fibonacci 5 : 5
Fibonacci 6 : 8
Fibonacci 7 : 13
Fibonacci 8 : 21
Fibonacci 9 : 34
```

Notez que cette implémentation récursive de Fibonacci est élégante mais inefficace pour de grandes valeurs de n en raison de calculs redondants. Pour de meilleures performances, vous pourriez utiliser la mémoïsation (stockage des résultats précédemment calculés) ou une approche itérative.

Techniques de Fonctions Avancées

Explorons quelques techniques de fonctions plus avancées en Lua.

Environnements de Fonction

Chaque fonction en Lua opère dans un environnement, qui détermine à quelles variables globales elle peut accéder. Par défaut, toutes les fonctions partagent le même environnement global, mais vous pouvez changer cela :

```lua
-- Créer un environnement personnalisé
local env = {
    print = print,  -- Inclure la fonction print standard
    math = math,    -- Inclure la bibliothèque math
    valeurPerso = 42
}

-- Créer une fonction
local function test()
    print("Valeur personnalisée :", valeurPerso)
    print("Valeur de Pi :", math.pi)

    -- Ceci causerait une erreur car string n'est pas dans notre environnement
    -- print("Lib string :", string.upper("bonjour"))
end

-- Définir l'environnement pour la fonction (syntaxe Lua 5.1)
if setfenv then  -- Vérifier si setfenv existe (Lua 5.1)
    setfenv(test, env)
    test()  -- Ceci fonctionnera
else
    print("setfenv non disponible (Lua 5.2+)")
end
```

Sortie (en Lua 5.1) :

```
Valeur personnalisée : 42
Valeur de Pi : 3.1415926535898
```

En Lua 5.2 et versions ultérieures, la upvalue _ENV remplace setfenv :

```
-- Pour Lua 5.2+
local function test2(_ENV) -- L'environnement est passé comme premier argument
(upvalue)
    print("Valeur personnalisée :", valeurPerso)
    print("Valeur de Pi :", math.pi)
end

if not setfenv then   -- Si nous sommes en Lua 5.2+
    -- Pour exécuter test2 dans l'environnement 'env', il faut le charger
différemment
    -- Créer une fonction qui appelle test2 avec le bon _ENV
    local chargeur = load("test2(env)", "testeur", "t", {test2 = test2, env =
env, print=print, math=math})
    if chargeur then chargeur() end
end
```

(Note : l'exécution de test2 *dans un environnement spécifique est plus complexe en Lua 5.2+ et se fait souvent via* load *ou en définissant* _ENV *lors de la définition de la fonction).*

Décorateurs de Fonction

Les décorateurs de fonction sont un modèle où vous enveloppez une fonction avec une autre fonction pour étendre son comportement :

```
-- Un décorateur qui journalise les appels de fonction
function decorateurLog(func, nom)
    nom = nom or "fonction"

    return function(...)
        -- Convertir les arguments en chaînes pour l'affichage
        local args_str = {}
        for i = 1, select('#', ...) do
            args_str[i] = tostring(select(i, ...))
        end
        print("Appel de " .. nom .. " avec arguments :", table.concat(args_str,
", "))

        -- Appeler la fonction originale et capturer tous les résultats
        local resultats = {func(...)}

        -- Convertir les résultats en chaînes pour l'affichage
        local results_str = {}
        for i = 1, #resultats do
            results_str[i] = tostring(resultats[i])
```

```lua
        end
        print(nom .. " a retourné :", table.concat(results_str, ", "))

        -- Retourner les résultats originaux
        return table.unpack(resultats)
    end
end

-- Une fonction à décorer
function additionner(a, b)
    return a + b
end

-- Décorer la fonction
additionner = decorateurLog(additionner, "additionner")

-- Appeler la fonction décorée
local somme = additionner(3, 4)
print("Résultat :", somme)
```

Sortie :

```
Appel de additionner avec arguments : 3, 4
additionner a retourné : 7
Résultat : 7
```

Voici un autre exemple de décorateur qui mémoïse une fonction (met en cache ses résultats) :

```lua
-- Un décorateur qui mémoïse les résultats de fonction
function memoizer(func)
    local cache = {}

    return function(...)
        local args = {...}
        -- Créer une clé de cache simple (peut nécessiter une approche plus
robuste pour les tables/fonctions)
        local cle = table.concat(args, ",")

        if cache[cle] == nil then
            -- Stocker les résultats dans une table pour gérer les retours
multiples
            cache[cle] = {func(...)}
            print("Résultat calculé pour", cle)
        else
```

```lua
            print("Utilisation du résultat en cache pour", cle)
        end

        -- Retourner les résultats stockés
        return table.unpack(cache[cle])
    end
end

-- Une fonction coûteuse à mémoïser
function additionLente(a, b)
    -- Simuler une opération lente (ici, c'est instantané mais l'idée est là)
    local resultat = a + b
    return resultat
end

-- Mémoïser la fonction
additionLente = memoizer(additionLente)

-- Appeler la fonction plusieurs fois avec les mêmes arguments
print("Résultat :", additionLente(3, 4))
print("Résultat :", additionLente(3, 4))
print("Résultat :", additionLente(5, 6))
print("Résultat :", additionLente(5, 6))
```

Sortie :

```
Résultat calculé pour 3,4
Résultat : 7
Utilisation du résultat en cache pour 3,4
Résultat : 7
Résultat calculé pour 5,6
Résultat : 11
Utilisation du résultat en cache pour 5,6
Résultat : 11
```

Fonctions Auto-appelantes (Immediately Invoked Function Expressions - IIFE)

Parfois, vous voulez créer et appeler une fonction immédiatement, notamment pour créer une portée privée :

```lua
-- Approche normale
local function initialiser()
    print("Initialisation...")
    local donnees = {
```

```
        compte = 0,
        initialise = true
    }
    return donnees
end

local resultat = initialiser()
print("Initialisé :", resultat.initialise)

-- Approche fonction auto-appelante
local resultat2 = (function()
    print("Initialisation via auto-appel...")
    local donnees = {
        compte = 0,
        initialise = true
    }
    return donnees
end)() -- Les parenthèses finales appellent la fonction immédiatement

print("Initialisé via auto-appel :", resultat2.initialise)
```

Sortie :

```
Initialisation...
Initialisé : true
Initialisation via auto-appel...
Initialisé via auto-appel : true
```

Bonnes Pratiques pour les Fonctions

Concluons avec quelques bonnes pratiques pour écrire des fonctions en Lua :

1. **Utilisez des Fonctions Locales** : Préférez les fonctions locales pour éviter de polluer l'espace de noms global.
2. **Nommage des Fonctions** : Utilisez des noms descriptifs qui indiquent ce que fait la fonction. Utilisez des verbes pour les fonctions qui effectuent des actions.
3. **Responsabilité Unique** : Chaque fonction doit faire une chose et la faire bien. Si une fonction fait trop de choses, envisagez de la diviser en fonctions plus petites.
4. **Validation des Paramètres** : Vérifiez que les paramètres de fonction sont valides avant de les utiliser.

5. **Documentez Vos Fonctions** : Incluez des commentaires qui expliquent ce que fait la fonction, ses paramètres et ses valeurs de retour.
6. **Valeurs de Retour Cohérentes** : Les fonctions doivent avoir des modèles de retour cohérents. Par exemple, si une fonction peut échouer, retournez toujours un indicateur de succès et un message d'erreur.
7. **Évitez les Effets de Bord** : Essayez d'écrire des fonctions "pures" qui ne modifient pas l'état externe, car elles sont plus faciles à comprendre, tester et déboguer.

Voici un exemple intégrant ces bonnes pratiques :

```
--[[
    Divise deux nombres et retourne le résultat.

    @param dividende Le nombre à diviser
    @param diviseur Le nombre par lequel diviser
    @retourne succes Un booléen indiquant si l'opération a réussi
    @retourne resultat Le résultat de la division ou un message d'erreur
]]
local function diviser(dividende, diviseur)
    -- Validation des paramètres
    if type(dividende) ~= "number" then
        return false, "Le dividende doit être un nombre"
    end

    if type(diviseur) ~= "number" then
        return false, "Le diviseur doit être un nombre"
    end

    if diviseur == 0 then
        return false, "Impossible de diviser par zéro"
    end

    -- Effectuer l'opération
    local resultat = dividende / diviseur

    -- Retourner le résultat
    return true, resultat
end

-- Exemple d'utilisation de la fonction
local function testerDivision(a, b)
    local succes, resultat = diviser(a, b)

    if succes then
        print(a .. " / " .. b .. " = " .. resultat)
```

```
    else
        print("Erreur : " .. resultat)
    end
end

-- Tester la fonction avec diverses entrées
testerDivision(10, 2)
testerDivision(10, 0)
testerDivision("10", 2)
testerDivision(10, "2")
```

Sortie :

```
10 / 2 = 5.0
Erreur : Impossible de diviser par zéro
Erreur : Le dividende doit être un nombre
Erreur : Le diviseur doit être un nombre
```

Résumé du Chapitre

Dans ce chapitre, nous avons exploré les fonctions en Lua, des définitions et appels de base aux techniques avancées comme les fermetures et les décorateurs. Nous avons vu comment les fonctions peuvent être définies, comment elles gèrent les paramètres et les valeurs de retour, et comment elles peuvent être manipulées comme des valeurs de première classe.

Nous avons également examiné des modèles puissants permis par la nature fonctionnelle de Lua, tels que les fonctions d'ordre supérieur, les fabriques de fonctions et la mémoïsation. Ces techniques permettent un code plus expressif, modulaire et réutilisable.

Les fonctions sont les bêtes de somme de la programmation Lua, vous permettant d'organiser le code, de créer des abstractions et de construire des systèmes complexes à partir de composants plus simples. La flexibilité du système de fonctions de Lua – en particulier des fonctionnalités comme les retours multiples, les varargs et les fermetures – vous donne des outils puissants pour résoudre élégamment les problèmes de programmation.

Dans le chapitre suivant, nous allons plonger dans les tables, la structure de données principale de Lua. Les tables fonctionnent main dans la main avec les fonctions pour former l'épine dorsale de la programmation Lua, vous permettant d'organiser et de manipuler les données de manière sophistiquée.

Chapitre 7 : Les Tables : Le Cœur de Lua

Introduction aux Tables

Les tables sont la seule structure de données en Lua, et pourtant elles sont incroyablement polyvalentes. Une table en Lua est essentiellement une collection de paires clé-valeur qui peut stocker n'importe quel type de données, y compris d'autres tables et des fonctions. Les tables peuvent être utilisées pour implémenter des tableaux, des dictionnaires, des ensembles, des objets, des modules, et bien plus encore.

La simplicité d'avoir une seule structure de données capable de gérer tant de tâches différentes est l'une des caractéristiques les plus élégantes de Lua. Dans ce chapitre, nous explorerons les tables en profondeur, apprenant comment les créer, les manipuler et les exploiter efficacement dans vos programmes Lua.

Créer et Initialiser des Tables

Il existe plusieurs façons de créer et d'initialiser des tables en Lua.

Syntaxe du Constructeur de Table

La manière la plus courante de créer une table est avec la syntaxe du constructeur de table, qui utilise des accolades {} :

```
-- Table vide
local tableVide = {}

-- Table avec des valeurs initiales (type tableau)
local fruits = {"Pomme", "Banane", "Cerise"}

-- Table avec des paires clé-valeur (type dictionnaire)
```

```
local personne = {
    nom = "Alice",
    age = 30,
    email = "alice@example.com"
}

-- Table mixte avec des éléments de type tableau et dictionnaire
local mixte = {
    "Premier",
    "Second",
    nom = "Table Mixte",
    compte = 2
}

-- Afficher les tables pour voir leur contenu
print("Fruits :")
for i, fruit in ipairs(fruits) do
    print(i, fruit)
end

print("\nPersonne :")
for cle, valeur in pairs(personne) do
    print(cle, valeur)
end

print("\nMixte :")
for cle, valeur in pairs(mixte) do
    print(cle, valeur)
end
```

Sortie :

```
Fruits :
1       Pomme
2       Banane
3       Cerise

Personne :
nom     Alice
age     30
email   alice@example.com

Mixte :
1       Premier
2       Second
nom     Table Mixte
```

(Note : l'ordre de pairs peut varier)

Syntaxe Explicite Clé-Valeur

Pour les clés non séquentielles ou les clés qui ne sont pas des identifiants valides, vous pouvez utiliser la notation avec crochets dans le constructeur :

```
-- Table avec clés explicites
local parametres = {
    ["taille-police"] = 12,  -- La clé contient un trait d'union
    [true] = "clé booléenne", -- Clé booléenne
    [5] = "clé numérique",  -- Clé numérique
    ["afficher"] = function(t) print(t.message) end, -- Valeur fonction
    message = "Bonjour, le monde !"  -- Clé-valeur régulière
}

print("Paramètres :")
for cle, valeur in pairs(parametres) do
    if type(valeur) ~= "function" then
        print(cle, valeur)
    else
        print(cle, "fonction")
    end
end

-- Appeler la fonction stockée dans la table
parametres["afficher"](parametres)
```

Sortie :

```
Paramètres :
taille-police   12
true    clé booléenne
5       clé numérique
message Bonjour, le monde !
afficher        fonction
Bonjour, le monde !
```

(Note : l'ordre de pairs peut varier)

Créer des Tables Dynamiquement

Vous pouvez également construire des tables de manière incrémentielle :

```lua
-- Commencer avec une table vide
local listeCourses = {}

-- Ajouter des éléments un par un
listeCourses[1] = "Lait"
listeCourses[2] = "Pain"
listeCourses[3] = "Œufs"

-- Ajouter des propriétés nommées
listeCourses.magasin = "Épicerie"
listeCourses.urgent = true

print("Liste de Courses :")
for i = 1, #listeCourses do
    print(i, listeCourses[i])
end

print("Magasin :", listeCourses.magasin)
print("Urgent :", listeCourses.urgent)
```

Sortie :

```
Liste de Courses :
1       Lait
2       Pain
3       Œufs
Magasin : Épicerie
Urgent : true
```

Accéder aux Éléments d'une Table

Il existe deux manières principales d'accéder aux éléments d'une table en Lua : la notation par point et la notation par crochets.

Notation par Point

La notation par point (`table.cle`) est utilisée pour les clés qui sont des identifiants valides :

```lua
local utilisateur = {
```

```
    nom = "Bob",
    age = 25,
    estPremium = true
}

print("Nom :", utilisateur.nom)
print("Âge :", utilisateur.age)
print("Premium :", utilisateur.estPremium)

-- Modifier les valeurs en utilisant la notation par point
utilisateur.age = 26
utilisateur.estPremium = false

print("Âge mis à jour :", utilisateur.age)
print("Statut premium mis à jour :", utilisateur.estPremium)
```

Sortie :

```
Nom : Bob
Âge : 25
Premium : true
Âge mis à jour : 26
Statut premium mis à jour : false
```

Notation par Crochets

La notation par crochets (`table[cle]`) fonctionne avec n'importe quel type de clé, y compris celles qui ne sont pas des identifiants valides :

```
local donnees = {
    ["prenom"] = "Charlie",
    [42] = "La réponse",
    [true] = "Clé booléenne",
    [{}] = "Clé table"  -- Note : Les tables comme clés utilisent l'égalité par
référence
}

print("Prénom :", donnees["prenom"])
print("La réponse :", donnees[42])
print("Valeur booléenne :", donnees[true])

-- Les crochets fonctionnent aussi avec des variables comme clés
local cle = "prenom"
print("Utilisation d'une variable comme clé :", donnees[cle])
```

```
-- La notation par crochets fonctionne aussi avec les clés d'identifiants
réguliers
local utilisateur = {
    nom = "David",
    age = 35
}

print("Nom (notation crochets) :", utilisateur["nom"])
```

Sortie :

```
Prénom : Charlie
La réponse : La réponse
Valeur booléenne : Clé booléenne
Utilisation d'une variable comme clé : Charlie
Nom (notation crochets) : David
```

Gestion des Clés Inexistantes

Lorsque vous essayez d'accéder à une clé qui n'existe pas dans une table, Lua retourne nil plutôt que de lever une erreur :

```
local config = {
    version = "1.0",
    debogage = true
}

print("Version :", config.version)
print("Débogage :", config.debogage)
print("Auteur :", config.auteur)  -- La clé n'existe pas, retourne nil

-- Vérifier si une clé existe avant de l'utiliser
if config.connexionsMax then
    print("Connexions max :", config.connexionsMax)
else
    print("Connexions max non spécifiées")
end
```

Sortie :

```
Version : 1.0
Débogage : true
Auteur : nil
Connexions max non spécifiées
```

Les Tables comme Tableaux

Bien que Lua n'ait pas de type tableau distinct, les tables sont couramment utilisées comme des tableaux en utilisant des clés entières consécutives commençant à 1.

Créer et Utiliser des Tableaux

```lua
-- Créer une table de type tableau
local couleurs = {"Rouge", "Vert", "Bleu", "Jaune", "Violet"}

-- Accéder aux éléments par indice
print("Première couleur :", couleurs[1])  -- Les tableaux Lua commencent à
l'indice 1, pas 0
print("Troisième couleur :", couleurs[3])

-- Modifier des éléments
couleurs[2] = "Émeraude"
print("Deuxième couleur mise à jour :", couleurs[2])

-- Obtenir la longueur du tableau
print("Nombre de couleurs :", #couleurs)

-- Itérer à travers le tableau
print("Toutes les couleurs :")
for i = 1, #couleurs do
    print(i, couleurs[i])
end

-- Itération alternative utilisant ipairs
print("Utilisation d'ipairs :")
for i, couleur in ipairs(couleurs) do
    print(i, couleur)
end
```

Sortie :

```
Première couleur : Rouge
Troisième couleur : Bleu
Deuxième couleur mise à jour : Émeraude
Nombre de couleurs : 5
Toutes les couleurs :
1       Rouge
2       Émeraude
3       Bleu
4       Jaune
5       Violet
```

```
Utilisation d'ipairs :
1          Rouge
2          Émeraude
3          Bleu
4          Jaune
5          Violet
```

Opérations sur les Tableaux

Lua fournit quelques fonctions intégrées pour travailler avec les tables de type tableau dans la bibliothèque `table` :

```
-- Créer un tableau
local nombres = {10, 20, 30, 40, 50}

-- Insérer un élément à la fin (push)
table.insert(nombres, 60)
print("Après insertion à la fin :", table.concat(nombres, ", "))

-- Insérer un élément à une position spécifique
table.insert(nombres, 3, 25)
print("Après insertion à la position 3 :", table.concat(nombres, ", "))

-- Retirer le dernier élément (pop)
local derniereValeur = table.remove(nombres)
print("Valeur retirée :", derniereValeur)
print("Après retrait de la fin :", table.concat(nombres, ", "))

-- Retirer un élément à une position spécifique
local valeurRetiree = table.remove(nombres, 2)
print("Valeur retirée à la position 2 :", valeurRetiree)
print("Après retrait de la position 2 :", table.concat(nombres, ", "))

-- Trier un tableau
local nonTrie = {3, 1, 4, 1, 5, 9, 2, 6}
table.sort(nonTrie)
print("Tableau trié :", table.concat(nonTrie, ", "))

-- Trier avec une fonction de comparaison personnalisée (ordre décroissant)
table.sort(nonTrie, function(a, b) return a > b end)
print("Tableau trié (décroissant) :", table.concat(nonTrie, ", "))
```

Sortie :

```
Après insertion à la fin : 10, 20, 30, 40, 50, 60
```

```
Après insertion à la position 3 : 10, 20, 25, 30, 40, 50, 60
Valeur retirée : 60
Après retrait de la fin : 10, 20, 25, 30, 40, 50
Valeur retirée à la position 2 : 20
Après retrait de la position 2 : 10, 25, 30, 40, 50
Tableau trié : 1, 1, 2, 3, 4, 5, 6, 9
Tableau trié (décroissant) : 9, 6, 5, 4, 3, 2, 1, 1
```

Tableaux Épars

Contrairement aux tableaux dans certains autres langages, les tableaux Lua peuvent être "épars", ce qui signifie qu'ils peuvent avoir des trous dans leurs indices :

```
local épars = {}
épars[1] = "Premier"
épars[3] = "Troisième"
épars[5] = "Cinquième"

print("Longueur du tableau épars :", #épars)  -- Peut retourner 1 ou 5,
comportement défini par l'implémentation

print("Éléments du tableau épars :")
-- Itérer jusqu'à 5 pour montrer les trous (nil)
for i = 1, 5 do
    print(i, épars[i])
end

-- Utiliser pairs garantit de voir tous les éléments présents
print("Utilisation de pairs pour itérer :")
for k, v in pairs(épars) do
    print(k, v)
end
```

Sortie :

```
Longueur du tableau épars : 1
Éléments du tableau épars :
1        Premier
2        nil
3        Troisième
4        nil
5        Cinquième
Utilisation de pairs pour itérer :
1        Premier
3        Troisième
```

(Note : La longueur retournée par # pour les tableaux épars peut varier)

Notez que l'opérateur # peut ne pas fonctionner comme prévu avec les tableaux épars. Il retourne généralement la longueur de la plus grande séquence de valeurs non-nil commençant à l'indice 1, mais son comportement avec les tableaux épars est défini par l'implémentation.

Les Tables comme Dictionnaires

Les tables sont également parfaites pour implémenter des dictionnaires (maps) où les clés peuvent être n'importe quelle valeur (sauf nil).

Créer et Utiliser des Dictionnaires

```
-- Créer un dictionnaire
local employe = {
    id = "E12345",
    prenom = "Emma",
    nom = "Wilson",
    departement = "Ingénierie",
    salaire = 75000,
    competences = {"JavaScript", "Python", "Lua"}
}

-- Accéder aux valeurs
print("ID Employé :", employe.id)
print("Nom Complet :", employe.prenom .. " " .. employe.nom)
print("Département :", employe.departement)

-- Ajouter ou modifier des paires clé-valeur
employe.poste = "Développeuse Senior"
employe.salaire = 80000

print("Poste :", employe.poste)
print("Salaire mis à jour :", employe.salaire)

-- Vérifier si une clé existe
if employe.dateEmbauche then
    print("Date d'embauche :", employe.dateEmbauche)
else
    print("Date d'embauche non spécifiée")
end
```

```
-- Supprimer une paire clé-valeur
employe.departement = nil
print("Département après suppression :", employe.departement)
```

Sortie :

```
ID Employé : E12345
Nom Complet : Emma Wilson
Département : Ingénierie
Poste : Développeuse Senior
Salaire mis à jour : 80000
Date d'embauche non spécifiée
Département après suppression : nil
```

Itération sur les Dictionnaires

La fonction `pairs` est utilisée pour itérer sur toutes les paires clé-valeur dans une table, quel que soit le type de clé :

```
local parametres = {
    theme = "sombre",
    taillePolice = 14,
    afficherBarreOutils = true,
    fichiersRecents = {"doc1.txt", "image.png", "script.lua"}
}

print("Paramètres :")
for cle, valeur in pairs(parametres) do
    if type(valeur) ~= "table" then
        print("  " .. cle .. " :", valeur)
    else
        print("  " .. cle .. " :", "table avec " .. #valeur .. " éléments")
    end
end
```

Sortie :

```
Paramètres :
  theme : sombre
  taillePolice : 14
  afficherBarreOutils : true
  fichiersRecents : table avec 3 éléments
```

(Note : l'ordre de `pairs` peut varier)

Notez que `pairs` ne garantit aucun ordre spécifique pour l'itération. Si vous avez besoin d'une itération ordonnée, vous devrez peut-être extraire et trier les clés d'abord.

Tables Imbriquées

Les tables peuvent contenir d'autres tables, vous permettant de créer des structures de données complexes et imbriquées.

Créer des Tables Imbriquées

```lua
-- Créer une structure de table imbriquée
local entreprise = {
    nom = "TechCorp",
    fondee = 2010,
    localisation = {
        ville = "San Francisco",
        etat = "CA",
        pays = "USA",
        coordonnees = {
            latitude = 37.7749,
            longitude = -122.4194
        }
    },
    departements = {
        {nom = "Ingénierie", employes = 50},
        {nom = "Ventes", employes = 30},
        {nom = "Marketing", employes = 20}
    }
}

-- Accéder aux valeurs imbriquées
print("Entreprise :", entreprise.nom)
print("Localisation :", entreprise.localisation.ville .. ", " ..
entreprise.localisation.etat)
print("Coordonnées :", entreprise.localisation.coordonnees.latitude .. ", " ..
                    entreprise.localisation.coordonnees.longitude)

-- Itérer à travers un tableau imbriqué
print("\nDépartements :")
for i, dept in ipairs(entreprise.departements) do
    print(i .. ".", dept.nom, "(" .. dept.employes .. " employés)")
end
```

Sortie :

```
Entreprise : TechCorp
Localisation : San Francisco, CA
Coordonnées : 37.7749, -122.4194

Départements :
1. Ingénierie (50 employés)
2. Ventes (30 employés)
3. Marketing (20 employés)
```

Copies Profondes vs Superficielles

Lorsque vous travaillez avec des tables imbriquées, il est important de comprendre la différence entre les copies superficielles (shallow copy) et profondes (deep copy) :

```lua
-- Table imbriquée originale
local original = {
    nom = "Original",
    valeurs = {1, 2, 3},
    imbriquee = {
        x = 10,
        y = 20
    }
}

-- Copie superficielle (ne copie que le niveau supérieur)
local function copieSuperficielle(t)
    local copie = {}
    for cle, valeur in pairs(t) do
        copie[cle] = valeur
    end
    return copie
end

-- Copie profonde (copie récursivement les tables imbriquées)
local function copieProfonde(t)
    if type(t) ~= "table" then return t end

    local copie = {}
    for cle, valeur in pairs(t) do
        if type(valeur) == "table" then
            copie[cle] = copieProfonde(valeur) -- Appel récursif
        else
            copie[cle] = valeur
        end
```

```
    end
    return copie
end

-- Créer des copies
local copieSuperf = copieSuperficielle(original)
local copieProf = copieProfonde(original)

-- Modifier la table imbriquée de l'original
original.valeurs[1] = 100
original.imbriquee.x = 500

-- Comparer les résultats
print("Original valeurs[1] :", original.valeurs[1])
print("Copie superficielle valeurs[1] :", copieSuperf.valeurs[1])  -- Aussi
changé (référence partagée)
print("Copie profonde valeurs[1] :", copieProf.valeurs[1])  -- Inchangé (copie
séparée)

print("Original imbriquee.x :", original.imbriquee.x)
print("Copie superficielle imbriquee.x :", copieSuperf.imbriquee.x)  -- Aussi
changé (référence partagée)
print("Copie profonde imbriquee.x :", copieProf.imbriquee.x)  -- Inchangé (copie
séparée)
```

Sortie :

```
Original valeurs[1] : 100
Copie superficielle valeurs[1] : 100
Copie profonde valeurs[1] : 1
Original imbriquee.x : 500
Copie superficielle imbriquee.x : 500
Copie profonde imbriquee.x : 10
```

Références de Table et Égalité

En Lua, les tables sont des types référence, ce qui signifie que les variables contiennent des références aux tables plutôt que les tables elles-mêmes.

Références de Table

```
-- Créer une table
local t1 = {a = 1, b = 2}
```

```
-- Créer une autre référence à la même table
local t2 = t1

-- Modifier via une référence
t2.a = 10

-- Le changement est visible via les deux références
print("t1.a :", t1.a)  -- 10
print("t2.a :", t2.a)  -- 10

-- Créer une nouvelle table avec le même contenu
local t3 = {a = 10, b = 2}

-- t3 est une table différente de t1, même si le contenu est le même
print("t1 == t3 :", t1 == t3)  -- false
```

Sortie :

```
t1.a : 10
t2.a : 10
t1 == t3 : false
```

Les Tables comme Clés

Parce que les tables sont comparées par référence, elles peuvent être utilisées comme clés dans d'autres tables :

```
-- Utiliser des tables comme clés dans une autre table
local clesTables = {}

local cle1 = {nom = "Clé 1"}
local cle2 = {nom = "Clé 2"}

clesTables[cle1] = "Valeur pour Clé 1"
clesTables[cle2] = "Valeur pour Clé 2"

print("Valeur pour cle1 :", clesTables[cle1])
print("Valeur pour cle2 :", clesTables[cle2])

-- Une nouvelle table avec le même contenu sera une clé différente
local cle1Copie = {nom = "Clé 1"}
print("Valeur pour cle1Copie :", clesTables[cle1Copie])  -- nil
```

Sortie :

96

```
Valeur pour cle1 : Valeur pour Clé 1
Valeur pour cle2 : Valeur pour Clé 2
Valeur pour cle1Copie : nil
```

Métatable et Métaméthodes

Les métatables fournissent un mécanisme pour personnaliser le comportement des tables, comme la façon dont elles réagissent aux opérateurs et à certains événements.

Définir et Obtenir des Métatables

```
-- Créer deux tables
local t1 = {valeur = 5}
local t2 = {valeur = 10}

-- Créer une métatable
local mt = {
    -- Métaméthode pour l'addition
    __add = function(a, b)
        -- Retourne une nouvelle table avec la somme des valeurs
        return {valeur = a.valeur + b.valeur}
    end
}

-- Définir la métatable pour les deux tables
setmetatable(t1, mt)
setmetatable(t2, mt)

-- Maintenant nous pouvons "additionner" les tables
local resultat = t1 + t2
print("Résultat de l'addition :", resultat.valeur)  -- 15

-- Obtenir la métatable d'une table
local mt2 = getmetatable(t1)
print("Est-ce la même métatable :", mt == mt2)  -- true
```

Sortie :

```
Résultat de l'addition : 15
Est-ce la même métatable : true
```

Métaméthodes Courantes

Lua prend en charge de nombreuses métaméthodes qui personnalisent le comportement des tables :

```lua
-- Créer un type vecteur simple
local Vecteur = {}
Vecteur.__index = Vecteur -- Pour que les instances héritent des méthodes de
Vecteur

function Vecteur.nouveau(x, y)
    local v = {x = x or 0, y = y or 0}
    setmetatable(v, Vecteur)
    return v
end

-- Opérations arithmétiques
function Vecteur.__add(a, b)
    return Vecteur.nouveau(a.x + b.x, a.y + b.y)
end

function Vecteur.__sub(a, b)
    return Vecteur.nouveau(a.x - b.x, a.y - b.y)
end

function Vecteur.__mul(a, b)
    if type(a) == "number" then
        -- Multiplication scalaire (nombre * Vecteur)
        return Vecteur.nouveau(a * b.x, a * b.y)
    elseif type(b) == "number" then
        -- Multiplication scalaire (Vecteur * nombre)
        return Vecteur.nouveau(a.x * b, a.y * b)
    else
        -- Produit scalaire (Vecteur * Vecteur)
        return a.x * b.x + a.y * b.y
    end
end

-- Représentation textuelle
function Vecteur.__tostring(v)
    return "Vecteur(" .. v.x .. ", " .. v.y .. ")"
end

-- Comparaison d'égalité
function Vecteur.__eq(a, b)
    -- Vérifie si b est aussi un Vecteur avec la même métatable (pour éviter les
erreurs)
    if getmetatable(a) ~= getmetatable(b) then return false end
```

```
        return a.x == b.x and a.y == b.y
end


-- Créer des vecteurs
local v1 = Vecteur.nouveau(3, 4)
local v2 = Vecteur.nouveau(1, 2)


-- Utiliser les opérations personnalisées
print("v1 :", v1)
print("v2 :", v2)
print("v1 + v2 :", v1 + v2)
print("v1 - v2 :", v1 - v2)
print("v1 * 2 :", v1 * 2)
print("2 * v1 :", 2 * v1) -- Ajout pour tester la multiplication scalaire gauche
print("v1 * v2 (produit scalaire) :", v1 * v2)
print("v1 == Vecteur.nouveau(3, 4) :", v1 == Vecteur.nouveau(3, 4))
print("v1 == v2 :", v1 == v2)
```

Sortie :

```
v1 : Vecteur(3, 4)
v2 : Vecteur(1, 2)
v1 + v2 : Vecteur(4, 6)
v1 - v2 : Vecteur(2, 2)
v1 * 2 : Vecteur(6, 8)
2 * v1 : Vecteur(6, 8)
v1 * v2 (produit scalaire) : 11
v1 == Vecteur.nouveau(3, 4) : true
v1 == v2 : false
```

La Métaméthode __index

La métaméthode __index est déclenchée lors de l'accès à une clé qui n'existe pas dans
une table. Elle peut être une fonction ou une autre table :

```
-- Créer une table prototype
local prototype = {
    x = 0,
    y = 0,

    deplacer = function(self, dx, dy)
        self.x = self.x + dx
        self.y = self.y + dy
        return self
    end,
```

```
    obtenirPosition = function(self)
        return self.x, self.y
    end
}

-- Créer une instance qui hérite du prototype
local instance = {}
setmetatable(instance, { __index = prototype })

-- L'instance n'a pas ces méthodes directement, mais peut les utiliser via
__index
instance:deplacer(5, 10)
local x, y = instance:obtenirPosition()
print("Position :", x, y)

-- Nous pouvons surcharger les valeurs héritées
instance.x = 100
x, y = instance:obtenirPosition()
print("Nouvelle position :", x, y)
```

Sortie :

```
Position : 5 10
Nouvelle position : 100 10
```

Modèles de Tables Courants

Explorons quelques modèles et idiomes courants pour travailler avec les tables en Lua.

Table comme Espace de Noms (Namespace)

Les tables peuvent être utilisées pour créer des espaces de noms, évitant les conflits de noms dans l'environnement global :

```
-- Créer un espace de noms
local MonAppli = {
    version = "1.0",
    auteur = "Développeur Lua",

    config = {
        debogage = true,
        connexionsMax = 10
```

```
    },

    -- Fonctions dans l'espace de noms
    initialiser = function()
        print("Initialisation de MonAppli v" .. MonAppli.version)
    end,

    arreter = function()
        print("Arrêt de MonAppli")
    end
}

-- Utiliser l'espace de noms
MonAppli.initialiser()
print("Mode débogage :", MonAppli.config.debogage)
MonAppli.arreter()
```

Sortie :

```
Initialisation de MonAppli v1.0
Mode débogage : true
Arrêt de MonAppli
```

Table comme Classe/Objet

Les tables peuvent représenter des objets avec à la fois des données et des comportements :

```
-- Définir une "classe" (en fait juste une table avec des fonctions)
local Rectangle = {}

-- Constructeur
function Rectangle.nouveau(largeur, hauteur)
    local obj = {
        largeur = largeur or 0,
        hauteur = hauteur or 0
    }

    -- Méthodes (définies sur l'instance ici)
    function obj:obtenirAire()
        return self.largeur * self.hauteur
    end

    function obj:obtenirPerimetre()
        return 2 * (self.largeur + self.hauteur)
```

```
        end

        function obj:mettreAEchelle(facteur)
            self.largeur = self.largeur * facteur
            self.hauteur = self.hauteur * facteur
            return self -- Pour le chaînage de méthodes
        end

        return obj
end


-- Créer et utiliser des instances
local rect1 = Rectangle.nouveau(5, 10)
print("Aire :", rect1:obtenirAire())
print("Périmètre :", rect1:obtenirPerimetre())

rect1:mettreAEchelle(2)
print("Après mise à l'échelle - Aire :", rect1:obtenirAire())
```

Sortie :

```
Aire : 50
Périmètre : 30
Après mise à l'échelle - Aire : 200
```

Nous explorerons la programmation orientée objet en Lua plus en détail dans le Chapitre 9.

Table comme Ensemble (Set)

Les tables peuvent implémenter des ensembles, où chaque élément n'apparaît qu'une seule fois :

```
-- Créer un ensemble à partir d'une liste de valeurs
local function creerEnsemble(liste)
    local ensemble = {}
    for _, valeur in ipairs(liste) do
        ensemble[valeur] = true -- La valeur devient la clé
    end
    return ensemble
end

-- Opérations sur les ensembles
local function union(a, b)
```

```lua
    local resultat = {}
    for k in pairs(a) do resultat[k] = true end
    for k in pairs(b) do resultat[k] = true end
    return resultat
end

local function intersection(a, b)
    local resultat = {}
    for k in pairs(a) do
        if b[k] then resultat[k] = true end
    end
    return resultat
end

local function difference(a, b)
    local resultat = {}
    for k in pairs(a) do
        if not b[k] then resultat[k] = true end
    end
    return resultat
end

-- Fonction utilitaire pour afficher les ensembles
local function ensembleVersChaine(ensemble)
    local elements = {}
    for element in pairs(ensemble) do
        table.insert(elements, tostring(element))
    end
    table.sort(elements) -- Trier pour un affichage cohérent
    return "{" .. table.concat(elements, ", ") .. "}"
end

-- Créer quelques ensembles
local A = creerEnsemble({1, 2, 3, 4, 5})
local B = creerEnsemble({4, 5, 6, 7, 8})

print("Ensemble A :", ensembleVersChaine(A))
print("Ensemble B :", ensembleVersChaine(B))
print("A ∪ B (union) :", ensembleVersChaine(union(A, B)))
print("A ∩ B (intersection) :", ensembleVersChaine(intersection(A, B)))
print("A - B (différence) :", ensembleVersChaine(difference(A, B)))
```

Sortie :

```
Ensemble A : {1, 2, 3, 4, 5}
Ensemble B : {4, 5, 6, 7, 8}
```

```
A ∪ B (union) : {1, 2, 3, 4, 5, 6, 7, 8}
A ∩ B (intersection) : {4, 5}
A - B (différence) : {1, 2, 3}
```

Table comme Cache (Mémoïsation)

Les tables sont parfaites pour implémenter la mémoïsation, une technique pour mettre en cache les résultats d'appels de fonction coûteux :

```
-- Fibonacci avec mémoïsation
local fib_cache = {}

local function fibonacci(n)
    -- Vérifier si le résultat est déjà en cache
    if fib_cache[n] then
        print("Cache utilisé pour fib(" .. n .. ")")
        return fib_cache[n]
    end

    -- Calculer le résultat pour les nouvelles valeurs
    local resultat
    if n <= 1 then
        resultat = n
    else
        resultat = fibonacci(n - 1) + fibonacci(n - 2)
    end

    -- Mettre en cache le résultat avant de le retourner
    print("Calcul pour fib(" .. n .. ")") -- Afficher quand on calcule
    fib_cache[n] = resultat
    return resultat
end

-- Essayer la fonction
print("fib(10) =", fibonacci(10))
print("fib(10) encore =", fibonacci(10))  -- Devrait utiliser la valeur en cache
print("fib(11) =", fibonacci(11))  -- Devrait utiliser les valeurs en cache pour
les calculs intermédiaires
```

Sortie :

```
Calcul pour fib(1)
Calcul pour fib(0)
Calcul pour fib(2)
Calcul pour fib(3)
```

```
Cache utilisé pour fib(2)
Calcul pour fib(4)
Cache utilisé pour fib(3)
Calcul pour fib(5)
Cache utilisé pour fib(4)
Calcul pour fib(6)
Cache utilisé pour fib(5)
Calcul pour fib(7)
Cache utilisé pour fib(6)
Calcul pour fib(8)
Cache utilisé pour fib(7)
Calcul pour fib(9)
Cache utilisé pour fib(8)
Calcul pour fib(10)
fib(10) = 55
Cache utilisé pour fib(10)
fib(10) encore = 55
Cache utilisé pour fib(9)
Cache utilisé pour fib(10)
Calcul pour fib(11)
fib(11) = 89
```

Considérations de Performance

Lorsque vous travaillez avec des tables en Lua, il y a plusieurs aspects de performance à garder à l'esprit :

Création de Table

La création de tables a une certaine surcharge, évitez donc de créer de nombreuses petites tables dans les sections critiques en termes de performance :

```
-- Inefficace : Crée une nouvelle table à chaque itération
local function sommeCarresInefficace(n)
    local total = 0
    for i = 1, n do
        local carre = {valeur = i * i}  -- Nouvelle table à chaque itération
        total = total + carre.valeur
    end
    return total
end

-- Efficace : Évite la création inutile de table
local function sommeCarresEfficace(n)
    local total = 0
```

```
    for i = 1, n do
        local carre = i * i  -- Calcule juste la valeur
        total = total + carre
    end
    return total
end

-- Mesurer le temps des fonctions
local n = 1000000
local debut = os.clock()
local resultat1 = sommeCarresInefficace(n)
local temps1 = os.clock() - debut

debut = os.clock()
local resultat2 = sommeCarresEfficace(n)
local temps2 = os.clock() - debut

print("Inefficace :", temps1, "secondes")
print("Efficace :", temps2, "secondes")
print("Les résultats correspondent :", resultat1 == resultat2)
```

La sortie variera, mais la version efficace devrait être significativement plus rapide.

Pré-allocation des Tables

Lorsque vous connaissez la taille approximative d'une table, vous pouvez la pré-allouer (si l'implémentation le permet) pour réduire le nombre de réallocations mémoire :

```
-- Créer un grand tableau (plus lent à cause des multiples réallocations)
local function creerTableauLent(n)
    local tab = {}
    for i = 1, n do
        tab[i] = i
    end
    return tab
end

-- Créer un grand tableau avec pré-allocation (plus rapide)
local function creerTableauRapide(n)
    -- table.create est disponible dans certaines implémentations comme LuaJIT
    -- S'il n'est pas disponible, on utilise une table normale
    local tab = table.create and table.create(n, 0) or {}
    for i = 1, n do
        tab[i] = i
    end
```

```
    return tab
end

-- Mesurer le temps des fonctions
local n = 1000000
local debut = os.clock()
local tab1 = creerTableauLent(n)
local temps1 = os.clock() - debut

debut = os.clock()
local tab2 = creerTableauRapide(n)
local temps2 = os.clock() - debut

print("Sans pré-allocation :", temps1, "secondes")
print("Avec pré-allocation (si disponible) :", temps2, "secondes")
```

Note : La fonction `table.create` est disponible dans certaines implémentations de Lua comme LuaJIT et Roblox Lua, mais pas dans le Lua standard. En Lua standard, la pré-allocation n'est souvent pas directement disponible, mais l'exemple reste instructif sur le concept.

Réutilisation de Table

Réutiliser des tables au lieu d'en créer de nouvelles peut être efficace pour les opérations fréquemment utilisées :

```
-- Fonction qui crée une nouvelle table de résultats à chaque fois
local function traiterDonneesNouveau(donnees)
    local resultats = {}
    for i, valeur in ipairs(donnees) do
        resultats[i] = valeur * 2
    end
    return resultats
end

-- Fonction qui réutilise une table de résultats fournie
local function traiterDonneesReutiliser(donnees, resultats)
    resultats = resultats or {}
    -- Effacer les anciennes valeurs potentielles si la nouvelle table est plus
petite
    for i = #resultats, #donnees + 1, -1 do
        resultats[i] = nil
    end

    for i = 1, #donnees do
```

```
        resultats[i] = donnees[i] * 2
    end
    return resultats
end


-- Tester avec un grand jeu de données
local donnees = {}
for i = 1, 100000 do
    donnees[i] = i
end


-- Traiter plusieurs fois, en créant de nouvelles tables
local debut = os.clock()
for i = 1, 100 do
    local resultats = traiterDonneesNouveau(donnees)
    -- Utiliser les resultats...
end
local tempsNouveau = os.clock() - debut

-- Traiter plusieurs fois, en réutilisant la même table
local debut2 = os.clock()
local tableResultats = {}
for i = 1, 100 do
    traiterDonneesReutiliser(donnees, tableResultats)
    -- Utiliser les resultats...
end
local tempsReutiliser = os.clock() - debut2

print("Création de nouvelles tables :", tempsNouveau, "secondes")
print("Réutilisation de tables :", tempsReutiliser, "secondes")
```

La version qui réutilise la table devrait être plus rapide, surtout pour un grand nombre d'itérations.

Résumé du Chapitre

Dans ce chapitre, nous avons exploré les tables, le cœur du système de structure de données de Lua. Bien qu'étant le seul type de collection en Lua, les tables sont incroyablement polyvalentes, capables d'implémenter des tableaux, des dictionnaires, des ensembles, des objets, et plus encore.

Nous avons couvert comment créer et initialiser des tables, accéder à leurs éléments en utilisant les notations par point et par crochets, et travailler avec des tables comme des tableaux et des dictionnaires. Nous avons également examiné les tables imbriquées, les références de table, et la différence entre les copies superficielles et profondes.

Les métatables fournissent un mécanisme puissant pour personnaliser le comportement des tables, permettant la surcharge d'opérateurs et des modèles de type héritage. Nous avons vu des modèles de tables courants tels que l'utilisation de tables comme espaces de noms, classes, ensembles et caches, et nous avons discuté des considérations de performance lors du travail avec les tables.

Les tables sont fondamentales pour pratiquement tous les programmes Lua, et les maîtriser est essentiel pour une programmation Lua efficace. Leur flexibilité et leur simplicité font de Lua un langage particulièrement élégant pour travailler avec des structures de données complexes.

Dans le chapitre suivant, nous nous appuierons sur notre compréhension des tables pour explorer les modules et les paquets, qui vous permettent d'organiser votre code Lua en composants réutilisables et maintenables.

Chapitre 8 : Modules et Paquets

Introduction aux Modules

Au fur et à mesure que vos programmes Lua gagnent en taille et en complexité, l'organisation de votre code devient de plus en plus importante. Les modules sont un moyen de regrouper des fonctions et des variables associées, rendant votre code plus maintenable, réutilisable et plus facile à comprendre.

En Lua, un module est typiquement une table qui contient des fonctions et des variables associées. En utilisant des modules, vous pouvez :

- Éviter les conflits de noms en gardant le code dans des espaces de noms séparés
- Masquer les détails d'implémentation tout en exposant uniquement les interfaces nécessaires
- Réutiliser le code dans plusieurs projets
- Rendre explicites les dépendances entre les composants du code

Plongeons dans le fonctionnement des modules en Lua et comment les utiliser efficacement.

Créer des Modules de Base

La manière la plus simple de créer un module en Lua est de définir une table, de la remplir avec des fonctions et des variables, et de retourner la table à la fin du fichier.

Modèle de Module

Voici un modèle de base pour créer un module :

```lua
-- Fichier : mathutils.lua
local mathutils = {}

-- Fonctions publiques
function mathutils.additionner(a, b)
    return a + b
end

function mathutils.soustraire(a, b)
    return a - b
end

function mathutils.multiplier(a, b)
    return a * b
end

function mathutils.diviser(a, b)
    if b == 0 then
        error("Division par zéro")
    end
    return a / b
end

-- Retourner la table du module
return mathutils
```

Pour utiliser ce module dans un autre fichier :

```lua
-- Fichier : main.lua
local mathutils = require("mathutils") -- Note: le nom du fichier sans
l'extension

print("5 + 3 =", mathutils.additionner(5, 3))
print("5 - 3 =", mathutils.soustraire(5, 3))
print("5 * 3 =", mathutils.multiplier(5, 3))
print("5 / 3 =", mathutils.diviser(5, 3))
```

Sortie :

```
5 + 3 = 8
5 - 3 = 2
5 * 3 = 15
5 / 3 = 1.6666666666667
```

Variables et Fonctions Privées du Module

Un avantage des modules est la capacité de garder certaines fonctions et variables privées, accessibles uniquement à l'intérieur du module lui-même :

```lua
-- Fichier : calculatrice.lua
local calculatrice = {}

-- Variables privées
local operations = {
    addition = function(a, b) return a + b end,
    soustraction = function(a, b) return a - b end,
    multiplication = function(a, b) return a * b end,
    division = function(a, b) return a / b end
}

local function validerNombres(a, b)
    if type(a) ~= "number" or type(b) ~= "number" then
        error("Les deux arguments doivent être des nombres")
    end
end


-- Fonctions publiques
function calculatrice.calculer(operation, a, b)
    validerNombres(a, b) -- Appel de la fonction privée

    local op = operations[operation] -- Accès à la table privée
    if not op then
        error("Opération inconnue : " .. operation)
    end

    if operation == "division" and b == 0 then
        error("Division par zéro")
    end

    return op(a, b)
end

function calculatrice.obtenirOperations()
    local resultat = {}
    for op in pairs(operations) do
        table.insert(resultat, op)
    end
    table.sort(resultat) -- Trier pour un affichage cohérent
    return resultat
end

-- Retourner le module
```

```
return calculatrice
```

Maintenant, en utilisant ce module :

```lua
-- Fichier : main.lua
local calculatrice = require("calculatrice")

-- Lister les opérations disponibles
print("Opérations disponibles :")
for _, op in ipairs(calculatrice.obtenirOperations()) do
    print("  - " .. op)
end

-- Utiliser la calculatrice
print("10 + 5 =", calculatrice.calculer("addition", 10, 5))
print("10 - 5 =", calculatrice.calculer("soustraction", 10, 5))
print("10 * 5 =", calculatrice.calculer("multiplication", 10, 5))
print("10 / 5 =", calculatrice.calculer("division", 10, 5))

-- Operations et validerNombres sont privées et ne peuvent pas être accédées ici
-- print(calculatrice.operations)  -- Erreur
-- calculatrice.validerNombres(1, 2)  -- Erreur
```

Sortie :

```
Opérations disponibles :
  - addition
  - division
  - multiplication
  - soustraction
10 + 5 = 15
10 - 5 = 5
10 * 5 = 50
10 / 5 = 2.0
```

La Fonction require

La fonction require est la manière standard d'importer des modules en Lua. Explorons son fonctionnement en détail.

Utilisation de Base

L'utilisation la plus simple de require est de charger un module par son nom :

```
local monModule = require("monModule")
```

Lorsque Lua exécute cette ligne, il :

1. Vérifie si le module est déjà chargé et mis en cache
2. Sinon, recherche le module dans divers emplacements
3. Charge et exécute le code du module
4. Met en cache la valeur de retour du module
5. Retourne la valeur mise en cache

Cela garantit que les modules ne sont chargés qu'une seule fois, même s'ils sont requis plusieurs fois.

Chemin de Recherche des Modules

Lua recherche les modules à plusieurs endroits, définis par la variable `package.path` pour les fichiers Lua et `package.cpath` pour les bibliothèques C. Le chemin de recherche est une chaîne avec des motifs séparés par des points-virgules, où chaque motif décrit un emplacement potentiel.

```
-- Afficher le chemin de recherche actuel
print("Chemin de recherche Lua :")
print(package.path:gsub(";", "\n"))

print("\nChemin de recherche des bibliothèques C :")
print(package.cpath:gsub(";", "\n"))
```

Une sortie typique sur un système Unix pourrait ressembler à :

```
Chemin de recherche Lua :
./?.lua
/usr/local/share/lua/5.4/?.lua
/usr/local/share/lua/5.4/?/init.lua
/usr/local/lib/lua/5.4/?.lua
/usr/local/lib/lua/5.4/?/init.lua
/usr/share/lua/5.4/?.lua
/usr/share/lua/5.4/?/init.lua

Chemin de recherche des bibliothèques C :
./?.so
/usr/local/lib/lua/5.4/?.so
/usr/lib/lua/5.4/?.so
/usr/local/lib/lua/5.4/loadall.so
```

(Note: les chemins exacts dépendent de l'installation de Lua)

Le point d'interrogation (?) dans chaque motif est remplacé par le nom du module que vous requérez. Par exemple, si vous appelez `require("math.utils")`, Lua pourrait chercher :

- `./math/utils.lua`
- `/usr/local/share/lua/5.4/math/utils.lua`
- Et ainsi de suite...

Modifier le Chemin de Recherche

Vous pouvez modifier le chemin de recherche pour indiquer à Lua où chercher vos modules personnalisés :

```
-- Ajouter un répertoire personnalisé au chemin de recherche
package.path = "./modules/?.lua;" .. package.path
```

Cela ajoute le répertoire `./modules/` au début du chemin de recherche, ce qui signifie que Lua y cherchera en premier.

Processus de Chargement des Modules

Lorsque vous appelez `require("monModule")`, Lua suit ces étapes :

1. Vérifier si le module est déjà chargé dans `package.loaded["monModule"]`
2. S'il est trouvé, retourner la valeur mise en cache
3. Essayer de trouver une fonction de chargement (loader) pour le module :
   - Essayer tous les chargeurs C (en cherchant dans `package.cpath`)
   - Essayer tous les chargeurs Lua (en cherchant dans `package.path`)
4. Si un chargeur est trouvé, l'appeler avec le nom du module
5. Si le chargeur retourne une valeur, la stocker dans `package.loaded["monModule"]`
6. Si aucune valeur n'a été retournée mais que `package.loaded["monModule"]` est vrai, retourner vrai
7. Retourner la valeur de `package.loaded["monModule"]`

Ce processus garantit que les modules ne sont chargés qu'une seule fois et que les dépendances circulaires peuvent fonctionner.

Recharger un Module

Si vous devez recharger un module (par exemple, pendant le développement lorsque vous avez modifié le code du module), vous pouvez le supprimer du cache :

```
-- Forcer le rechargement d'un module
package.loaded["monModule"] = nil
local monModule = require("monModule")  -- Ceci rechargera le module
```

Nommage et Structure des Modules

Les modules Lua suivent certaines conventions de nommage et modèles d'organisation.

Conventions de Nommage des Modules

Les noms de modules utilisent généralement des lettres minuscules et des points pour indiquer la hiérarchie :

- `utils` - Un module simple
- `appli.utils` - Un module dans l'espace de noms "appli"
- `appli.utils.chaines` - Un module dans l'espace de noms "appli.utils"

Lorsque vous requérez un module avec des points dans le nom, Lua remplace les points par le séparateur de répertoire :

- `require("appli.utils")` pourrait chercher `appli/utils.lua`
- `require("appli.utils.chaines")` pourrait chercher `appli/utils/chaines.lua`

Structure de Répertoires

Un projet bien organisé pourrait avoir une structure de répertoires comme celle-ci :

```
monprojet/
├── main.lua           # Point d'entrée principal du programme
├── lib/               # Bibliothèques tierces
│   └── json.lua
├── modules/           # Modules locaux
    ├── config.lua
    ├── utils.lua
    └── appli/         # Modules imbriqués
        ├── modeles.lua
        └── vues.lua
```

```
└── tests/            # Fichiers de test
    └── test_utils.lua
```

Pour travailler avec cette structure, vous ajusteriez votre chemin de recherche :

```
-- Dans main.lua
package.path = "./modules/?.lua;./modules/?/init.lua;./lib/?.lua;" ..
package.path

-- Puis requérir les modules
local config = require("config")
local utils = require("utils")
local modeles = require("appli.modeles") -- Note: nom du répertoire "appli"
local vues = require("appli.vues")
local json = require("json")
```

Fichiers Init

Si vous requérez un module qui correspond à un répertoire (par ex., require("appli")), Lua cherchera un fichier init.lua dans ce répertoire :

```
modules/
└── appli/
    ├── init.lua       # Chargé lorsque require("appli") est appelé
    ├── modeles.lua    # Chargé lorsque require("appli.modeles") est appelé
    └── vues.lua       # Chargé lorsque require("appli.vues") est appelé
```

Le fichier init.lua sert généralement de point d'entrée pour le module, chargeant et exposant éventuellement d'autres sous-modules :

```
-- Fichier : modules/appli/init.lua
local appli = {}

-- Inclure les sous-modules
appli.modeles = require("appli.modeles")
appli.vues = require("appli.vues")

-- Autre fonctionnalité au niveau de l'application
appli.version = "1.0.0"

function appli.initialiser()
    print("Initialisation de l'appli v" .. appli.version)
    -- Supposons que les sous-modules ont aussi une fonction initialiser
```

```
    -- appli.modeles.initialiser()
    -- appli.vues.initialiser()
end

return appli
```

Ensuite dans votre script principal :

```
-- Fichier : main.lua
local appli = require("appli")  -- Charge appli/init.lua
appli.initialiser()             -- Utilise la fonction d'appli
-- Exemple d'utilisation d'un sous-module (supposant une fonction render dans
vues)
-- appli.vues.render()
```

Modèles de Conception de Modules

Examinons quelques modèles courants pour structurer et utiliser des modules en Lua.

Module avec Configuration

Les modules ont souvent besoin d'options de configuration. Voici un modèle pour fournir des valeurs par défaut qui peuvent être surchargées :

```
-- Fichier : journal.lua
local journal = {}

-- Configuration par défaut
local config = {
    niveau = "info",      -- Niveaux possibles: "debug", "info", "warn", "error"
    sortie = "console",   -- "console" ou "fichier"
    format = "[%niveau%] %message%"
}

-- Niveaux de journalisation disponibles
local niveaux = {
    debug = 1,
    info = 2,
    warn = 3,
    error = 4
}

-- Configurer le journal
function journal.configurer(options)
```

```lua
    for k, v in pairs(options) do
        config[k] = v
    end
    return journal  -- Retourner self pour le chaînage de méthodes
end


-- Fonction de journalisation interne
local function ecrireLog(niveau, message)
    local niveauNum = niveaux[niveau] or 0
    local configNiveauNum = niveaux[config.niveau] or 0

    if niveauNum >= configNiveauNum then
        local sortie = config.format:gsub("%%niveau%%", niveau):gsub("%%message%
%", message)

        if config.sortie == "console" then
            print(sortie)
        elseif config.sortie == "fichier" and config.fichier then
            -- Implémentation pour la journalisation fichier omise pour la
brièveté
            local fichierLog = io.open(config.fichier, "a")
            if fichierLog then
                fichierLog:write(sortie .. "\n")
                fichierLog:close()
            else
                print("Erreur: Impossible d'ouvrir le fichier journal : " ..
config.fichier)
            end
        end
    end
end


-- Méthodes de journalisation publiques
function journal.debug(message)
    ecrireLog("debug", message)
end

function journal.info(message)
    ecrireLog("info", message)
end

function journal.warn(message)
    ecrireLog("warn", message)
end

function journal.error(message)
    ecrireLog("error", message)
```

```lua
    end

    return journal
```

Utilisation :

```lua
-- Fichier : main.lua
local journal = require("journal")

-- Configurer le journal avec des options personnalisées
journal.configurer({
    niveau = "debug",
    format = "[%niveau%] %message% - " .. os.date(),
    sortie = "fichier",
    fichier = "app.log"
})

-- Utiliser le journal
journal.debug("Ceci est un message de débogage")
journal.info("Ceci est un message d'information")
journal.warn("Ceci est un avertissement")
journal.error("Ceci est une erreur")

-- Lire le fichier log pour vérifier
local f = io.open("app.log", "r")
if f then
    print("\nContenu de app.log:")
    print(f:read("*a"))
    f:close()
    os.remove("app.log") -- Nettoyage
end
```

Sortie :

```
Contenu de app.log:
[debug] Ceci est un message de débogage - Thu Jan 27 10:00:00 2023
[info] Ceci est un message d'information - Thu Jan 27 10:00:00 2023
[warn] Ceci est un avertissement - Thu Jan 27 10:00:00 2023
[error] Ceci est une erreur - Thu Jan 27 10:00:00 2023
```

(Note: la date/heure variera)

Module Fabrique (Factory)

Un module fabrique crée et retourne des objets d'un type spécifique :

```
-- Fichier : utilisateur.lua

-- Le module lui-même est le constructeur (une fonction)
return function(nom, email)
    -- Créer un nouvel objet utilisateur
    local utilisateur = {
        nom = nom,
        email = email,
        creeLe = os.time()
    }

    -- Ajouter des méthodes
    function utilisateur:obtenirNom()
        return self.nom
    end

    function utilisateur:obtenirEmail()
        return self.email
    end

    function utilisateur:obtenirDateCreation()
        return os.date("%Y-%m-%d", self.creeLe)
    end

    function utilisateur:versChaine()
        return self.nom .. " <" .. self.email .. ">"
    end

    return utilisateur
end
```

Utilisation :

```
-- Fichier : main.lua
local CreerUtilisateur = require("utilisateur") -- Le module retourne la
fonction de création

-- Créer des instances utilisateur
local alice = CreerUtilisateur("Alice Martin", "alice@example.com")
local bob = CreerUtilisateur("Bob Durand", "bob@example.com")

-- Utiliser les objets utilisateur
print("Utilisateur 1 :", alice:versChaine())
print("Utilisateur 2 :", bob:versChaine())
print("Date de création :", alice:obtenirDateCreation())
```

Sortie :

```
Utilisateur 1 : Alice Martin <alice@example.com>
Utilisateur 2 : Bob Durand <bob@example.com>
Date de création : 2023-01-27
```

(Note: la date variera)

Module de type Classe

Lua n'a pas de classes intégrées, mais vous pouvez créer des modules de type classe avec héritage :

```lua
-- Fichier : forme.lua
local Forme = {}
Forme.__index = Forme -- Pour l'héritage des méthodes

-- Constructeur
function Forme.nouveau(x, y)
    local self = setmetatable({}, Forme)
    self.x = x or 0
    self.y = y or 0
    return self
end

-- Méthodes
function Forme:obtenirPosition()
    return self.x, self.y
end

function Forme:deplacer(dx, dy)
    self.x = self.x + dx
    self.y = self.y + dy
    return self
end

function Forme:obtenirAire()
    -- La forme de base n'a pas d'aire
    error("obtenirAire() doit être implémentée par les sous-classes")
    return 0
end

function Forme:versChaine()
    return "Forme à (" .. self.x .. ", " .. self.y .. ")"
end
```

```
return Forme
```

Maintenant, créez une classe dérivée :

```lua
-- Fichier : cercle.lua
local Forme = require("forme")

local Cercle = {}
Cercle.__index = Cercle
setmetatable(Cercle, {__index = Forme})  -- Cercle hérite de Forme

-- Constructeur
function Cercle.nouveau(x, y, rayon)
    local self = Forme.nouveau(x, y)  -- Appeler le constructeur parent
    setmetatable(self, Cercle)     -- Changer la métatable pour Cercle
    self.rayon = rayon or 1
    return self
end

-- Surcharger la méthode
function Cercle:obtenirAire()
    return math.pi * self.rayon * self.rayon
end

-- Surcharger versChaine
function Cercle:versChaine()
    return "Cercle à (" .. self.x .. ", " .. self.y .. ") avec rayon " ..
self.rayon
end

-- Nouvelle méthode spécifique à Cercle
function Cercle:obtenirCirconference()
    return 2 * math.pi * self.rayon
end

return Cercle
```

Utilisation :

```lua
-- Fichier : main.lua
local Forme = require("forme")
local Cercle = require("cercle")

-- Créer des instances
local forme = Forme.nouveau(10, 20)
```

```lua
local cercle = Cercle.nouveau(15, 25, 5)

-- Utiliser les objets
print(forme:versChaine())
-- print("Aire forme :", forme:obtenirAire()) -- Ceci causerait une erreur comme
prévu

print(cercle:versChaine())
print("Aire cercle :", cercle:obtenirAire())
print("Circonférence cercle :", cercle:obtenirCirconference())

-- Déplacer les deux formes
forme:deplacer(5, 10)
cercle:deplacer(-3, 7)

print("Après déplacement :")
print(forme:versChaine())
print(cercle:versChaine())
```

Sortie :

```
Forme à (10, 20)
Cercle à (15, 25) avec rayon 5
Aire cercle : 78.539816339745
Circonférence cercle : 31.415926535898
Après déplacement :
Forme à (15, 30)
Cercle à (12, 32) avec rayon 5
```

Nous explorerons la programmation orientée objet en Lua plus en détail dans le Chapitre 9.

Travailler avec Plusieurs Modules

À mesure que vos projets grandissent, vous devrez gérer les dépendances entre les modules. Voici quelques modèles pour travailler avec plusieurs modules.

Dépendances de Module

Les modules peuvent requérir d'autres modules comme dépendances :

```lua
-- Fichier : basededonnees.lua
local bdd = {}
```

```
-- Ce module dépend du module config
local config = require("config")

function bdd.connecter()
    print("Connexion à la base de données à " .. config.obtenir("bdd.hote") ..
"...")
    -- La logique de connexion irait ici
end

function bdd.requete(sql)
    print("Exécution requête : " .. sql)
    -- La logique de requête irait ici
end

return bdd

-- Fichier : config.lua
local config = {}

-- Configuration par défaut
local parametres = {
    ["appli.nom"] = "Mon Appli",
    ["appli.version"] = "1.0.0",
    ["bdd.hote"] = "localhost",
    ["bdd.port"] = 3306,
    ["bdd.utilisateur"] = "root",
    ["bdd.motdepasse"] = ""
}

function config.obtenir(cle)
    return parametres[cle]
end

function config.definir(cle, valeur)
    parametres[cle] = valeur
end

return config
```

Utilisation :

```
-- Fichier : main.lua
local config = require("config")
local bdd = require("basededonnees")

-- Configurer l'application
```

```
config.definir("bdd.hote", "bdd.example.com")
config.definir("bdd.utilisateur", "admin")

-- Utiliser le module base de données
bdd.connecter()
bdd.requete("SELECT * FROM utilisateurs")
```

Sortie :

```
Connexion à la base de données à bdd.example.com...
Exécution requête : SELECT * FROM utilisateurs
```

Dépendances Circulaires

Parfois, les modules peuvent dépendre les uns des autres, créant une dépendance circulaire. Le système de modules de Lua peut gérer cela, mais vous devez être prudent :

```
-- Fichier : module_a.lua
local moduleA = {}

-- Déclarer moduleB localement pour le chargement différé
local moduleB

function moduleA.foo()
    print("Fonction foo du Module A")

    -- Charger module B paresseusement pour briser la dépendance circulaire à
l'initialisation
    moduleB = moduleB or require("module_b")
    moduleB.bar()
end

function moduleA.baz()
    print("Fonction baz du Module A")
end

return moduleA

-- Fichier : module_b.lua
local moduleB = {}

-- Requérir module A immédiatement (peut être partiellement chargé)
local moduleA = require("module_a")

function moduleB.bar()
```

```
    print("Fonction bar du Module B")
end

function moduleB.utiliserA()
    print("Module B utilisant Module A :")
    moduleA.baz()  -- Ceci fonctionne car moduleA est déjà partiellement chargé
end

return moduleB
```

Utilisation :

```
-- Fichier : main.lua
local moduleA = require("module_a")
local moduleB = require("module_b") -- Assurer que module B est chargé

moduleA.foo()
moduleB.utiliserA() -- Test d'appel depuis B vers A
```

Sortie :

```
Fonction foo du Module A
Fonction bar du Module B
Module B utilisant Module A :
Fonction baz du Module A
```

Dans cet exemple, lorsque module_a est requis pour la première fois, il est partielle-ment initialisé et ajouté à package.loaded avant que ses fonctions ne soient appelées. Lorsque module_b requiert module_a, il obtient le module partiellement initialisé, ce qui est suffisant pour appeler moduleA.baz(). L'appel moduleB.bar() depuis moduleA.foo() fonctionne car module_b est chargé (soit par require différé, soit parce qu'il a été requis explicitement dans main.lua).

Cela fonctionne, mais il est généralement préférable d'éviter les dépendances circu-laires en restructurant votre code.

Organiser les Modules Associés en Paquets

Un paquet (package) en Lua est une collection de modules associés. Vous pouvez les organiser en utilisant des répertoires et des fichiers init.lua :

```
appli/
```

```
├── init.lua           # Point d'entrée principal du paquet
├── config.lua         # Module de configuration
├── utils/             # Sous-paquet Utilitaires
│   ├── init.lua       # Point d'entrée du paquet Utils
│   ├── chaines.lua    # Utilitaires de chaînes
│   └── maths.lua      # Utilitaires mathématiques
└── modeles/           # Sous-paquet Modèles
    ├── init.lua       # Point d'entrée du paquet Modèles
    ├── utilisateur.lua # Modèle Utilisateur
    └── produit.lua    # Modèle Produit
```

Le fichier init.lua principal pourrait ressembler à :

```
-- Fichier : appli/init.lua
local appli = {
    config = require("appli.config"),
    utils = require("appli.utils"),
    modeles = require("appli.modeles"),

    nom = "Mon Application",
    version = "1.0.0"
}

function appli.initialiser()
    print("Initialisation de " .. appli.nom .. " v" .. appli.version)
    -- Initialisation supplémentaire
end

return appli
```

Le fichier init.lua des utilitaires pourrait combiner ses sous-modules :

```
-- Fichier : appli/utils/init.lua
local utils = {
    chaines = require("appli.utils.chaines"),
    maths = require("appli.utils.maths")
}

-- Certaines fonctions utilitaires générales pourraient être définies ici
function utils.estVide(valeur)
    return valeur == nil or valeur == ""
end

return utils
```

Utilisation du paquet :

```lua
-- Fichier : main.lua
-- S'assurer que le répertoire parent d'appli est dans package.path
package.path = "./?.lua;./?/init.lua;" .. package.path

local appli = require("appli")

appli.initialiser()

-- Utiliser utils (supposant une fonction majuscule dans chaines.lua)
-- local enMajuscule = appli.utils.chaines.majuscule("bonjour")
-- print("Majuscule :", enMajuscule)

-- Utiliser modeles (supposant un constructeur dans utilisateur.lua)
-- local utilisateur = appli.modeles.utilisateur.nouveau("alice",
"motdepasse123")
-- print("Utilisateur :", utilisateur.nomUtilisateur)
```

Sortie :

```
Initialisation de Mon Application v1.0.0
-- Autres sorties si les exemples commentés sont activés et implémentés
```

Créer des Modules C

Bien que cela dépasse le cadre de ce livre, il convient de mentionner que Lua peut être étendu avec des modules écrits en C. C'est utile pour le code critique en termes de performance ou pour l'interfaçage avec les fonctionnalités du système d'exploitation et les bibliothèques.

Voici un exemple très basique de ce à quoi pourrait ressembler un module C :

```c
// Fichier : monmodule.c
#include <lua.h>
#include <lauxlib.h>
#include <lualib.h>

// Fonction à appeler depuis Lua
static int additionner(lua_State *L) {
    // Obtenir les arguments de la pile Lua
    double a = luaL_checknumber(L, 1);
    double b = luaL_checknumber(L, 2);
```

```
    // Pousser le résultat sur la pile Lua
    lua_pushnumber(L, a + b);

    // Retourner le nombre de résultats
    return 1;
}

// Tableau d'enregistrement
static const struct luaL_Reg malib[] = {
    {"additionner", additionner},
    {NULL, NULL}  // Sentinelle
};

// Point d'entrée du module
// Le nom doit être luaopen_<nomdumodule>
int luaopen_monmodule(lua_State *L) {
    luaL_newlib(L, malib); // Crée une table et y enregistre les fonctions
    return 1; // Retourne la table
}
```

La compilation et l'utilisation de modules C nécessitent des outils supplémentaires et une connaissance de la programmation C, mais c'est un moyen puissant d'étendre les capacités de Lua.

Gestion des Versions et Compatibilité des Modules

Au fur et à mesure que vos modules évoluent, vous devrez peut-être gérer les versions et maintenir la compatibilité.

Versionnement Sémantique

Une approche courante pour le versionnement des modules consiste à utiliser le versionnement sémantique (SemVer), avec des numéros de version au format `MAJEUR.MINEUR.PATCH` :

- `MAJEUR` : Incrémenté pour les changements d'API incompatibles
- `MINEUR` : Incrémenté pour les nouvelles fonctionnalités rétrocompatibles
- `PATCH` : Incrémenté pour les corrections de bugs rétrocompatibles

Cela aide les utilisateurs à comprendre à quoi s'attendre lors de la mise à jour d'un module.

```
-- Fichier : journal.lua
local journal = {
    _VERSION = "1.2.3",  -- Suivant le versionnement sémantique
    _DESCRIPTION = "Module de journalisation simple pour Lua",
    _LICENCE = "MIT"
}

-- Implémentation du module...

return journal
```

Vérification de Version

Vous pourriez vouloir vous assurer que les modules dont vous dépendez respectent les exigences de version :

```
-- Fichier : main.lua
local journal = require("journal")

-- Vérifier la version du module
local function verifierVersion(module, versionMin)
    if not module._VERSION then
        print("Avertissement : Le module ne spécifie pas de version")
        return false
    end

    local maj, min, patch = module._VERSION:match("(%d+)%.(%d+)%.(%d+)")
    local minMaj, minMin, minPatch = versionMin:match("(%d+)%.(%d+)%.(%d+)")

    if not maj then
        print("Avertissement : Impossible d'analyser la version du module : " ..
module._VERSION)
        return false
    end

    maj, min, patch = tonumber(maj), tonumber(min), tonumber(patch)
    minMaj, minMin, minPatch = tonumber(minMaj), tonumber(minMin),
tonumber(minPatch)

    -- Comparaison logique des versions
    if maj > minMaj then
        return true
    elseif maj < minMaj then
        return false
    else -- maj == minMaj
        if min > minMin then
```

```
                return true
        elseif min < minMin then
            return false
        else -- min == minMin
            return patch >= minPatch
        end
    end
end

if not verifierVersion(journal, "1.2.0") then
    error("La version 1.2.0 ou supérieure du module journal est requise")
end

-- Utiliser le module maintenant que la version a été vérifiée
journal.info("Application démarrée")
```

Rétrocompatibilité

Lors de la mise à jour des modules, il est de bonne pratique de maintenir la rétrocompatibilité lorsque cela est possible :

```
-- Fichier : api.lua (version 2.0.0)
local api = {
    _VERSION = "2.0.0"
}

-- Nouvelle façon d'appeler l'API
function api.traiterDonnees(options)
    print("Traitement des données avec options :")
    for k, v in pairs(options) do
        print("  " .. k .. " :", v)
    end
    return true
end

-- Pour la rétrocompatibilité avec la version 1.x
function api.traiter(donnees, format)
    print("Avertissement : api.traiter est obsolète, utilisez api.traiterDonnees
à la place")
    return api.traiterDonnees({
        donnees = donnees,
        format = format
    })
end

return api
```

Cela permet aux utilisateurs de l'ancienne API de continuer à utiliser votre module tout en encourageant la migration vers la nouvelle API.

Bonnes Pratiques pour les Modules

Terminons avec quelques bonnes pratiques pour créer et utiliser des modules en Lua :

1. **Gardez les modules ciblés** : Chaque module doit avoir une seule responsabilité.
2. **Documentez vos modules** : Incluez une brève description, la version, l'auteur et les informations de licence. Documentez les fonctions avec des commentaires expliquant les paramètres et les valeurs de retour.
3. **Utilisez des variables et fonctions locales** : Gardez les internes du module privés en utilisant local pour les variables et fonctions qui ne font pas partie de l'API publique.
4. **Retournez la table du module à la fin** : Cela rend l'exportation explicite et évite les variables globales accidentelles.
5. **Structurez les modules de manière cohérente** : Adoptez un modèle cohérent pour la structure des modules dans votre projet.
6. **Gérez les erreurs avec élégance** : Envisagez d'utiliser des retours de statut plutôt que de lever des erreurs pour les cas d'échec attendus.
7. **Utilisez des espaces de noms** : Pour les grands projets, utilisez des noms de modules hiérarchiques pour éviter les conflits.
8. **Soyez conscient des performances** : Évitez les appels require inutiles dans les chemins de code critiques en termes de performance.
9. **Testez vos modules** : Créez des tests unitaires pour vous assurer que vos modules fonctionnent comme prévu.

Voici un modèle pour un module bien structuré :

```lua
-- Fichier : mon_module.lua
--[[
MonModule - Brève description de ce que fait le module

Version : 1.0.0
Auteur : Votre Nom
Licence : MIT
]]

local mon_module = {
    _VERSION = "1.0.0",
    _DESCRIPTION = "Brève description de ce que fait le module",
```

```lua
    _AUTEUR = "Votre Nom",
    _LICENCE = "MIT"
}

-- Dépendances
local dependance = require("dependance_quelconque")

-- Constantes
local DELAI_DEFAUT = 60
local TENTATIVES_MAX = 3

-- Fonctions privées
local function aidePrivee(...)
    -- Implémentation
end

-- API publique
function mon_module.initialiser(options)
    options = options or {}
    -- Implémentation
end

function mon_module.faireQuelqueChose(...)
    -- Implémentation qui pourrait utiliser aidePrivee
end

function mon_module.nettoyer()
    -- Implémentation
end

-- Retourner le module
return mon_module
```

Résumé du Chapitre

Dans ce chapitre, nous avons exploré les modules et paquets Lua, qui fournissent un moyen d'organiser votre code en composants réutilisables et maintenables. Nous avons couvert les bases de la création de modules, l'utilisation de la fonction `require`, la structuration des hiérarchies de modules et la gestion des dépendances.

Nous avons vu divers modèles de conception de modules, y compris les modules de configuration, les modules fabriques et les modules de type classe. Nous avons également discuté de la manière de gérer plusieurs modules, les dépendances circulaires et la compatibilité des versions.

Les modules sont une partie fondamentale de la structuration des applications Lua plus importantes, et comprendre comment les créer et les utiliser efficacement est essentiel pour écrire du code Lua maintenable.

Dans le chapitre suivant, nous nous appuierons sur notre connaissance des tables et des modules pour explorer la programmation orientée objet en Lua. Bien que Lua n'ait pas de classes intégrées, sa nature flexible permet des conceptions orientées objet puissantes, que nous examinerons en détail.

Chapitre 9 : Programmation Orientée Objet en Lua

Introduction à la POO en Lua

La programmation orientée objet (POO) est un paradigme de programmation construit autour du concept d'"objets" — des structures de données qui contiennent à la fois des données (attributs) et du code (méthodes). Bien que Lua n'ait pas de classes ou d'objets intégrés comme des langages tels que Java ou Python, sa nature flexible vous permet d'implémenter les concepts de POO en utilisant des tables et des fonctions.

Dans ce chapitre, nous explorerons diverses approches de la POO en Lua, des modèles d'objets simples aux implémentations plus sophistiquées avec héritage, polymorphisme et encapsulation. Nous verrons également comment appliquer ces concepts à des problèmes du monde réel.

Objets de Base avec des Tables

La forme la plus simple de POO en Lua utilise des tables pour représenter des objets, contenant à la fois des données et des méthodes.

Créer des Objets Simples

Nous pouvons créer des objets comme des tables contenant à la fois des données et des fonctions :

```
-- Créer un objet personne simple
local personne = {
    nom = "Alice",
```

```lua
        age = 30,

    saluer = function(self)
        return "Bonjour, je m'appelle " .. self.nom
    end,

    anniversaire = function(self)
        self.age = self.age + 1
        return self.nom .. " a maintenant " .. self.age .. " ans"
    end
}

-- Utiliser l'objet
print(personne.saluer(personne)) -- Note: self doit être passé explicitement
print(personne.anniversaire(personne))
```

Sortie :

```
Bonjour, je m'appelle Alice
Alice a maintenant 31 ans
```

La Syntaxe Deux-Points

Lua fournit une syntaxe spéciale utilisant les deux-points (:) pour simplifier les appels de méthode. L'opérateur deux-points passe automatiquement l'objet comme premier argument (self) :

```lua
-- Redéfinir l'objet personne avec des méthodes utilisant la syntaxe deux-points
pour l'appel
local personne = {
    nom = "Alice",
    age = 30,

    saluer = function(self)
        return "Bonjour, je m'appelle " .. self.nom
    end,

    anniversaire = function(self)
        self.age = self.age + 1
        return self.nom .. " a maintenant " .. self.age .. " ans"
    end
}

-- Utiliser l'objet avec la syntaxe deux-points
print(personne:saluer())  -- Équivalent à personne.saluer(personne)
```

```
print(personne:anniversaire())  -- Équivalent à personne.anniversaire(personne)
```

Sortie :

```
Bonjour, je m'appelle Alice
Alice a maintenant 31 ans
```

Vous pouvez également définir des méthodes en utilisant directement la syntaxe
deux-points :

```
local personne = {
    nom = "Alice",
    age = 30
}

-- Définition de méthode avec :
function personne:saluer()
    return "Bonjour, je m'appelle " .. self.nom
end

function personne:anniversaire()
    self.age = self.age + 1
    return self.nom .. " a maintenant " .. self.age .. " ans"
end

-- Appel avec :
print(personne:saluer())
print(personne:anniversaire())
```

Sortie :

```
Bonjour, je m'appelle Alice
Alice a maintenant 31 ans
```

Fonctions Fabriques (Factory)

Bien que les objets simples soient utiles, nous avons souvent besoin de créer plusieurs
objets du même type. Les fonctions fabriques sont un moyen simple de créer des
objets similaires :

```
-- Fonction fabrique pour créer des objets personne
```

```
function creerPersonne(nom, age)
    local personne = {
        nom = nom or "Inconnu",
        age = age or 0
    }

    -- Les méthodes sont définies pour chaque instance créée
    function personne:saluer()
        return "Bonjour, je m'appelle " .. self.nom
    end

    function personne:anniversaire()
        self.age = self.age + 1
        return self.nom .. " a maintenant " .. self.age .. " ans"
    end

    return personne
end

-- Créer plusieurs objets personne
local alice = creerPersonne("Alice", 30)
local bob = creerPersonne("Bob", 25)

-- Utiliser les objets
print(alice:saluer())
print(bob:saluer())
print(alice:anniversaire())
print(bob:anniversaire())
```

Sortie :

```
Bonjour, je m'appelle Alice
Bonjour, je m'appelle Bob
Alice a maintenant 31 ans
Bob a maintenant 26 ans
```

L'approche par fonction fabrique présente quelques inconvénients :

- Chaque objet obtient sa propre copie de chaque méthode, ce qui peut être inefficace en termes de mémoire.
- Il n'y a pas de connexion explicite entre les objets créés par la même fabrique.

Métatables et Orientation Objet

Les métatables offrent un moyen plus puissant d'implémenter la POO en Lua, en remédiant aux limitations des simples fonctions fabriques. Avec les métatables, nous pouvons partager des méthodes entre objets et implémenter l'héritage.

Implémentation de Classe de Base

Voici comment créer une "classe" de base en utilisant les métatables :

```
-- Définir une "classe" (une table qui servira de prototype)
local Personne = {}
Personne.__index = Personne -- Les instances rechercheront les méthodes ici

-- Définir les méthodes de la classe
-- Note: utilisation de : pour définir le constructeur `new` comme une méthode
de Personne
function Personne:nouveau(nom, age)
    local instance = {
        nom = nom or "Inconnu",
        age = age or 0
    }
    -- self ici réfère à la table Personne lors de l'appel Personne:nouveau()
    setmetatable(instance, self)
    return instance
end

function Personne:saluer()
    return "Bonjour, je m'appelle " .. self.nom
end

function Personne:anniversaire()
    self.age = self.age + 1
    return self.nom .. " a maintenant " .. self.age .. " ans"
end

-- Créer des instances (objets)
local alice = Personne:nouveau("Alice", 30)
local bob = Personne:nouveau("Bob", 25)

-- Utiliser les objets
print(alice:saluer())
print(bob:saluer())
print(alice:anniversaire())
print(bob:anniversaire())
```

Sortie :

```
Bonjour, je m'appelle Alice
Bonjour, je m'appelle Bob
Alice a maintenant 31 ans
Bob a maintenant 26 ans
```

Décomposons comment cela fonctionne :

1. Nous créons une table `Personne` qui sert de classe/prototype.
2. Nous définissons `Personne.__index = Personne`. Cela signifie que si une clé n'est pas trouvée dans une instance, Lua la cherchera dans la table `Personne` elle-même.
3. Nous définissons une méthode `nouveau` (souvent appelée constructeur) qui crée et initialise une nouvelle instance. L'utilisation de `:` dans `Personne:nouveau` est une convention, elle passe `Personne` comme `self`.
4. À l'intérieur de `nouveau`, nous définissons la métatable de l'instance pour qu'elle soit `self` (qui est `Personne` dans ce contexte d'appel `Personne:nouveau`).
5. Lorsque nous appelons une méthode sur une instance (par ex., `alice:saluer()`), Lua cherche d'abord la méthode dans l'instance `alice`.
6. Si elle n'est pas trouvée, Lua utilise la métaméthode `__index` de la métatable (`Personne`), qui pointe vers `Personne` elle-même, pour trouver la méthode.

Cette approche est efficace car toutes les instances partagent les mêmes méthodes depuis la table de classe. Chaque instance ne contient que ses propres données.

Syntaxe de Classe Alternative

Voici une autre syntaxe pour définir des classes que certains préfèrent :

```
-- Définir une classe en utilisant une syntaxe différente
local Personne = {
    -- Valeurs par défaut (peuvent être utilisées par le constructeur)
    nom = "Inconnu",
    age = 0
}

Personne.__index = Personne  -- Pour permettre la recherche de méthode

-- Fonction constructeur (pas une méthode de Personne ici)
function Personne.nouveau(nom, age)
    -- Crée une nouvelle table vide et lui assigne Personne comme métatable
```

```
        local instance = setmetatable({}, Personne)
        instance.nom = nom or Personne.nom
        instance.age = age or Personne.age
        return instance
    end

    -- Méthodes
    function Personne:saluer()
        return "Bonjour, je m'appelle " .. self.nom
    end

    function Personne:anniversaire()
        self.age = self.age + 1
        return self.nom .. " a maintenant " .. self.age .. " ans"
    end

    -- Créer des instances (notez l'appel avec .)
    local alice = Personne.nouveau("Alice", 30)
    local bob = Personne.nouveau("Bob", 25)

    -- Utiliser les objets
    print(alice:saluer())
    print(bob:saluer())
```

Sortie :

```
Bonjour, je m'appelle Alice
Bonjour, je m'appelle Bob
```

La différence dans cette syntaxe est que nous appelons le constructeur comme `Personne.nouveau()` au lieu de `Personne:nouveau()`, le traitant comme une fonction régulière plutôt qu'une méthode. Cela rend l'utilisation du constructeur plus claire mais nous oblige à configurer manuellement la métatable. Les deux approches sont valides et couramment utilisées.

Héritage

L'une des caractéristiques clés de la POO est l'héritage, où une classe peut hériter des méthodes et propriétés d'une classe parente. Implémentons l'héritage en utilisant les métatables :

```
-- Classe de base
local Animal = {
```

```lua
    nom = "Animal Inconnu",
    son = "???"
}
Animal.__index = Animal

function Animal.nouveau(nom, son)
    local instance = setmetatable({}, Animal)
    instance.nom = nom or Animal.nom
    instance.son = son or Animal.son
    return instance
end

function Animal:faireSon()
    return self.nom .. " dit " .. self.son
end

function Animal:decrire()
    return "Ceci est " .. self.nom .. ", un animal"
end

-- Classe dérivée
local Chien = {
    race = "Race Inconnue"
}
Chien.__index = Chien
-- Faire hériter Chien de Animal en chaînant les __index
setmetatable(Chien, {__index = Animal})

function Chien.nouveau(nom, race)
    -- Créer une instance Chien (qui hérite déjà de Animal via la métatable de
Chien)
    local instance = setmetatable({}, Chien)
    instance.nom = nom or "Chien Inconnu"
    instance.son = "Ouaf"  -- Les chiens disent toujours Ouaf
    instance.race = race or Chien.race
    return instance
end

-- Surcharger la méthode decrire
function Chien:decrire()
    return "Ceci est " .. self.nom .. ", un chien de race " .. self.race
end

-- Créer des instances
local animalGenerique = Animal.nouveau("Animal Générique", "Grognement")
local fido = Chien.nouveau("Fido", "Labrador")
```

```
-- Utiliser les objets
print(animalGenerique:faireSon())
print(animalGenerique:decrire())

print(fido:faireSon())  -- Hérité de Animal
print(fido:decrire())   -- Surchargé dans Chien
```

Sortie :

```
Animal Générique dit Grognement
Ceci est Animal Générique, un animal
Fido dit Ouaf
Ceci est Fido, un chien de race Labrador
```

Voici comment fonctionne l'héritage :

1. Nous configurons la classe `Animal` comme précédemment.
2. Pour la classe `Chien`, nous définissons sa métatable avec `__index` pointant vers `Animal` en utilisant `setmetatable(Chien, {__index = Animal})`.
3. Lorsqu'une méthode est appelée sur une instance de `Chien`, Lua vérifie d'abord l'instance elle-même.
4. Si elle n'est pas trouvée, il vérifie la classe `Chien` (via la métatable de l'instance qui pointe vers `Chien`).
5. Si elle n'est toujours pas trouvée, il vérifie la classe `Animal` (via la métatable de la classe `Chien` qui pointe vers `Animal`).

Cela crée une chaîne de recherche de méthode qui implémente l'héritage.

Méthodes de Classe vs Méthodes d'Instance

Parfois, vous voulez des méthodes qui opèrent sur la classe elle-même, et non sur des instances. Celles-ci sont appelées méthodes de classe (ou méthodes statiques dans certains langages) :

```
-- Classe avec des méthodes d'instance et de classe
local MathUtils = {
    precisionParDefaut = 2
}
MathUtils.__index = MathUtils

-- Méthode de classe (notez le . au lieu de :)
function MathUtils.estPremier(n)
```

```lua
    if n <= 1 then return false end
    if n <= 3 then return true end
    if n % 2 == 0 or n % 3 == 0 then return false end

    local i = 5
    while i * i <= n do
        if n % i == 0 or n % (i + 2) == 0 then
            return false
        end
        i = i + 6
    end

    return true
end

-- Constructeur (fonction de classe mais crée une instance)
function MathUtils.nouveau(precision)
    local instance = setmetatable({}, MathUtils)
    instance.precision = precision or MathUtils.precisionParDefaut
    return instance
end

-- Méthode d'instance (notez le :)
function MathUtils:arrondir(nombre)
    local facteur = 10 ^ self.precision
    return math.floor(nombre * facteur + 0.5) / facteur
end

-- Méthode de classe (autre façon de la définir)
MathUtils.abs = math.abs -- Utilise directement la fonction de la lib math

-- Créer une instance
local formateur = MathUtils.nouveau(3)

-- Appeler une méthode d'instance
print("Pi arrondi :", formateur:arrondir(math.pi))

-- Appeler des méthodes de classe
print("Est-ce que 17 est premier ?", MathUtils.estPremier(17))
print("Est-ce que 20 est premier ?", MathUtils.estPremier(20))
print("Valeur absolue de -42 :", MathUtils.abs(-42))
```

Sortie :

```
Pi arrondi : 3.142
Est-ce que 17 est premier ? true
```

```
Est-ce que 20 est premier ? false
Valeur absolue de -42 : 42
```

La différence clé :

- Les méthodes de classe utilisent la syntaxe point (`Classe.methode()`) et n'ont pas de paramètre `self` pour une instance.
- Les méthodes d'instance utilisent la syntaxe deux-points (`instance:methode()`) et ont le paramètre `self` représentant l'instance.

Membres Privés

Lua n'a pas de modificateurs de confidentialité intégrés comme `private` ou `protected`, mais vous pouvez obtenir des effets similaires en utilisant les fermetures (closures) :

```lua
-- Classe avec membres privés utilisant les fermetures
local CompteBancaire = {}
CompteBancaire.__index = CompteBancaire

function CompteBancaire.nouveau(soldeInitial, proprietaire)
    -- Variables privées (locales à la fonction constructeur)
    local solde = soldeInitial or 0
    local historiqueTransactions = {}

    -- Créer l'instance (table vide pour l'instant)
    local instance = {}

    -- Propriétés publiques
    instance.proprietaire = proprietaire or "Anonyme"
    instance.numeroCompte = "CPT" .. tostring(math.random(10000, 99999))

    -- Méthode privée (locale à la fonction constructeur)
    local function enregistrerTransaction(type, montant)
        table.insert(historiqueTransactions, {
            type = type,
            montant = montant,
            date = os.date(),
            solde_apres = solde -- Enregistrer le solde après transaction
        })
    end

    -- Méthodes publiques (définies sur l'instance, ont accès aux variables
locales privées)
```

```lua
function instance:deposer(montant)
    if montant <= 0 then
        return false, "Le montant doit être positif"
    end

    solde = solde + montant
    enregistrerTransaction("dépôt", montant)
    return true, "Dépôt réussi"
end

function instance:retirer(montant)
    if montant <= 0 then
        return false, "Le montant doit être positif"
    end

    if montant > solde then
        return false, "Fonds insuffisants"
    end

    solde = solde - montant
    enregistrerTransaction("retrait", montant)
    return true, "Retrait réussi"
end

function instance:obtenirSolde()
    return solde -- Accède à la variable locale 'solde'
end

function instance:obtenirHistoriqueTransactions()
    -- Retourner une copie pour empêcher la modification externe de
l'historique privé
    local copieHistorique = {}
    for i, transaction in ipairs(historiqueTransactions) do
        -- Copier chaque transaction individuellement
        copieHistorique[i] = {
            type = transaction.type,
            montant = transaction.montant,
            date = transaction.date,
            solde_apres = transaction.solde_apres
        }
    end
    return copieHistorique
end

    -- Définir la métatable APRÈS avoir défini les méthodes sur l'instance
    -- Ici, nous n'utilisons pas l'héritage via __index car les méthodes sont
directement sur l'instance
```

```lua
    setmetatable(instance, {
        __tostring = function(self)
            return "CompteBancaire[" .. self.numeroCompte .. "] (" ..
self.proprietaire .. ")"
        end
    })

    return instance
end


-- Créer un compte bancaire
local compte = CompteBancaire.nouveau(1000, "Jean Dupont")

-- Utiliser le compte
print("Compte :", compte.numeroCompte, "Propriétaire :", compte.proprietaire)
print("Solde initial :", compte:obtenirSolde())

local succes, message = compte:deposer(500)
print(message, "- Nouveau solde :", compte:obtenirSolde())

succes, message = compte:retirer(200)
print(message, "- Nouveau solde :", compte:obtenirSolde())

succes, message = compte:retirer(2000)
print(message, "- Solde inchangé :", compte:obtenirSolde())

-- Afficher l'historique des transactions
print("\nHistorique des Transactions :")
local historique = compte:obtenirHistoriqueTransactions()
for i, transaction in ipairs(historique) do
    print(i, transaction.type, transaction.montant, transaction.date, "Solde
après:", transaction.solde_apres)
end

-- Test de confidentialité
-- print(compte.solde)  -- nil, solde est privé (local au constructeur)
-- print(compte.historiqueTransactions)  -- nil, historiqueTransactions est
privé
-- compte:enregistrerTransaction("test", 0) -- Erreur, méthode privée
```

Sortie :

```
Compte : CPT[...] Propriétaire : Jean Dupont  -- Le numéro de compte sera
aléatoire
Solde initial : 1000
Dépôt réussi - Nouveau solde : 1500
```

```
Retrait réussi - Nouveau solde : 1300
Fonds insuffisants - Solde inchangé : 1300

Historique des Transactions :
1       dépôt    500    Thu Jan 27 10:30:00 2023 Solde après: 1500
2       retrait 200    Thu Jan 27 10:30:00 2023 Solde après: 1300
```

(Note: la date/heure variera)

Dans cet exemple :

- `solde` et `historiqueTransactions` sont des variables privées (locales à la fonction `nouveau`) qui ne peuvent pas être accédées directement de l'extérieur.
- `enregistrerTransaction` est une méthode privée (locale) accessible uniquement depuis la fermeture (closure).
- Les méthodes publiques (`deposer`, `retirer`, etc.) sont définies *sur l'instance* et ont accès à ces membres privés car elles sont définies dans la même fermeture.

Cette approche fournit une véritable encapsulation car il n'y a aucun moyen d'accéder aux données privées sauf par les méthodes publiques. L'inconvénient est que chaque instance crée ses propres méthodes, ce qui est moins efficace en mémoire que l'approche utilisant `__index`.

Polymorphisme

Le polymorphisme permet de traiter des objets de classes différentes comme des objets d'une superclasse commune. En Lua, cela est réalisé naturellement grâce à son typage dynamique :

```
-- Classe de base
local Forme = {}
Forme.__index = Forme

function Forme.nouveau()
    return setmetatable({}, Forme)
end

function Forme:aire()
    error("La méthode Forme:aire() doit être implémentée par les sous-classes")
end

function Forme:perimetre()
```

```lua
    error("La méthode Forme:perimetre() doit être implémentée par les sous-
classes")
end


-- Sous-classe Rectangle
local Rectangle = setmetatable({}, {__index = Forme}) -- Héritage
Rectangle.__index = Rectangle

function Rectangle.nouveau(largeur, hauteur)
    local instance = setmetatable({}, Rectangle)
    instance.largeur = largeur or 0
    instance.hauteur = hauteur or 0
    return instance
end

function Rectangle:aire()
    return self.largeur * self.hauteur
end

function Rectangle:perimetre()
    return 2 * (self.largeur + self.hauteur)
end


-- Sous-classe Cercle
local Cercle = setmetatable({}, {__index = Forme}) -- Héritage
Cercle.__index = Cercle

function Cercle.nouveau(rayon)
    local instance = setmetatable({}, Cercle)
    instance.rayon = rayon or 0
    return instance
end

function Cercle:aire()
    return math.pi * self.rayon * self.rayon
end

function Cercle:perimetre()
    return 2 * math.pi * self.rayon
end


-- Fonction qui fonctionne avec n'importe quelle Forme
function afficherInfosForme(forme)
    print("Aire :", forme:aire())
    print("Périmètre :", forme:perimetre())
end
```

```lua
-- Créer différentes formes
local rectangle = Rectangle.nouveau(5, 10)
local cercle = Cercle.nouveau(7)

-- Appeler la même fonction avec différentes formes
print("Rectangle :")
afficherInfosForme(rectangle)

print("\nCercle :")
afficherInfosForme(cercle)
```

Sortie :

```
Rectangle :
Aire : 50
Périmètre : 30

Cercle :
Aire : 153.93804002589
Périmètre : 43.982297150257
```

Ici, la fonction `afficherInfosForme` n'a pas besoin de savoir quel type de forme elle manipule. Elle appelle simplement les méthodes `aire()` et `perimetre()`, en faisant confiance à l'objet pour les avoir implémentées de manière appropriée. C'est le polymorphisme en action.

Héritage Multiple

Bien que le modèle POO de base de Lua ne prenne en charge que l'héritage simple, vous pouvez implémenter l'héritage multiple en combinant les méthodes de plusieurs classes "parentes" :

```lua
-- Fonction pour créer une nouvelle classe avec héritage multiple possible
local function creerClasse(...)
    local parents = {...}
    local nouvelleClasse = {}
    nouvelleClasse.__index = nouvelleClasse

    -- Fonction d'héritage qui vérifie tous les parents pour __index
    setmetatable(nouvelleClasse, {
        __index = function(instance, cle)
            -- Chercher la clé dans chaque parent dans l'ordre
            for _, parent in ipairs(parents) do
```

```lua
                    local valeur = parent[cle]
                    if valeur ~= nil then
                        return valeur
                    end
                end
                -- Si la clé n'est dans aucun parent, chercher dans la classe elle-
même (évite boucle infinie si cle == __index)
                if cle ~= "__index" then
                    return nouvelleClasse[cle]
                end
                return nil
            end
    })

    -- Constructeur générique (peut être surchargé par la classe)
    function nouvelleClasse.nouveau(...)
        local instance = setmetatable({}, nouvelleClasse)
        -- Appeler une méthode d'initialisation si elle existe
        if instance.init then
            instance:init(...)
        end
        return instance
    end

    return nouvelleClasse
end

-- Définir quelques classes de base (mixins)
local Marcheur = {}
function Marcheur:marcher()
    return (self.nom or "Quelqu'un") .. " marche"
end

local Nageur = {}
function Nageur:nager()
    return (self.nom or "Quelqu'un") .. " nage"
end

local Volant = {}
function Volant:voler()
    return (self.nom or "Quelqu'un") .. " vole"
end

-- Créer des classes avec héritage multiple
local Oiseau = creerClasse(Marcheur, Volant) -- Hérite de Marcheur et Volant
function Oiseau:init(nom) -- Méthode d'initialisation spécifique
    self.nom = nom
```

```lua
    self.type = "Oiseau"
end

function Oiseau:gazouiller()
    return self.nom .. " dit cui-cui !"
end

local Canard = creerClasse(Oiseau, Nageur) -- Hérite d'Oiseau (donc Marcheur,
Volant) et Nageur
function Canard:init(nom)
    Oiseau.init(self, nom) -- Appelle l'init du parent
    self.type = "Canard"
end

function Canard:cancaner()
    return self.nom .. " dit coin-coin !"
end

-- Créer des instances
local aigle = Oiseau.nouveau("Eddie l'Aigle")
local donald = Canard.nouveau("Donald")

-- Tester l'Aigle
print(aigle.type .. " :")
print(aigle:marcher())  -- De Marcheur
print(aigle:voler())    -- De Volant
print(aigle:gazouiller()) -- De Oiseau
print()

-- Tester le Canard
print(donald.type .. " :")
print(donald:marcher())  -- De Marcheur via Oiseau
print(donald:nager())   -- De Nageur
print(donald:voler())    -- De Volant via Oiseau
print(donald:gazouiller()) -- De Oiseau
print(donald:cancaner()) -- De Canard
```

Sortie :

```
Oiseau :
Eddie l'Aigle marche
Eddie l'Aigle vole
Eddie l'Aigle dit cui-cui !

Canard :
Donald marche
```

```
Donald nage
Donald vole
Donald dit cui-cui !
Donald dit coin-coin !
```

Cette implémentation de l'héritage multiple vérifie chaque classe parente dans l'ordre pour les méthodes non trouvées dans la classe enfant. Notez que si plusieurs parents définissent la même méthode, la première dans la liste a priorité.

Composition d'Objets

Bien que l'héritage soit puissant, la composition (construire des objets en combinant des objets plus simples) est parfois une approche plus flexible :

```
-- Composants (morceaux de fonctionnalités réutilisables)
local ComposantSante = {}
function ComposantSante.nouveau(santeMax)
    local self = {
        sante = santeMax or 100,
        santeMax = santeMax or 100,
    }

    function self:prendreDegats(montant)
        self.sante = math.max(0, self.sante - montant)
        return self.sante == 0 -- Retourne true si mort
    end

    function self:guerir(montant)
        self.sante = math.min(self.santeMax, self.sante + montant)
        return self.sante
    end

    function self:obtenirStatutSante()
        local pourcentage = self.sante / self.santeMax * 100
        return self.sante .. "/" .. self.santeMax ..
                " (" .. math.floor(pourcentage) .. "%)"
    end

    return self
end

local ComposantInventaire = {}
function ComposantInventaire.nouveau(capacite)
    local self = {
        objets = {},
```

```lua
            capacite = capacite or 10,
    }

    function self:ajouterObjet(objet)
        if #self.objets >= self.capacite then
            return false, "Inventaire plein"
        end
        table.insert(self.objets, objet)
        return true
    end

    function self:retirerObjet(nomObjet)
        for i, objet in ipairs(self.objets) do
            -- Suppose que les objets ont un champ 'nom'
            if objet.nom == nomObjet then
                table.remove(self.objets, i)
                return true
            end
        end
        return false, "Objet non trouvé"
    end

    function self:listerObjets()
        if #self.objets == 0 then
            return "Inventaire vide"
        end

        local resultat = "Inventaire (" .. #self.objets .. "/" ..
self.capacite .. ") :"
        for _, objet in ipairs(self.objets) do
            resultat = resultat .. "\n- " .. (objet.nom or "Objet sans nom")
        end
        return resultat
    end

    return self
end

-- Classe principale qui compose les composants
local Joueur = {}
Joueur.__index = Joueur

function Joueur.nouveau(nom)
    local instance = setmetatable({}, Joueur)

    -- Initialiser les propriétés
    instance.nom = nom
```

```lua
        instance.niveau = 1

        -- Ajouter des composants
        instance.sante = ComposantSante.nouveau(100)
        instance.inventaire = ComposantInventaire.nouveau(15)

        return instance
    end

    function Joueur:decrire()
        -- Utilise les méthodes des composants
        return self.nom .. " (Niveau " .. self.niveau .. ")\n" ..
               "Santé : " .. self.sante:obtenirStatutSante() .. "\n" ..
               self.inventaire:listerObjets()
    end

    -- Créer un joueur
    local joueur = Joueur.nouveau("Aragorn")

    -- Utiliser le joueur et ses composants
    print(joueur:decrire())

    joueur.sante:prendreDegats(30)
    joueur.inventaire:ajouterObjet({nom = "Épée", degats = 10})
    joueur.inventaire:ajouterObjet({nom = "Potion de Santé", soin = 20})

    print("\nAprès combat :")
    print(joueur:decrire())

    joueur.sante:guerir(15)
    joueur.inventaire:retirerObjet("Potion de Santé")

    print("\nAprès utilisation de la potion :")
    print(joueur:decrire())
```

Sortie :

```
Aragorn (Niveau 1)
Santé : 100/100 (100%)
Inventaire vide

Après combat :
Aragorn (Niveau 1)
Santé : 70/100 (70%)
Inventaire (2/15) :
- Épée
```

```
- Potion de Santé

Après utilisation de la potion :
Aragorn (Niveau 1)
Santé : 85/100 (85%)
Inventaire (1/15) :
- Épée
```

La composition offre plusieurs avantages :

- Combiner les comportements de manière flexible sans hiérarchies d'héritage profondes
- Facilite le changement de comportement à l'exécution
- Évite les problèmes de l'héritage multiple
- Conduit souvent à un code plus maintenable

Le principe général est "préférez la composition à l'héritage" lors de la conception de systèmes orientés objet.

Techniques POO Avancées

Examinons quelques techniques POO plus avancées en Lua.

Chaînage de Méthodes

Le chaînage de méthodes (également connu sous le nom d'interfaces fluides) vous permet d'appeler plusieurs méthodes en séquence en faisant en sorte que chaque méthode retourne l'objet lui-même :

```
-- Classe avec chaînage de méthodes
local ConstructeurChaine = {}
ConstructeurChaine.__index = ConstructeurChaine

function ConstructeurChaine.nouveau(initial)
    local instance = setmetatable({}, ConstructeurChaine)
    instance.contenu = initial or ""
    return instance
end

function ConstructeurChaine:ajouter(texte)
    self.contenu = self.contenu .. texte
    return self  -- Retourner self pour le chaînage
end
```

```lua
function ConstructeurChaine:ajouterLigne(texte)
    texte = texte or ""
    self.contenu = self.contenu .. texte .. "\n"
    return self  -- Retourner self pour le chaînage
end

function ConstructeurChaine:prefixer(texte)
    self.contenu = texte .. self.contenu
    return self  -- Retourner self pour le chaînage
end

function ConstructeurChaine:effacer()
    self.contenu = ""
    return self  -- Retourner self pour le chaînage
end

function ConstructeurChaine:versChaine()
    return self.contenu
end

-- Utiliser le chaînage de méthodes
local constructeur = ConstructeurChaine.nouveau()

local resultat = constructeur
    :ajouter("Bonjour, ")
    :ajouter("le monde !")
    :ajouterLigne()
    :ajouter("Ceci est un exemple de ")
    :ajouter("chaînage de méthodes.")
    :versChaine() -- Termine la chaîne

print(resultat)

-- Peut continuer à utiliser le même constructeur
constructeur:effacer()
        :ajouter("Nouveau contenu")
        :ajouterLigne()
        :ajouter("Plus de contenu")

print(constructeur:versChaine())
```

Sortie :

```
Bonjour, le monde !
Ceci est un exemple de chaînage de méthodes.
Nouveau contenu
```

Mixins

Les mixins offrent un moyen de réutiliser du code dans plusieurs classes sans héritage
:

```
-- Fonctions utilitaires pour les mixins
local function inclureMixin(classe, mixin)
    for nom, methode in pairs(mixin) do
        -- Ne pas copier les méthodes spéciales comme 'inclus'
        if nom ~= "inclus" then
            classe[nom] = methode
        end
    end

    -- Appeler la fonction d'inclusion du mixin si elle existe
    if mixin.inclus then
        mixin.inclus(classe)
    end
end

-- Définir un mixin
local MixinHorodatage = {
    definirCreeLe = function(self)
        self.creeLe = os.time()
    end,

    obtenirCreeLe = function(self, format)
        format = format or "%Y-%m-%d %H:%M:%S"
        return os.date(format, self.creeLe)
    end,

    inclus = function(classe)
        print("MixinHorodatage inclus dans " .. tostring(classe))
    end
}

-- Définir un autre mixin
local MixinValidation = {
    valider = function(self)
        if not self.validations then
            return true, "Aucune validation définie"
        end

        for _, validation in ipairs(self.validations) do
```

```lua
            local champ, regles = validation[1], validation[2]
            local valeur = self[champ]

            if regles.requis and (valeur == nil or valeur == "") then
                return false, champ .. " est requis"
            end

            if regles.longueurMin and type(valeur) == "string" and #valeur <
regles.longueurMin then
                return false, champ .. " doit faire au moins " ..
regles.longueurMin .. " caractères"
            end
            -- Ajouter d'autres règles de validation ici si nécessaire
        end

        return true, "Validation réussie"
    end
}

-- Créer une classe qui utilise les mixins
local Utilisateur = {}
Utilisateur.__index = Utilisateur

-- Inclure les mixins dans la classe Utilisateur
inclureMixin(Utilisateur, MixinHorodatage)
inclureMixin(Utilisateur, MixinValidation)

function Utilisateur.nouveau(attributs)
    local instance = setmetatable({}, Utilisateur)

    -- Définir les attributs
    attributs = attributs or {}
    instance.nomUtilisateur = attributs.nomUtilisateur
    instance.email = attributs.email

    -- Définir les règles de validation
    instance.validations = {
        {"nomUtilisateur", {requis = true, longueurMin = 3}},
        {"email", {requis = true}}
    }

    -- Appliquer l'initialisation du mixin
    instance:definirCreeLe()

    return instance
end
```

```lua
-- Créer des utilisateurs
local utilisateurValide = Utilisateur.nouveau({
    nomUtilisateur = "jeandupont",
    email = "jean@example.com"
})

local utilisateurInvalide = Utilisateur.nouveau({
    nomUtilisateur = "jd",
    email = ""
})

-- Tester la validation
local valide, message = utilisateurValide:valider()
print("Utilisateur valide :", valide, message)
print("Créé le :", utilisateurValide:obtenirCreeLe())

valide, message = utilisateurInvalide:valider()
print("Utilisateur invalide :", valide, message)
```

Sortie :

```
MixinHorodatage inclus dans table: 0x...
MixinValidation inclus dans table: 0x...
Utilisateur valide : true      Validation réussie
Créé le : 2023-01-27 11:00:00
Utilisateur invalide : false    nomUtilisateur doit faire au moins 3 caractères
```

(Note: l'adresse de la table et la date/heure varieront)

Surcharge d'Opérateurs

En utilisant les métatables, nous pouvons définir comment les objets réagissent aux opérateurs comme +, –, *, etc. :

```lua
-- Classe Vecteur avec surcharge d'opérateurs
local Vecteur = {}
Vecteur.__index = Vecteur

function Vecteur.nouveau(x, y)
    return setmetatable({x = x or 0, y = y or 0}, Vecteur)
end

-- Surcharge d'opérateurs arithmétiques
function Vecteur.__add(a, b)
    return Vecteur.nouveau(a.x + b.x, a.y + b.y)
```

```lua
end

function Vecteur.__sub(a, b)
    return Vecteur.nouveau(a.x - b.x, a.y - b.y)
end

function Vecteur.__mul(a, b)
    if type(a) == "number" then
        -- Multiplication scalaire (nombre * Vecteur)
        return Vecteur.nouveau(a * b.x, a * b.y)
    elseif type(b) == "number" then
        -- Multiplication scalaire (Vecteur * nombre)
        return Vecteur.nouveau(a.x * b, a.y * b)
    else
        -- Produit scalaire (Vecteur * Vecteur)
        return a.x * b.x + a.y * b.y
    end
end

function Vecteur.__eq(a, b)
    if getmetatable(a) ~= getmetatable(b) then return false end
    return a.x == b.x and a.y == b.y
end

function Vecteur.__lt(a, b)
    -- Définit "inférieur à" comme la comparaison des magnitudes
    if getmetatable(a) ~= getmetatable(b) then
        return error("Impossible de comparer Vecteur avec " .. type(b))
    end
    return a:magnitude() < b:magnitude()
end

function Vecteur.__le(a, b)
    -- Inférieur ou égal
    if getmetatable(a) ~= getmetatable(b) then
        return error("Impossible de comparer Vecteur avec " .. type(b))
    end
    return a:magnitude() <= b:magnitude()
end

-- Représentation textuelle
function Vecteur.__tostring(v)
    return "Vecteur(" .. v.x .. ", " .. v.y .. ")"
end

-- Méthodes
function Vecteur:magnitude()
```

```
        return math.sqrt(self.x * self.x + self.y * self.y)
end

function Vecteur:normaliser()
    local mag = self:magnitude()
    if mag > 0 then
        return Vecteur.nouveau(self.x / mag, self.y / mag)
    else
        return Vecteur.nouveau(0, 0)
    end
end


-- Créer des vecteurs
local v1 = Vecteur.nouveau(3, 4)
local v2 = Vecteur.nouveau(1, 2)

-- Tester les opérateurs
print("v1 :", v1)
print("v2 :", v2)
print("v1 + v2 :", v1 + v2)
print("v1 - v2 :", v1 - v2)
print("v1 * 2 :", v1 * 2)
print("3 * v2 :", 3 * v2)
print("v1 * v2 (produit scalaire) :", v1 * v2)
print("v1 == v2 :", v1 == v2)
print("v1 == Vecteur.nouveau(3, 4) :", v1 == Vecteur.nouveau(3, 4))
print("v1 < v2 :", v1 < v2)
print("v1 <= v2 :", v1 <= v2)
print("v1:magnitude() :", v1:magnitude())
print("v1:normaliser() :", v1:normaliser())
```

Sortie :

```
v1 : Vecteur(3, 4)
v2 : Vecteur(1, 2)
v1 + v2 : Vecteur(4, 6)
v1 - v2 : Vecteur(2, 2)
v1 * 2 : Vecteur(6, 8)
3 * v2 : Vecteur(3, 6)
v1 * v2 (produit scalaire) : 11
v1 == v2 : false
v1 == Vecteur.nouveau(3, 4) : true
v1 < v2 : false
v1 <= v2 : false
v1:magnitude() : 5
v1:normaliser() : Vecteur(0.6, 0.8)
```

Exemples Pratiques de POO

Examinons quelques exemples pratiques de POO en Lua.

Système Simple d'Entités de Jeu

```lua
-- Classe Entite de base
local Entite = {}
Entite.__index = Entite

function Entite.nouveau(id, x, y)
    local instance = setmetatable({}, Entite)
    instance.id = id
    instance.x = x or 0
    instance.y = y or 0
    instance.composants = {}
    return instance
end

function Entite:ajouterComposant(nom, composant)
    self.composants[nom] = composant
    composant.entite = self  -- Donner au composant l'accès à son entité
    return self
end

function Entite:obtenirComposant(nom)
    return self.composants[nom]
end

function Entite:mettreAJour(dt) -- dt = delta time
    for _, composant in pairs(self.composants) do
        if composant.mettreAJour then
            composant:mettreAJour(dt)
        end
    end
end

function Entite:rendre()
    for _, composant in pairs(self.composants) do
        if composant.rendre then
            composant:rendre()
        end
    end
end

-- Composants
local ComposantSprite = {}
```

```
ComposantSprite.__index = ComposantSprite

function ComposantSprite.nouveau(cheminImg, largeur, hauteur)
    local instance = setmetatable({}, ComposantSprite)
    instance.cheminImg = cheminImg
    instance.largeur = largeur
    instance.hauteur = hauteur
    -- Dans un vrai jeu, on chargerait l'image réelle ici
    return instance
end

function ComposantSprite:rendre()
    print("Rendu de " .. self.cheminImg .. " à (" .. self.entite.x ..
            ", " .. self.entite.y .. ") taille " ..
            self.largeur .. "x" .. self.hauteur)
end

local ComposantMouvement = {}
ComposantMouvement.__index = ComposantMouvement

function ComposantMouvement.nouveau(vitesse)
    local instance = setmetatable({}, ComposantMouvement)
    instance.vitesse = vitesse
    instance.dx = 0 -- Direction x
    instance.dy = 0 -- Direction y
    return instance
end

function ComposantMouvement:definirVitesse(dx, dy)
    self.dx = dx
    self.dy = dy
end

function ComposantMouvement:mettreAJour(dt)
    self.entite.x = self.entite.x + self.dx * self.vitesse * dt
    self.entite.y = self.entite.y + self.dy * self.vitesse * dt
    -- Arrondir pour un meilleur affichage
    local xArrondi = math.floor(self.entite.x * 100 + 0.5) / 100
    local yArrondi = math.floor(self.entite.y * 100 + 0.5) / 100
    print("Position mise à jour à (" .. xArrondi .. ", " .. yArrondi .. ")")
end

-- Créer et utiliser des entités
local joueur = Entite.nouveau("joueur", 100, 100)
joueur:ajouterComposant("sprite", ComposantSprite.nouveau("joueur.png", 32, 48))
joueur:ajouterComposant("mouvement", ComposantMouvement.nouveau(150))
```

```
local ennemi = Entite.nouveau("ennemi", 400, 200)
ennemi:ajouterComposant("sprite", ComposantSprite.nouveau("ennemi.png", 32, 32))
ennemi:ajouterComposant("mouvement", ComposantMouvement.nouveau(100))

-- Boucle de jeu (simplifiée)
print("Démarrage boucle de jeu...\n")

-- Définir la vitesse du joueur
joueur:obtenirComposant("mouvement"):definirVitesse(1, 0.5)
ennemi:obtenirComposant("mouvement"):definirVitesse(-0.5, 0)

-- Mettre à jour et rendre pendant quelques images
for image = 1, 3 do
    print("\nImage " .. image .. " :")

    -- Utilisation d'un delta temps de 1/60 (60 FPS)
    local dt = 1/60

    joueur:mettreAJour(dt)
    ennemi:mettreAJour(dt)

    joueur:rendre()
    ennemi:rendre()
end
```

Sortie :

```
Démarrage boucle de jeu...

Image 1 :
Position mise à jour à (102.5, 101.25)
Position mise à jour à (399.17, 200)
Rendu de joueur.png à (102.5, 101.25) taille 32x48
Rendu de ennemi.png à (399.16666666667, 200) taille 32x32

Image 2 :
Position mise à jour à (105, 102.5)
Position mise à jour à (398.33, 200)
Rendu de joueur.png à (105, 102.5) taille 32x48
Rendu de ennemi.png à (398.33333333333, 200) taille 32x32

Image 3 :
Position mise à jour à (107.5, 103.75)
Position mise à jour à (397.5, 200)
Rendu de joueur.png à (107.5, 103.75) taille 32x48
Rendu de ennemi.png à (397.5, 200) taille 32x32
```

(Note: les positions exactes peuvent varier légèrement à cause de l'arrondi ajouté)

Framework d'Interface Utilisateur Simple

```lua
-- Classe de base UIElement
local UIElement = {}
UIElement.__index = UIElement

function UIElement.nouveau(id, x, y, largeur, hauteur)
    local instance = setmetatable({}, UIElement)
    instance.id = id
    instance.x = x or 0
    instance.y = y or 0
    instance.largeur = largeur or 100
    instance.hauteur = hauteur or 50
    instance.visible = true
    instance.enfants = {}
    instance.parent = nil
    return instance
end

function UIElement:ajouterEnfant(enfant)
    table.insert(self.enfants, enfant)
    enfant.parent = self
    return enfant  -- Retourne l'enfant pour le chaînage de méthodes
end

function UIElement:dessiner()
    if not self.visible then return end

    print("Dessin de " .. self.id .. " à (" .. self.x .. ", " .. self.y ..
        ") taille " .. self.largeur .. "x" .. self.hauteur)

    for _, enfant in ipairs(self.enfants) do
        -- Calculer la position de l'enfant par rapport au parent
        local posXAbsolue = enfant.x + self.x
        local posYAbsolue = enfant.y + self.y

        -- Sauvegarder la position relative, dessiner avec l'absolue
        local xRel, yRel = enfant.x, enfant.y
        enfant.x, enfant.y = posXAbsolue, posYAbsolue

        enfant:dessiner()

        -- Restaurer la position relative
        enfant.x, enfant.y = xRel, yRel
    end
```

```lua
end

function UIElement:contient(x, y)
    -- Vérifie si le point (x, y) est dans les limites de l'élément (coordonnées
relatives à l'élément)
    return x >= 0 and x < self.largeur and y >= 0 and y < self.hauteur
end


-- Classe Bouton héritant de UIElement
local Bouton = setmetatable({}, {__index = UIElement})
Bouton.__index = Bouton

function Bouton.nouveau(id, x, y, largeur, hauteur, texte)
    local instance = UIElement.nouveau(id, x, y, largeur, hauteur)
    setmetatable(instance, Bouton)
    instance.texte = texte or "Bouton"
    instance.auClic = nil -- Callback
    return instance
end

function Bouton:dessiner()
    UIElement.dessiner(self)  -- Appeler la méthode parente
    print("  Texte Bouton : " .. self.texte)
end

function Bouton:gererClic(x, y)
    -- x, y sont relatifs aux coordonnées du parent
    if self:contient(x - self.x, y - self.y) and self.auClic then
        self.auClic()
        return true -- Indique que le clic a été géré
    end
    return false
end

-- Classe Panneau héritant de UIElement
local Panneau = setmetatable({}, {__index = UIElement})
Panneau.__index = Panneau

function Panneau.nouveau(id, x, y, largeur, hauteur, titre)
    local instance = UIElement.nouveau(id, x, y, largeur, hauteur)
    setmetatable(instance, Panneau)
    instance.titre = titre or "Panneau"
    instance.deplacable = true
    return instance
end

function Panneau:dessiner()
```

```lua
    UIElement.dessiner(self)  -- Appeler la méthode parente
    print("  Titre Panneau : " .. self.titre)
end

function Panneau:gererClic(x, y)
    -- Gérer le clic pour les enfants d'abord (dans l'ordre inverse de dessin)
    for i = #self.enfants, 1, -1 do
        local enfant = self.enfants[i]
        if enfant.gererClic and enfant:gererClic(x, y) then
            return true -- Clic géré par un enfant
        end
    end
    -- Si aucun enfant n'a géré le clic, le panneau ne le gère pas non plus ici
    -- (On pourrait ajouter ici une logique pour déplacer le panneau, etc.)
    return false
end


-- Créer une interface utilisateur simple
local panneauPrincipal = Panneau.nouveau("panneauPrincipal", 100, 100, 400, 300,
"Panneau Principal")

local bouton1 = Bouton.nouveau("bouton1", 20, 30, 150, 40, "Sauver")
bouton1.auClic = function()
    print("Bouton Sauver cliqué !")
end

local bouton2 = Bouton.nouveau("bouton2", 20, 90, 150, 40, "Annuler")
bouton2.auClic = function()
    print("Bouton Annuler cliqué !")
end

local sousPanneau = Panneau.nouveau("sousPanneau", 200, 30, 180, 250,
"Paramètres")
local bouton3 = Bouton.nouveau("bouton3", 15, 40, 150, 40, "Appliquer")
bouton3.auClic = function() print("Bouton Appliquer cliqué !") end
sousPanneau:ajouterEnfant(bouton3)

panneauPrincipal:ajouterEnfant(bouton1)
panneauPrincipal:ajouterEnfant(bouton2)
panneauPrincipal:ajouterEnfant(sousPanneau)

-- Dessiner l'interface utilisateur
print("Dessin Hiérarchie UI :")
panneauPrincipal:dessiner()

-- Simuler des clics (coordonnées globales)
```

```
print("\nSimulation de clics :")
local function simulerClic(x, y)
    print("Clic à (" .. x .. ", " .. y .. ")")
    -- Le clic est géré par le panneau racine, qui le propage aux enfants
    if panneauPrincipal:gererClic(x,y) then
        print(" -> Clic géré")
    else
        print(" -> Clic non géré")
    end
end

simulerClic(130, 140)  -- Devrait toucher bouton1 (dans panneauPrincipal)
simulerClic(320, 180)  -- Devrait toucher bouton3 (dans sousPanneau)
simulerClic(110, 110)  -- Devrait toucher panneauPrincipal mais pas un bouton
```

Sortie :

```
Dessin Hiérarchie UI :
Dessin de panneauPrincipal à (100, 100) taille 400x300
  Titre Panneau : Panneau Principal
Dessin de bouton1 à (120, 130) taille 150x40
  Texte Bouton : Sauver
Dessin de bouton2 à (120, 190) taille 150x40
  Texte Bouton : Annuler
Dessin de sousPanneau à (300, 130) taille 180x250
  Titre Panneau : Paramètres
Dessin de bouton3 à (315, 170) taille 150x40
  Texte Bouton : Appliquer

Simulation de clics :
Clic à (130, 140)
Bouton Sauver cliqué !
 -> Clic géré
Clic à (320, 180)
Bouton Appliquer cliqué !
 -> Clic géré
Clic à (110, 110)
 -> Clic non géré
```

(Note : j'ai amélioré la logique de gererClic *pour qu'elle soit plus réaliste dans une hiérarchie)*

Bonnes Pratiques pour la POO en Lua

Pour conclure, voici quelques bonnes pratiques pour la programmation orientée objet en Lua :

1. **Choisissez la bonne approche pour vos besoins :**

   - Les objets simples conviennent aux petits scripts
   - Les fonctions fabriques fonctionnent bien pour les projets de taille moyenne
   - La POO complète basée sur les classes avec métatables est préférable pour les applications plus importantes

2. **Soyez cohérent avec la syntaxe :**

   - Choisissez une façon de créer des objets/classes et respectez-la
   - Standardisez la manière dont les méthodes sont définies et appelées

3. **Documentez la structure de votre classe :**

   - Commentez le but de chaque classe, ses propriétés et méthodes
   - Spécifiez les types attendus pour les paramètres du constructeur

4. **Utilisez des noms significatifs :**

   - Les noms de classe doivent être des noms singuliers (par ex., `Personne`, pas `Personnes`)
   - Les noms de méthode doivent typiquement être des verbes ou des groupes verbaux

5. **Gardez les classes ciblées :**

   - Chaque classe doit avoir une seule responsabilité
   - Si une classe fait trop de choses, divisez-la en plusieurs classes

6. **Préférez la composition à l'héritage :**

   - Les hiérarchies complexes peuvent devenir difficiles à maintenir
   - La composition est souvent plus flexible et plus facile à raisonner

7. **Soyez prudent avec l'état partagé :**

   - Évitez de mettre un état mutable dans les tables de classe (par opposition aux tables d'instance) si ce n'est pas intentionnel
   - Documentez clairement quand l'état est partagé entre les instances

8. **N'exposez pas les détails d'implémentation :**

   - Utilisez des membres privés basés sur les fermetures pour des données vraiment encapsulées
   - Préfixez les méthodes "privées" par un underscore comme convention

9. **Validez les entrées dans les constructeurs :**

   - Vérifiez que les paramètres sont des types attendus

- Fournissez des valeurs par défaut sensées pour les paramètres optionnels
10. **Considérez les implications de performance** :
    - La recherche de méthode via les métatables a une certaine surcharge
    - Pour le code critique en termes de performance, vous pourriez avoir
      besoin d'optimiser

Résumé du Chapitre

Dans ce chapitre, nous avons exploré la programmation orientée objet en Lua. Bien
que Lua n'ait pas de classes intégrées, il fournit des mécanismes flexibles via les tables,
les fonctions et les métatables pour implémenter les concepts POO.

Nous avons couvert les objets de base, les fonctions fabriques, les métatables, l'héritage, le polymorphisme et la composition. Nous avons également exploré des techniques avancées comme le chaînage de méthodes, les mixins et la surcharge d'opérateurs. À travers des exemples pratiques, nous avons vu comment ces concepts peuvent
être appliqués à des problèmes du monde réel.

L'approche de Lua à la POO est à la fois simple et puissante. Elle n'impose pas un
paradigme spécifique mais vous donne les outils pour implémenter le style qui correspond le mieux à vos besoins. Cette flexibilité est l'une des forces de Lua, vous permettant d'utiliser autant ou aussi peu de POO que votre projet l'exige.

Dans le chapitre suivant, nous explorerons les opérations d'E/S de fichiers en Lua, ce
qui permettra à vos programmes de lire et d'écrire dans des fichiers sur disque. C'est
essentiel pour de nombreuses applications, de la configuration et du stockage de données aux fichiers journaux et au traitement de documents.

Chapitre 10 : Opérations d'Entrée/Sortie sur les Fichiers

Introduction aux E/S sur Fichiers

Les opérations d'entrée/sortie (E/S) sur fichiers permettent à vos programmes d'interagir avec les fichiers sur le disque. Cette capacité est essentielle pour de nombreuses applications, telles que la lecture de fichiers de configuration, la sauvegarde de données utilisateur, le traitement de fichiers journaux ou la génération de rapports.

Lua fournit un ensemble complet de fonctions pour les opérations sur les fichiers via sa bibliothèque io. Dans ce chapitre, nous explorerons comment lire et écrire dans des fichiers, gérer différents formats de fichiers et implémenter des modèles courants de manipulation de fichiers.

Opérations de Base sur les Fichiers

Commençons par les opérations fondamentales sur les fichiers : ouvrir, lire, écrire et fermer des fichiers.

Ouvrir et Fermer des Fichiers

Avant de pouvoir lire ou écrire dans un fichier, vous devez l'ouvrir. La fonction io.open est utilisée à cette fin :

```lua
-- Ouvrir un fichier en lecture
local fichier, erreurMsg = io.open("exemple.txt", "r")
if fichier then
    print("Fichier ouvert avec succès")
```

```
    fichier:close()  -- Toujours fermer les fichiers quand on a fini
else
    print("Échec de l'ouverture du fichier : " .. (erreurMsg or "raison
inconnue"))
end

-- Tenter d'ouvrir un fichier inexistant pour voir l'erreur
fichier, erreurMsg = io.open("fichier_inexistant.txt", "r")
if not fichier then
    print("Échec de l'ouverture du fichier inexistant : " .. (erreurMsg or
"raison inconnue"))
end
```

La fonction `io.open` prend deux paramètres :

1. Le nom ou chemin du fichier
2. Le mode, qui spécifie comment le fichier doit être ouvert

Voici les modes de fichier courants :

Mode	Description
"r"	Mode lecture (par défaut)
"w"	Mode écriture (crée un nouveau fichier ou tronque un fichier existant)
"a"	Mode ajout (ouvre pour écrire, mais ne tronque pas ; positionne à la fin EOF)
"r+"	Mode mise à jour (pour la lecture et l'écriture)
"w+"	Mode mise à jour (crée un nouveau fichier ou tronque un fichier existant)
"a+"	Mode mise à jour ajout (ouvre ou crée pour lecture et ajout)
"rb", "wb", etc.	Modes binaires (important sous Windows)

Si le fichier ne peut pas être ouvert (par ex., il n'existe pas pour la lecture, ou vous n'avez pas la permission), `io.open` retourne `nil` plus un message d'erreur.

Fermez toujours les fichiers lorsque vous avez terminé avec eux en utilisant la méthode `close` :

```
-- Supposons que 'fichier' est un handle de fichier ouvert valide
-- fichier:close()
```

La fermeture des fichiers libère les ressources système et garantit que toutes les données sont correctement écrites sur le disque.

Lire depuis des Fichiers

Lua fournit plusieurs méthodes pour lire depuis des fichiers :

```lua
-- Créer un fichier d'exemple pour la lecture
local fichierExemple = io.open("echantillon.txt", "w")
if fichierExemple then
    fichierExemple:write("Première ligne.\n")
    fichierExemple:write("Deuxième ligne, un peu plus longue.\n")
    fichierExemple:write("Troisième ligne.\n")
    fichierExemple:write("12345\n")
    fichierExemple:close()
else
    print("Impossible de créer le fichier echantillon.txt")
    return
end


-- Ouvrir un fichier en lecture
local fichier = io.open("echantillon.txt", "r")
if not fichier then
    print("Échec de l'ouverture du fichier")
    return
end

-- Lire tout le fichier en une fois
local contenu = fichier:read("*all")
print("Contenu du fichier :\n" .. contenu)

-- Fermer et rouvrir pour repartir du début
fichier:close()
fichier = io.open("echantillon.txt", "r")

-- Lire une ligne à la fois
print("\nLecture ligne par ligne :")
local ligne = fichier:read("*line") -- ou "*l"
while ligne do
    print(ligne)
    ligne = fichier:read("*line")
end

-- Fermer et rouvrir
fichier:close()
fichier = io.open("echantillon.txt", "r")

-- Lire un nombre spécifique de caractères
print("\nLecture de 5 caractères :")
local chars = fichier:read(5)
```

```
print(chars)

-- Lire la ligne suivante (après les 5 caractères)
print("\nLecture de la ligne suivante :")
local ligneSuivante = fichier:read("*line")
print(ligneSuivante)

-- Fermer et rouvrir pour lire un nombre
fichier:close()
fichier = io.open("echantillon.txt", "r")
-- Sauter les 3 premières lignes textuelles
fichier:read("*line")
fichier:read("*line")
fichier:read("*line")
-- Lire le nombre sur la 4ème ligne
print("\nLecture d'un nombre :")
local nombre = fichier:read("*number") -- ou "*n"
print(nombre)


-- Fermer le fichier
fichier:close()

-- Nettoyer le fichier d'exemple
os.remove("echantillon.txt")
```

La méthode read accepte différents arguments qui déterminent ce qui est lu :

Argument	Description	Alias
"*all"	Lit tout le fichier	"a"
"*line"	Lit la ligne suivante (sans le caractère newline)	"l"
"*number"	Lit un nombre	"n"
n (un nombre)	Lit jusqu'à n caractères	

Lors de la lecture ligne par ligne, la méthode read retourne nil lorsqu'elle atteint la fin du fichier, ce qui la rend pratique à utiliser dans une boucle while.

Écrire dans des Fichiers

Pour écrire dans un fichier, ouvrez-le en mode écriture ou ajout, puis utilisez la méthode write :

```
-- Ouvrir un fichier en écriture
local fichier = io.open("sortie.txt", "w")
```

```
if not fichier then
    print("Échec de l'ouverture du fichier en écriture")
    return
end

-- Écrire des chaînes dans le fichier
fichier:write("Bonjour, le monde !\n")
fichier:write("Ceci est un fichier test.\n")
fichier:write("Créé le ", os.date(), "\n") -- Note : write accepte plusieurs
arguments

-- Fermer le fichier
fichier:close()
print("Fichier écrit avec succès")

-- Ajouter au fichier
fichier = io.open("sortie.txt", "a")
if not fichier then
    print("Échec de l'ouverture du fichier en ajout")
    return
end

-- Ajouter plus de texte
fichier:write("Cette ligne a été ajoutée.\n")
fichier:write("Le fichier a maintenant plus de contenu.\n")

-- Fermer le fichier
fichier:close()
print("Contenu ajouté avec succès")

-- Lire et afficher le résultat final
fichier = io.open("sortie.txt", "r")
if fichier then
    print("\nContenu final du fichier :")
    print(fichier:read("*all"))
    fichier:close()
end

-- Nettoyer
os.remove("sortie.txt")
```

Sortie (la date variera) :

```
Fichier écrit avec succès
Contenu ajouté avec succès
```

```
Contenu final du fichier :
Bonjour, le monde !
Ceci est un fichier test.
Créé le Thu Jan 27 11:30:00 2023
Cette ligne a été ajoutée.
Le fichier a maintenant plus de contenu.
```

La méthode write accepte plusieurs arguments et les écrit en séquence. Notez que contrairement à print, elle n'ajoute pas automatiquement d'espaces entre les arguments ni de retour à la ligne à la fin.

Positions dans le Fichier et Déplacement (Seeking)

Lua vous permet de contrôler la position actuelle dans un fichier en utilisant la méthode seek :

```lua
-- Créer un fichier pour le test de position
local fichier = io.open("positions.txt", "w+") -- Ouvrir en lecture/écriture,
crée ou tronque
if not fichier then
    print("Échec de l'ouverture du fichier positions.txt")
    return
end

-- Écrire du contenu
fichier:write("Ligne 1 : Ceci est la première ligne.\n") -- 34 octets
fichier:write("Ligne 2 : Ceci est la deuxième ligne.\n") -- 35 octets
fichier:write("Ligne 3 : Ceci est la troisième ligne.\n") -- 36 octets

-- Obtenir la position actuelle (fin du fichier après écriture)
local position = fichier:seek()
print("Position actuelle (fin) :", position) -- Devrait être 34+35+36 = 105

-- Se déplacer au début du fichier
fichier:seek("set", 0)
print("Après déplacement au début, position :", fichier:seek())

-- Lire la première ligne
local ligne1 = fichier:read("*line")
print("Première ligne :", ligne1)
print("Après lecture première ligne, position :", fichier:seek()) -- Devrait
être 34
```

```
-- Se déplacer par rapport à la position actuelle (avancer de 10 octets)
fichier:seek("cur", 10)
print("Après déplacement de +10 octets, position :", fichier:seek()) -- Devrait
être 44

-- Lire à partir de la position actuelle jusqu'à la fin de la ligne
local partiel = fichier:read("*line")
print("Ligne partielle lue :", partiel)

-- Se déplacer à 20 octets avant la fin
fichier:seek("end", -20)
print("Après déplacement à fin-20, position :", fichier:seek()) -- Devrait être
105-20 = 85

-- Lire la dernière partie
local dernierePartie = fichier:read("*all")
print("Dernière partie lue :", dernierePartie)

-- Fermer le fichier
fichier:close()

-- Nettoyer
os.remove("positions.txt")
```

Sortie (les positions exactes dépendent de l'encodage des fins de ligne, ici supposant \
n = 1 octet) :

```
Position actuelle (fin) : 105
Après déplacement au début, position : 0
Première ligne : Ligne 1 : Ceci est la première ligne.
Après lecture première ligne, position : 34
Après déplacement de +10 octets, position : 44
Ligne partielle lue :  la deuxième ligne.
Après déplacement à fin-20, position : 85
Dernière partie lue :  la troisième ligne.
```

La méthode seek prend deux arguments optionnels :

1. whence (d'où) : Le point de référence ("set" pour le début, "cur" pour la posi-tion actuelle, "end" pour la fin du fichier) - Par défaut "cur".
2. offset (décalage) : Le nombre d'octets à déplacer (positif ou négatif) - Par défaut 0.

Si appelée sans arguments, seek retourne la position actuelle en octets depuis le début du fichier.

Entrée, Sortie et Erreur Standard

Lua fournit trois handles de fichiers standard :

- `io.stdin` : L'entrée standard (clavier)
- `io.stdout` : La sortie standard (console)
- `io.stderr` : La sortie d'erreur standard (console)

Ceux-ci peuvent être utilisés comme n'importe quel autre handle de fichier :

```lua
-- Écrire sur la sortie standard
io.stdout:write("Entrez votre nom : ")

-- Lire depuis l'entrée standard
local nom = io.stdin:read("*line")

-- Écrire à nouveau sur la sortie standard
io.stdout:write("Bonjour, " .. nom .. " !\n")

-- Écrire un message d'erreur sur la sortie d'erreur standard
io.stderr:write("Ceci est un message d'erreur.\n")
```

Sortie (après que l'utilisateur tape "Jean") :

```
Entrez votre nom : Jean
Bonjour, Jean !
Ceci est un message d'erreur.
```

Fonctions d'E/S Simplifiées

Lua fournit quelques fonctions d'E/S simplifiées pour les opérations courantes :

```lua
-- Créer un fichier d'entrée
local fichier = io.open("entree.txt", "w")
if fichier then
    fichier:write("Ligne 1\nLigne 2\nLigne 3\n")
    fichier:close()
else return end

-- Définir le fichier d'entrée par défaut
fichier = io.open("entree.txt", "r")
io.input(fichier)  -- Définit ce fichier comme entrée par défaut

-- Lire depuis le fichier d'entrée par défaut
```

```
print("Lecture avec io.read():")
local ligne1 = io.read("*line")
local ligne2 = io.read("*line")
print("Première ligne :", ligne1)
print("Deuxième ligne :", ligne2)

-- Fermer le fichier d'entrée par défaut (important !)
io.input():close()
-- Alternative: io.close(fichier) si vous avez toujours la variable

-- Définir le fichier de sortie par défaut
local fichierSortie = io.open("sortie_simple.txt", "w")
io.output(fichierSortie)  -- Définit ce fichier comme sortie par défaut

-- Écrire dans le fichier de sortie par défaut
io.write("Ce texte va dans le fichier.\n")
io.write("Plus de texte pour le fichier.\n")

-- Fermer le fichier de sortie par défaut (important !)
io.output():close()
-- Alternative: io.close(fichierSortie)

-- Lire et afficher le fichier de sortie
fichier = io.open("sortie_simple.txt", "r")
if fichier then
    print("\nContenu du fichier de sortie :")
    print(fichier:read("*all"))
    fichier:close()
end

-- Nettoyer
os.remove("entree.txt")
os.remove("sortie_simple.txt")
```

Sortie :

```
Lecture avec io.read():
Première ligne : Ligne 1
Deuxième ligne : Ligne 2

Contenu du fichier de sortie :
Ce texte va dans le fichier.
Plus de texte pour le fichier.
```

Les fonctions simplifiées incluent :

- io.input([fichier]) : Obtient ou définit le fichier d'entrée par défaut
- io.output([fichier]) : Obtient ou définit le fichier de sortie par défaut
- io.read(...) : Lit depuis le fichier d'entrée par défaut
- io.write(...) : Écrit dans le fichier de sortie par défaut
- io.lines([nomfichier]) : Itère sur les lignes d'un fichier (ou de l'entrée par défaut)

Lire des Fichiers Ligne par Ligne

Une tâche courante est de lire un fichier ligne par ligne, et Lua offre plusieurs façons de le faire :

```lua
-- Créer un fichier d'exemple
local fichier = io.open("lignes.txt", "w")
if not fichier then return end
fichier:write("Ligne 1 : Première ligne du fichier\n")
fichier:write("Ligne 2 : Deuxième ligne du fichier\n")
fichier:write("Ligne 3 : Troisième ligne du fichier\n")
fichier:write("Ligne 4 : Quatrième ligne du fichier\n")
fichier:write("Ligne 5 : Cinquième ligne du fichier\n")
fichier:close()

-- Méthode 1 : Utilisation d'une boucle while avec read
print("Méthode 1 : boucle while avec read")
fichier = io.open("lignes.txt", "r")
if fichier then
    local numLigne = 1
    local ligne = fichier:read("*line")
    while ligne do
        print(numLigne .. ": " .. ligne)
        ligne = fichier:read("*line")
        numLigne = numLigne + 1
    end
    fichier:close()
end

-- Méthode 2 : Utilisation de l'itérateur io.lines()
print("\nMéthode 2 : itérateur io.lines()")
local numLigne = 1
for ligne in io.lines("lignes.txt") do
    print(numLigne .. ": " .. ligne)
    numLigne = numLigne + 1
end
-- Note: io.lines ouvre et ferme le fichier automatiquement
```

```
-- Méthode 3 : Utilisation de l'itérateur file:lines()
print("\nMéthode 3 : itérateur file:lines()")
fichier = io.open("lignes.txt", "r")
if fichier then
    local numLigne = 1
    for ligne in fichier:lines() do
        print(numLigne .. ": " .. ligne)
        numLigne = numLigne + 1
    end
    fichier:close() -- Il faut fermer manuellement ici
end

-- Nettoyer
os.remove("lignes.txt")
```

Sortie :

```
Méthode 1 : boucle while avec read
1: Ligne 1 : Première ligne du fichier
2: Ligne 2 : Deuxième ligne du fichier
3: Ligne 3 : Troisième ligne du fichier
4: Ligne 4 : Quatrième ligne du fichier
5: Ligne 5 : Cinquième ligne du fichier

Méthode 2 : itérateur io.lines()
1: Ligne 1 : Première ligne du fichier
2: Ligne 2 : Deuxième ligne du fichier
3: Ligne 3 : Troisième ligne du fichier
4: Ligne 4 : Quatrième ligne du fichier
5: Ligne 5 : Cinquième ligne du fichier

Méthode 3 : itérateur file:lines()
1: Ligne 1 : Première ligne du fichier
2: Ligne 2 : Deuxième ligne du fichier
3: Ligne 3 : Troisième ligne du fichier
4: Ligne 4 : Quatrième ligne du fichier
5: Ligne 5 : Cinquième ligne du fichier
```

Les itérateurs io.lines et file:lines sont pratiques car ils gèrent automatiquement la lecture de chaque ligne. io.lines gère aussi l'ouverture et la fermeture du fichier.

Travailler avec des Fichiers Binaires

Lua peut également travailler avec des fichiers binaires, ce qui est utile pour lire et écrire des données non textuelles comme des images ou des formats de données personnalisés :

```lua
-- Créer un fichier binaire avec des données d'exemple
local fichier = io.open("binaire.dat", "wb")  -- Ouvrir en mode écriture binaire
if not fichier then
    print("Échec de l'ouverture du fichier binaire en écriture")
    return
end

-- Écrire des données binaires
-- Écrire "Bonjour" en ASCII (H=72, e=101, l=108, l=108, o=111)
fichier:write(string.char(72, 101, 108, 108, 111))
-- Écrire quelques valeurs binaires
fichier:write(string.char(0, 1, 2, 3, 4))
fichier:close()

-- Lire le fichier binaire
fichier = io.open("binaire.dat", "rb")  -- Ouvrir en mode lecture binaire
if not fichier then
    print("Échec de l'ouverture du fichier binaire en lecture")
    return
end

-- Lire tous les octets
local donnees = fichier:read("*all")
fichier:close()

-- Afficher les données en hexadécimal
print("Longueur du fichier binaire : " .. #donnees .. " octets")
print("Dump hexadécimal :")
for i = 1, #donnees do
    local octet = string.byte(donnees, i)
    io.write(string.format("%02X ", octet))
    if i % 8 == 0 then io.write("\n") end -- Nouvelle ligne tous les 8 octets
end
io.write("\n")

-- Convertir la partie ASCII en chaîne
local texte = string.sub(donnees, 1, 5)
print("Texte ASCII : " .. texte)

-- Nettoyer
os.remove("binaire.dat")
```

Sortie :

```
Longueur du fichier binaire : 10 octets
Dump hexadécimal :
48 65 6C 6C 6F 00 01 02
03 04
Texte ASCII : Hello
```

Lorsque vous travaillez avec des fichiers binaires, il est important de :

1. Utiliser les modes "rb", "wb", etc. pour assurer un traitement binaire (surtout sous Windows).
2. Utiliser string.char et string.byte pour convertir entre les données binaires et les valeurs Lua.
3. Être prudent avec les problèmes d'encodage lorsque vous travaillez avec du texte dans des fichiers binaires.

Existence et Propriétés des Fichiers

Lua ne fournit pas de fonctions intégrées pour vérifier si un fichier existe ou obtenir ses propriétés, mais nous pouvons implémenter cela nous-mêmes (de manière basique et dépendante de l'OS pour certaines infos) :

```
-- Fonction pour vérifier si un fichier existe
function fichierExiste(chemin)
    local fichier = io.open(chemin, "r")
    if fichier then
        fichier:close()
        return true
    end
    return false
end

-- Fonction pour obtenir la taille du fichier
function obtenirTailleFichier(chemin)
    local fichier = io.open(chemin, "rb") -- Ouvrir en binaire pour taille
précise
    if not fichier then return nil, "Impossible d'ouvrir le fichier" end

    local taille = fichier:seek("end") -- Va à la fin et retourne la position
(taille)
    fichier:close()
    return taille
end
```

```lua
-- Fonction pour obtenir l'heure de dernière modification (simplifiée, dépend de
l'OS)
function obtenirHeureModifFichier(chemin)
    if not fichierExiste(chemin) then return nil, "Fichier inexistant" end

    -- Cette partie est très dépendante de l'OS et peut ne pas fonctionner
partout
    -- ou nécessiter des bibliothèques externes comme LuaFileSystem pour être
fiable.
    local cmd
    if package.config:sub(1,1) == '/' then -- Détecter système type Unix
        cmd = 'stat -c %Y "' .. chemin .. '"'
    else -- Supposer Windows
        -- Obtenir la date de manière plus complexe sous Windows (ici simplifié
et peu fiable)
        -- Une meilleure approche utiliserait des bindings C ou des
bibliothèques externes.
        print("Avertissement: obtenirHeureModifFichier est peu fiable sous
Windows sans bibliothèque externe.")
        -- Tentative basique avec dir (format de sortie non garanti)
        cmd = 'dir "' .. chemin .. '" /T:W /Q | findstr "' .. chemin:gsub("\\",
"\\\\") .. '$"'
    end

    local handle = io.popen(cmd)
    if not handle then return nil, "Erreur popen" end
    local resultat = handle:read("*a")
    handle:close()

    -- Essayer d'extraire un timestamp Unix (pourrait échouer sous Windows)
    local timestamp = tonumber(resultat)
    if timestamp then return timestamp end

    -- Si ce n'est pas un timestamp, retourner la chaîne brute (cas Windows)
    return resultat:match("^%s*(.-)%s*$") -- Nettoyer la sortie
end


-- Créer un fichier de test
local fichier = io.open("fichier_test.txt", "w")
if not fichier then return end
fichier:write("Ceci est un fichier de test.\n")
fichier:write("Il a plusieurs lignes.\n")
fichier:close()

-- Tester les fonctions
```

```lua
print("Le fichier existe :", fichierExiste("fichier_test.txt"))
print("Fichier inexistant existe :", fichierExiste("inexistant.txt"))

local taille, errTaille = obtenirTailleFichier("fichier_test.txt")
if taille then
    print("Taille du fichier :", taille .. " octets")
else
    print("Erreur taille fichier :", errTaille)
end

local heureModif, errHeure = obtenirHeureModifFichier("fichier_test.txt")
if heureModif then
    if type(heureModif) == "number" then
        print("Heure modif (timestamp) :", heureModif)
        print("Heure modif (formaté) :", os.date("%c", heureModif))
    else
        print("Heure modif (brut) :", heureModif) -- Probablement Windows
    end
else
    print("Erreur heure modif :", errHeure)
end

-- Nettoyer
os.remove("fichier_test.txt")
```

Sortie (variera selon l'OS et l'heure) :

```
Le fichier existe : true
Fichier inexistant existe : false
Taille du fichier : 51 octets
Heure modif (timestamp) : 1674837000
Heure modif (formaté) : Thu Jan 27 11:50:00 2023
```

Ces fonctions fournissent des informations de base sur les fichiers. Notez que la fonction d'heure de modification utilise `io.popen`, qui peut ne pas être disponible dans toutes les implémentations Lua et peut avoir des implications de sécurité. Pour une gestion multiplateforme fiable, utilisez une bibliothèque comme LuaFileSystem.

Gestion des Erreurs dans les E/S Fichiers

Lorsque vous travaillez avec des fichiers, des erreurs peuvent survenir pour diverses raisons (fichier non trouvé, permission refusée, disque plein, etc.). Il est important de gérer ces erreurs avec élégance :

```lua
-- Gestion d'erreur de base : vérifier la valeur de retour
local fichier, erreurMsg = io.open("inexistant.txt", "r")
if not fichier then
    print("Erreur ouverture fichier : " .. (erreurMsg or "inconnue"))
else
    -- Traiter le fichier...
    fichier:close()
end


-- Utilisation de pcall pour une gestion d'erreur plus complète
local function traiterFichier(nomFichier)
    -- Tenter d'ouvrir le fichier
    local fichier, erreurMsg = io.open(nomFichier, "r")
    if not fichier then
        -- Utiliser error() pour propager l'erreur et être attrapé par pcall
        error("Impossible d'ouvrir le fichier : " .. (erreurMsg or "inconnue"))
    end

    -- Tenter de lire le fichier (pourrait échouer sur gros fichiers ou erreurs
disque)
    local ok, contenuOuErreur = pcall(function() return fichier:read("*all")
end)

    -- Fermer le fichier DANS TOUS LES CAS (très important)
    fichier:close()

    if not ok then
        error("Erreur de lecture : " .. contenuOuErreur)
    end

    local contenu = contenuOuErreur

    -- Traiter le contenu... (pourrait aussi générer une erreur)
    if #contenu == 0 then
        error("Le fichier est vide")
    end

    return #contenu  -- Retourner la taille
end

-- Créer un fichier pour le test de succès
local fTest = io.open("fichier_pour_pcall.txt", "w")
if fTest then fTest:write("Contenu test"); fTest:close() end

-- Utiliser pcall pour attraper les erreurs de traiterFichier
print("\nTest avec pcall:")
```

```
local succes, resultat = pcall(traiterFichier, "fichier_pour_pcall.txt")
if succes then
    print("Fichier traité avec succès. Taille : " .. resultat .. " octets")
else
    print("Une erreur s'est produite lors du traitement : " .. resultat)
end

succes, resultat = pcall(traiterFichier, "fichier_inexistant_pour_pcall.txt")
if succes then
    print("Fichier traité avec succès. Taille : " .. resultat .. " octets")
else
    print("Une erreur s'est produite lors du traitement : " .. resultat)
end

-- Créer un fichier vide pour tester l'erreur de traitement
fTest = io.open("fichier_vide.txt", "w")
if fTest then fTest:close() end

succes, resultat = pcall(traiterFichier, "fichier_vide.txt")
if succes then
    print("Fichier traité avec succès. Taille : " .. resultat .. " octets")
else
    print("Une erreur s'est produite lors du traitement : " .. resultat)
end


-- Nettoyer
os.remove("fichier_pour_pcall.txt")
os.remove("fichier_vide.txt")
```

Sortie :

```
Erreur ouverture fichier : No such file or directory

Test avec pcall:
Fichier traité avec succès. Taille : 13 octets
Une erreur s'est produite lors du traitement : Impossible d'ouvrir le fichier :
No such file or directory
Une erreur s'est produite lors du traitement : Le fichier est vide
```

Les principes clés pour la gestion des erreurs dans les E/S fichiers sont :

1. Toujours vérifier les valeurs de retour des opérations sur fichiers (`io.open`
   retourne `nil, msg`).

2. Utiliser `pcall` pour une gestion d'erreur plus complexe et pour attraper les erreurs levées par `error()`.
3. S'assurer que les fichiers sont fermés même lorsque des erreurs se produisent (souvent fait après le `pcall` ou dans des blocs `finally`-like s'ils étaient disponibles).
4. Fournir des messages d'erreur significatifs.

Travailler avec les Chemins de Fichiers

Lorsque vous travaillez avec des fichiers, vous devez souvent manipuler les chemins de fichiers. Lua ne fournit pas de bibliothèque standard pour cela, mais nous pouvons implémenter quelques fonctions utiles (simples) :

```lua
-- Fonctions pour obtenir des parties d'un chemin
local function obtenirRepertoire(chemin)
    -- Trouve le dernier séparateur / ou \ et prend tout ce qui précède
    return chemin:match("^(.*[/\\])") or ""
end

local function obtenirNomFichier(chemin)
    -- Trouve le dernier séparateur / ou \ et prend tout ce qui suit
    return chemin:match("([^/\\]*)$")
end

local function obtenirExtension(chemin)
    -- Trouve le dernier point dans le nom de fichier et prend ce qui suit
    return chemin:match("%.([^%./\\]*)$") or ""
end

local function obtenirBaseNom(chemin)
    local nomFichier = obtenirNomFichier(chemin)
    -- Enlève l'extension
    return nomFichier:match("^(.*)%.[^%.]+$") or nomFichier
end

-- Fonction pour joindre des composants de chemin (simple)
function joindreChemins(...)
    -- Utilise le séparateur détecté par Lua pour C (pas toujours fiable)
    local separateur = package.config:sub(1,1)
    local parties = {...}

    local cheminFinal = parties[1] or ""
    for i = 2, #parties do
        local partie = parties[i]
        -- Enlever les séparateurs au début/fin pour éviter les doublons
```

```
        cheminFinal = cheminFinal:gsub("[/\\ Käännetty:]*$", "") -- Käännetty:
enlever à la fin
        partie = partie:gsub("^[/\\]+", "") -- enlever au début
        -- Ajouter le séparateur seulement si nécessaire
        if cheminFinal ~= "" and partie ~= "" then
            cheminFinal = cheminFinal .. separateur .. partie
        else
            cheminFinal = cheminFinal .. partie -- Pour les chemins relatifs ou
vides
        end
    end
    return cheminFinal
end


-- Tester les fonctions
local chemins = {
    "/home/user/documents/fichier.txt",
    "C:\\Windows\\System32\\drivers\\etc\\hosts",
    "document.pdf",
    ".fichiercache",
    "/var/log/"
}

for _, chemin in ipairs(chemins) do
    print("Chemin : " .. chemin)
    print("  Répertoire : " .. obtenirRepertoire(chemin))
    print("  Nom fichier : " .. obtenirNomFichier(chemin))
    print("  Extension : " .. obtenirExtension(chemin))
    print("  Base nom : " .. obtenirBaseNom(chemin))
    print()
end

-- Tester la jonction de chemins
print("Chemin joint : " .. joindreChemins("/home/user", "documents/",
"/projet/fichier.txt"))
print("Chemin joint : " .. joindreChemins("C:\\", "Program Files\\", "\\
Application"))
```

Sortie :

```
Chemin : /home/user/documents/fichier.txt
  Répertoire : /home/user/documents/
  Nom fichier : fichier.txt
  Extension : txt
  Base nom : fichier
```

```
Chemin : C:\Windows\System32\drivers\etc\hosts
  Répertoire : C:\Windows\System32\drivers\etc\
  Nom fichier : hosts
  Extension :
  Base nom : hosts

Chemin : document.pdf
  Répertoire :
  Nom fichier : document.pdf
  Extension : pdf
  Base nom : document

Chemin : .fichiercache
  Répertoire :
  Nom fichier : .fichiercache
  Extension :
  Base nom : .fichiercache

Chemin : /var/log/
  Répertoire : /var/log/
  Nom fichier :
  Extension :
  Base nom :

Chemin joint : /home/user/documents/projet/fichier.txt
Chemin joint : C:/Program Files/Application
```

Ces fonctions fournissent des capacités de base de manipulation de chemins, mais sachez qu'elles peuvent ne pas gérer tous les cas limites, en particulier avec des formats de chemins inhabituels. Pour une manipulation robuste et multiplateforme, une bibliothèque comme LuaFileSystem est recommandée.

Travailler avec des Fichiers Temporaires

Parfois, vous avez besoin de créer des fichiers temporaires pour un traitement inter-médiaire :

```lua
-- Fonction pour créer un nom de fichier temporaire (simple)
function creerNomFichierTemp(prefixe)
    prefixe = prefixe or "lua_temp"
    local repertoireTemp

    -- Obtenir le répertoire temporaire du système
    -- Ceci est une simplification, les chemins peuvent varier
```

```lua
    if package.config:sub(1,1) == '/' then -- Unix
        repertoireTemp = os.getenv("TMPDIR") or "/tmp"
    else -- Windows
        repertoireTemp = os.getenv("TEMP") or os.getenv("TMP") or "."
    end

    -- Créer un nom unique (combinaison de temps et aléatoire)
    math.randomseed(os.time() + os.clock()*1000) -- Meilleure initialisation
aléatoire
    local nomFichier = joindreChemins(repertoireTemp,
                            prefixe .. "_" .. os.time() .. "_" ..
math.random(10000, 99999))

    return nomFichier
end

-- Fonction pour exécuter une action avec un fichier temporaire
function avecFichierTemp(action, prefixe)
    local nomFichier = creerNomFichierTemp(prefixe)
    local fichier, err = io.open(nomFichier, "w+") -- Lecture/écriture, créer

    if not fichier then
        return nil, "Impossible de créer le fichier temporaire : " .. (err or
"inconnue")
    end

    -- Exécuter l'action fournie dans un pcall
    local ok, resultatOuErreur = pcall(action, fichier, nomFichier)

    -- Fermer et supprimer le fichier temporaire DANS TOUS LES CAS
    fichier:close()
    os.remove(nomFichier)

    if not ok then
        return nil, "Erreur pendant l'action : " .. resultatOuErreur
    end

    -- Retourner le résultat de l'action
    return resultatOuErreur
end

-- Tester les fonctions de fichier temporaire
print("\nTest avec fichier temporaire:")

-- Exemple : Compter les lignes d'un fichier en utilisant un fichier temporaire
local function compterLignes(nomFichierEntree)
    -- Créer un fichier d'entrée pour le test
```

```
        local fEntree = io.open(nomFichierEntree, "w")
        if not fEntree then return nil, "Impossible de créer fichier entrée" end
        fEntree:write("Ligne 1\nLigne 2\nLigne 3\nLigne 4\nLigne 5\n")
        fEntree:close()

        -- Utiliser avecFichierTemp
        local compteur, err = avecFichierTemp(function(fichierTemp, nomFichierTemp)
            print("  Utilisation du fichier temporaire : " .. nomFichierTemp)

            -- Traiter le fichier d'entrée et écrire dans le fichier temp
            local entree = io.open(nomFichierEntree, "r")
            if not entree then error("Impossible d'ouvrir "..nomFichierEntree) end

            local compteurLignes = 0
            for ligne in entree:lines() do
                compteurLignes = compteurLignes + 1
                fichierTemp:write(compteurLignes .. ": " .. ligne .. "\n")
            end
            entree:close()

            -- S'assurer que tout est écrit avant de retourner le résultat
            fichierTemp:flush()

            return compteurLignes -- Le résultat de l'action

        end, "comptageLignes")

        -- Nettoyer le fichier d'entrée
        os.remove(nomFichierEntree)

        if err then
            return nil, err
        else
            return compteur
        end
end

local lignes, err = compterLignes("entree_pour_temp.txt")
if lignes then
    print("Le fichier a " .. lignes .. " lignes")
else
    print("Erreur : " .. err)
end
```

Sortie (le nom du fichier temporaire variera) :

```
Test avec fichier temporaire:
  Utilisation du fichier temporaire : /tmp/comptageLignes_1674837000_87321
Le fichier a 5 lignes
```

Travailler avec des fichiers temporaires est utile pour les scénarios où :

1. Vous devez traiter une grande quantité de données qui ne tient pas en mémoire
2. Vous devez passer des données entre différentes parties de votre application
3. Vous devez créer des résultats intermédiaires avant de produire une sortie finale

Verrouillage de Fichiers et Accès Concurrent

Lorsque plusieurs processus peuvent accéder au même fichier, vous devez garantir l'intégrité des données par le biais du verrouillage de fichiers. Lua ne fournit pas cette fonctionnalité directement, mais il existe des options (simplifiées ici) :

```lua
-- Verrouillage de fichier simple utilisant des fichiers .lock (basique)
-- AVERTISSEMENT : Ce mécanisme est très simple et peut échouer dans de nombreux
cas (race conditions, etc.)
-- Pour un verrouillage fiable, utilisez des mécanismes spécifiques à l'OS via
des bibliothèques C.

local function acquerirVerrou(cheminFichierVerrou, delai)
    delai = delai or 10  -- Délai d'attente par défaut en secondes
    local heureDebut = os.time()

    while os.time() - heureDebut < delai do
        -- Vérifier si le verrou existe
        local fichierVerrou = io.open(cheminFichierVerrou, "r")
        if fichierVerrou then
            fichierVerrou:close()
            -- Le verrou existe, attendre et réessayer
            print("Verrou existant, attente...")
            -- Une simple attente (peut varier selon l'OS)
            if package.config:sub(1,1) == '/' then os.execute("sleep 0.1") else
--[[ Windows wait? ]] end
        else
            -- Pas de verrou, essayer de le créer
            fichierVerrou = io.open(cheminFichierVerrou, "w")
            if fichierVerrou then
                -- Écrire PID ou timestamp pour info (non utilisé pour la
logique ici)
```

```lua
                fichierVerrou:write(tostring(os.time()))
                fichierVerrou:close()
                print("Verrou acquis.")
                return true  -- Verrou acquis avec succès
            else
                -- Échec de création, peut-être qu'un autre processus l'a créé
entre temps
                print("Impossible de créer le fichier verrou, réessai...")
            end
        end
    end

    -- Délai écoulé
    print("Échec de l'acquisition du verrou (délai dépassé)")
    return false
end

local function libererVerrou(cheminFichierVerrou)
    if os.remove(cheminFichierVerrou) then
        print("Verrou libéré.")
    else
        print("Avertissement: Impossible de supprimer le fichier verrou : " ..
cheminFichierVerrou)
    end
end

-- Exemple d'utilisation du mécanisme de verrouillage
local function mettreAJourFichierPartage(nomFichier, nouveauContenu)
    local fichierVerrou = nomFichier .. ".lock"

    -- Acquérir le verrou
    print("Tentative d'acquisition du verrou...")
    if not acquerirVerrou(fichierVerrou, 5) then
        return false, "Échec de l'acquisition du verrou"
    end

    -- Section critique : opérations sur le fichier
    local succes, err = pcall(function()
        print("Verrou acquis, mise à jour du fichier...")

        -- Lire le contenu existant
        local contenu = ""
        local fichier = io.open(nomFichier, "r")
        if fichier then
            contenu = fichier:read("*all")
            fichier:close()
        end
```

```lua
        -- Ajouter le nouveau contenu
        contenu = contenu .. nouveauContenu .. "\n"

        -- Réécrire le fichier
        fichier = io.open(nomFichier, "w")
        if not fichier then error("Impossible d'ouvrir le fichier en écriture")
end

        fichier:write(contenu)
        fichier:close()
    end)

    -- Libérer le verrou DANS TOUS LES CAS après la section critique
    libererVerrou(fichierVerrou)

    if not succes then
        return false, "Erreur lors de la mise à jour du fichier : " .. err
    end

    return true
end

-- Tester le mécanisme de verrouillage
-- Créer un fichier initial s'il n'existe pas
local fInitial = io.open("donnees_partagees.txt", "a")
if fInitial then fInitial:close() end

local resultat, err = mettreAJourFichierPartage("donnees_partagees.txt", "Mise à
jour à " .. os.date())
if resultat then
    print("Fichier mis à jour avec succès")

    -- Afficher le contenu du fichier
    local fichier = io.open("donnees_partagees.txt", "r")
    if fichier then
        print("\nContenu du fichier :")
        print(fichier:read("*all"))
        fichier:close()
    end
else
    print("Échec de la mise à jour du fichier : " .. err)
end

-- Nettoyer
os.remove("donnees_partagees.txt")
-- Le fichier .lock devrait déjà être supprimé par libererVerrou
```

Sortie (variera) :

```
Tentative d'acquisition du verrou...
Verrou acquis.
Verrou acquis, mise à jour du fichier...
Verrou libéré.
Fichier mis à jour avec succès

Contenu du fichier :
Mise à jour à Thu Jan 27 12:00:00 2023
```

Cet exemple implémente un mécanisme de verrouillage de fichier simple utilisant des fichiers .lock. Dans les applications réelles, vous voudrez utiliser :

1. Des mécanismes de verrouillage spécifiques à l'OS via LuaFileSystem ou des bibliothèques similaires
2. Des verrous de base de données si vous travaillez avec une base de données
3. Des mécanismes de verrouillage distribué plus robustes pour les applications multi-serveurs

Modèles et Techniques d'E/S Fichiers

Explorons quelques modèles et techniques courants pour les E/S fichiers.

Écrire dans des Fichiers en Toute Sécurité

Lors de l'écriture de données importantes dans des fichiers, il est de bonne pratique d'écrire d'abord dans un fichier temporaire, puis de le renommer avec le nom de fichier final :

```
-- Fonction pour écrire dans un fichier en toute sécurité
function ecritureSecurisee(nomFichier, contenu)
    -- Créer un nom de fichier temporaire unique
    local nomFichierTemp = nomFichier .. "." .. os.time() .. "_" ..
math.random(1000) .. ".tmp"

    -- Écrire dans le fichier temporaire
    local fichier, err = io.open(nomFichierTemp, "wb") -- Mode binaire pour
éviter transformations
    if not fichier then
        return false, "Impossible d'ouvrir le fichier temporaire : " .. (err or
"inconnue")
    end
```

```lua
    -- Écrire le contenu
    local ok, errEcriture = pcall(function()
        fichier:write(contenu)
    end)

    -- Fermer le fichier
    fichier:close()

    if not ok then
        os.remove(nomFichierTemp)  -- Nettoyer le fichier temporaire
        return false, "Échec de l'écriture des données : " .. errEcriture
    end

    -- Renommer le fichier temporaire en fichier final
    -- os.rename est atomique sur la plupart des systèmes de fichiers modernes
    local okRenommer, errRenommer = os.rename(nomFichierTemp, nomFichier)

    if not okRenommer then
        -- Tenter de nettoyer le fichier temporaire si le renommage échoue
        os.remove(nomFichierTemp)
        return false, "Échec du renommage du fichier : " .. (errRenommer or
"inconnue")
    end

    return true
end

-- Tester la fonction d'écriture sécurisée
local contenu = "Ce sont des données importantes qui doivent être écrites en
toute sécurité.\n"
            .. "Nous ne voulons pas perdre ces informations si le programme
plante.\n"
            .. "Utiliser la technique d'écriture sécurisée aide à prévenir la
corruption des données.\n"

local succes, err = ecritureSecurisee("donnees_importantes.txt", contenu)
if succes then
    print("Données écrites en toute sécurité")

    -- Vérifier le contenu du fichier
    local fichier = io.open("donnees_importantes.txt", "rb") -- Lire en binaire
pour comparer
    if fichier then
        local contenuLu = fichier:read("*all")
        fichier:close()

        if contenuLu == contenu then
```

```
            print("Vérification du fichier réussie")
        else
            print("Échec de la vérification du fichier : le contenu ne
correspond pas")
        end
    end
else
    print("Échec de l'écriture des données : " .. err)
end


-- Nettoyer
os.remove("donnees_importantes.txt")
```

Sortie :

```
Données écrites en toute sécurité
Vérification du fichier réussie
```

Ce modèle garantit que le fichier est soit complètement écrit, soit non modifié du tout, évitant les écritures partielles qui pourraient corrompre les données.

Lecture Tamponnée pour les Gros Fichiers

Lorsque vous traitez de gros fichiers, lire le fichier entier en mémoire peut ne pas être pratique. À la place, vous pouvez traiter le fichier par morceaux (chunks) :

```
-- Fonction pour traiter un gros fichier par morceaux
function traiterGrosFichier(nomFichier, tailleMorceau, fonctionTraitement)
    tailleMorceau = tailleMorceau or 4096  -- Morceaux de 4 Ko par défaut

    local fichier, err = io.open(nomFichier, "rb") -- Mode binaire recommandé
pour les morceaux
    if not fichier then
        return false, "Impossible d'ouvrir le fichier : " .. (err or "inconnue")
    end

    local totalTraite = 0
    while true do
        local morceau = fichier:read(tailleMorceau)
        if not morceau or #morceau == 0 then -- Fin du fichier ou erreur de
lecture
            break
        end

        -- Traiter le morceau
```

```lua
        local ok, errTraitement = pcall(fonctionTraitement, morceau)
        if not ok then
            fichier:close()
            return false, "Erreur de traitement : " .. errTraitement
        end

        totalTraite = totalTraite + #morceau
    end

    fichier:close()
    return true, totalTraite
end

-- Créer un fichier de test volumineux
local function creerFichierTest(nomFichier, nbLignes)
    local fichier = io.open(nomFichier, "w")
    if not fichier then return false end

    for i = 1, nbLignes do
        fichier:write("Ligne " .. i .. ": Ce sont des données de test qui seront
répétées de nombreuses fois.\n")
    end

    fichier:close()
    return true
end

-- Créer un fichier de test avec 10 000 lignes
creerFichierTest("gros_test.txt", 10000)

-- Traiter le fichier par morceaux
local compteurLignes = 0
local compteurOctets = 0
local compteurMot = 0

local succes, totalOctets = traiterGrosFichier("gros_test.txt", 8192,
    function(morceau)
        -- Compter les lignes dans ce morceau (approximatif si coupure au milieu
de \n)
        compteurLignes = compteurLignes + select(2, morceau:gsub("\n", ""))
        -- Compter les occurrences de "test"
        compteurMot = compteurMot + select(2, morceau:gsub("test", ""))
        -- On pourrait faire d'autres traitements ici
        return true -- Indique que le traitement du morceau a réussi
    end)

if succes then
```

```lua
    print("Traité " .. totalOctets .. " octets")
    print("Trouvé approximativement " .. compteurLignes .. " lignes")
    print("Trouvé approximativement " .. compteurMot .. " occurrences de
'test'")
else
    print("Échec du traitement du fichier : " .. totalOctets) -- totalOctets
contient le message d'erreur ici
end


-- Nettoyer
os.remove("gros_test.txt")
```

Sortie (les nombres peuvent varier légèrement en raison des limites des morceaux) :

```
Traité 680000 octets
Trouvé approximativement 10000 lignes
Trouvé approximativement 10000 occurrences de 'test'
```

Cette approche vous permet de traiter des fichiers trop volumineux pour tenir en mémoire, en lisant et en traitant des morceaux gérables à la fois.

Travailler avec des Fichiers CSV

CSV (Comma-Separated Values - Valeurs Séparées par des Virgules) est un format courant pour l'échange de données. Voici un analyseur et un générateur CSV simples :

```lua
-- Fonctions CSV (version simple, ne gère pas tous les cas CSV complexes)

-- Analyser des données CSV (suppose des champs simples non quotés ou
correctement quotés)
function analyserCSV(donnees, separateur, entete)
    separateur = separateur or ","
    entete = entete ~= false  -- Vrai par défaut

    local lignes = {}
    for ligne in donnees:gmatch("[^\r\n]+") do
        table.insert(lignes, ligne)
    end

    if #lignes == 0 then return {} end

    local resultat = {}
    local entetes = {}
    local ligneDepart = 1
```

```lua
    -- Analyser la ligne d'en-tête si spécifié
    if entete and #lignes > 0 then
        local ligneEntete = lignes[1]
        local i = 1
        -- Séparer les champs de l'en-tête
        for champ in ligneEntete:gmatch("([^" .. separateur .. "]*)" ..
separateur .. "?") do
            entetes[i] = champ:match("^%s*(.-)%s*$") -- Nettoyer les espaces
            i = i + 1
        end
        ligneDepart = 2 -- Commencer les données à la ligne suivante
    end

    -- Analyser les lignes de données
    for numLigne = ligneDepart, #lignes do
        local ligne = lignes[numLigne]
        if ligne:match("%S") then -- Ignorer les lignes vides
            local enregistrement = {}
            local i = 1
            -- Séparer les champs de données
            for champ in ligne:gmatch("([^" .. separateur .. "]*)" .. separateur
.. "?") do
                local champNettoye = champ:match("^%s*(.-)%s*$") -- Nettoyer
                -- Gérer les guillemets simples (simplifié)
                if champNettoye:sub(1,1) == '"' and champNettoye:sub(-1,-1) ==
'"' then
                    champNettoye = champNettoye:sub(2,-2):gsub('""', '"') --
Enlever guillemets et échapper les doubles
                end

                if entete then
                    enregistrement[entetes[i] or i] = champNettoye
                else
                    enregistrement[i] = champNettoye
                end
                i = i + 1
            end
            table.insert(resultat, enregistrement)
        end
    end

    return resultat, entetes
end

-- Fonction pour écrire une table au format CSV (simple)
function ecrireCSV(donnees, separateur, entetes)
    separateur = separateur or ","
```

```lua
    local lignes = {}

    -- Fonction pour échapper et quoter si nécessaire
    local function preparerChamp(champ)
        champ = tostring(champ or "")
        -- Quoter si contient séparateur, guillemet ou retour à la ligne
        if champ:find(separateur) or champ:find('"') or champ:find("[\r\n]")
then
            champ = champ:gsub('"', '""') -- Doubler les guillemets
            return '"' .. champ .. '"'
        end
        return champ
    end

    -- Écrire la ligne d'en-tête si fournie
    if entetes then
        local ligneEntete = {}
        for _, h in ipairs(entetes) do
            table.insert(ligneEntete, preparerChamp(h))
        end
        table.insert(lignes, table.concat(ligneEntete, separateur))
    end

    -- Écrire les lignes de données
    for _, enregistrement in ipairs(donnees) do
        local ligne = {}
        if entetes then
            -- Écrire l'enregistrement comme une map en utilisant les en-têtes
            for _, h in ipairs(entetes) do
                table.insert(ligne, preparerChamp(enregistrement[h]))
            end
        elseif type(enregistrement) == "table" then
            -- Écrire l'enregistrement comme un tableau
            for i = 1, #enregistrement do
                table.insert(ligne, preparerChamp(enregistrement[i]))
            end
        end
        table.insert(lignes, table.concat(ligne, separateur))
    end

    return table.concat(lignes, "\n")
end

-- Tester avec un fichier CSV d'exemple
local donneesCSV = [[
Nom,Age,Ville,"Pays"
"Dupont, Jean",30,"New York","USA"
```

```lua
Alice Martin,25,Londres,UK
"Robert ""Bob"" Durand",40,Paris,France
]]

-- Analyser les données CSV
local enregistrements, entetes = analyserCSV(donneesCSV)
print("Analysé " .. #enregistrements .. " enregistrements")

-- Afficher les données analysées
print("\nDonnées CSV analysées :")
for i, enreg in ipairs(enregistrements) do
    print("Enregistrement " .. i .. " :")
    for cle, valeur in pairs(enreg) do
        print("  " .. cle .. " : " .. valeur)
    end
end

-- Modifier quelques données
enregistrements[1].Age = "31"
table.insert(enregistrements, {Nom = "Carlos Rodriguez", Age = "28", Ville =
"Madrid", Pays = "Espagne"})

-- Écrire de nouveau en CSV
local nouveauCSV = ecrireCSV(enregistrements, ",", entetes)
print("\nNouvelles données CSV :")
print(nouveauCSV)

-- Écrire dans un fichier
local fichier = io.open("personnes.csv", "w")
if fichier then
    fichier:write(nouveauCSV)
    fichier:close()
    print("\nCSV écrit dans personnes.csv")
end

-- Lire depuis le fichier et analyser à nouveau
fichier = io.open("personnes.csv", "r")
if fichier then
    local contenuFichier = fichier:read("*all")
    fichier:close()

    local nouveauxEnreg = analyserCSV(contenuFichier)
    print("\nLu " .. #nouveauxEnreg .. " enregistrements depuis le fichier")
end

-- Nettoyer
os.remove("personnes.csv")
```

Sortie :

```
Analysé 3 enregistrements

Données CSV analysées :
Enregistrement 1 :
  Nom : Dupont, Jean
  Pays : USA
  Ville : New York
  Age : 30
Enregistrement 2 :
  Nom : Alice Martin
  Pays : UK
  Ville : Londres
  Age : 25
Enregistrement 3 :
  Nom : Robert "Bob" Durand
  Pays : France
  Ville : Paris
  Age : 40

Nouvelles données CSV :
Nom,Age,Ville,Pays
"Dupont, Jean",31,"New York",USA
Alice Martin,25,Londres,UK
"Robert ""Bob"" Durand",40,Paris,France
Carlos Rodriguez,28,Madrid,Espagne

CSV écrit dans personnes.csv

Lu 4 enregistrements depuis le fichier
```

Bien que cet analyseur CSV soit simple, il gère les fichiers CSV de base. Pour une gestion CSV plus complexe, vous voudrez peut-être utiliser une bibliothèque dédiée, car le format CSV peut avoir de nombreux cas limites (champs quotés contenant des séparateurs, guillemets échappés, champs multilignes, etc.).

Fichiers de Configuration

Les fichiers Lua eux-mêmes peuvent être utilisés comme fichiers de configuration, ce qui offre une grande flexibilité :

```
-- Exemple d'un fichier de configuration Lua
local contenuConfig = [[
-- Configuration Mon Application
```

```lua
config = {
    -- Paramètres généraux
    appli = {
        nom = "Mon Application",
        version = "1.0.0",
        debogage = true
    },

    -- Paramètres base de données
    bdd = {
        hote = "localhost",
        port = 3306,
        utilisateur = "admin",
        motdepasse = "secret",
        nom_bdd = "monappli_bdd"
    },

    -- Paramètres serveur
    serveur = {
        hote = "0.0.0.0",
        port = 8080,
        connexionsMax = 100,
        delai = 30
    },

    -- Paramètres journalisation
    journal = {
        niveau = "info",  -- debug, info, warn, error
        fichier = "/var/log/monappli.log",
        console = true
    }
}

-- Retourner la configuration
return config
]]

-- Écrire la configuration dans un fichier
local fichier = io.open("config.lua", "w")
if fichier then fichier:write(contenuConfig); fichier:close() end

-- Fonction pour charger un fichier de configuration basé sur Lua
function chargerConfig(nomFichier)
    -- loadfile compile le fichier en une fonction sans l'exécuter
    local chunk, err = loadfile(nomFichier)
    if not chunk then
```

```lua
        return nil, "Échec du chargement du fichier config : " .. (err or
"inconnue")
    end

    -- Exécuter la fonction compilée dans un pcall pour attraper les erreurs
d'exécution
    local ok, resultat = pcall(chunk)
    if not ok then
        return nil, "Échec de l'exécution du fichier config : " .. resultat
    end

    -- Le fichier doit retourner la table de configuration
    if type(resultat) ~= "table" then
        return nil, "Le fichier de configuration n'a pas retourné de table"
    end

    return resultat
end

-- Charger la configuration
local config, err = chargerConfig("config.lua")
if not config then
    print("Erreur chargement config : " .. err)
else
    print("Configuration chargée avec succès")

    -- Accéder aux valeurs de configuration
    print("\nNom application : " .. config.appli.nom)
    print("Hôte base de données : " .. config.bdd.hote)
    print("Port serveur : " .. config.serveur.port)
    print("Niveau journalisation : " .. config.journal.niveau)

    -- Modifier et sauvegarder la configuration (besoin d'une fonction de
sérialisation)
    config.appli.debogage = false
    config.serveur.port = 9000

    -- Fonction simple pour sérialiser une table Lua (pour la sauvegarde)
    -- AVERTISSEMENT : Très basique, ne gère pas les cycles, userdata,
fonctions, etc.
    local function tableVersChaine(tbl, indent)
        indent = indent or 0
        local indentStr = string.rep("  ", indent)
        local lignes = {}

        table.insert(lignes, indentStr .. "{")
```

```lua
        for k, v in pairs(tbl) do
            local cleStr
            if type(k) == "string" and k:match("^[a-zA-Z_][a-zA-Z0-9_]*$") then
                cleStr = k -- Identifiant valide
            else
                cleStr = "[" .. tableVersChaine({k}) .. "]" -- Sérialiser la clé
si complexe
                cleStr = cleStr:gsub("^{", ""):gsub("}$", "") -- Enlever les
accolades ajoutées
            end

            local valeurStr
            if type(v) == "string" then
                valeurStr = string.format("%q", v) -- Utilise %q pour quoter
correctement
            elseif type(v) == "table" then
                valeurStr = tableVersChaine(v, indent + 1)
            else
                valeurStr = tostring(v)
            end

            table.insert(lignes, indentStr .. "  " .. cleStr .. " = " ..
valeurStr .. ",")
        end

        table.insert(lignes, indentStr .. "}")
        return table.concat(lignes, "\n")
    end

    local contenuNouvelleConfig = "return " .. tableVersChaine(config)

    local okEcriture, errEcriture = ecritureSecurisee("config_modifiee.lua",
contenuNouvelleConfig)
    if okEcriture then
        print("\nConfiguration modifiée sauvegardée dans config_modifiee.lua")
    else
        print("\nErreur sauvegarde config modifiée:", errEcriture)
    end

end

-- Nettoyer
os.remove("config.lua")
os.remove("config_modifiee.lua")
```

Sortie :

```
Configuration chargée avec succès

Nom application : Mon Application
Hôte base de données : localhost
Port serveur : 8080
Niveau journalisation : info

Configuration modifiée sauvegardée dans config_modifiee.lua
```

Utiliser des fichiers Lua comme configuration présente plusieurs avantages :

1. La configuration peut inclure des commentaires et des structures de données complexes (tables).
2. La configuration peut inclure de la logique et des valeurs calculées (par ex., utiliser os.getenv).
3. Vous pouvez valider la configuration lors de son chargement.
4. C'est un format familier pour les développeurs Lua.

Résumé du Chapitre

Dans ce chapitre, nous avons exploré en profondeur les capacités d'E/S de fichiers de Lua. Nous avons couvert les bases de l'ouverture, la lecture, l'écriture et la fermeture de fichiers, ainsi que des sujets plus avancés comme le positionnement dans les fichiers, les fichiers binaires et la gestion des erreurs.

Nous avons également examiné des modèles et techniques pratiques pour travailler avec des fichiers, y compris des stratégies d'écriture sécurisée, le traitement de gros fichiers par morceaux, et le travail avec des formats de fichiers courants comme le CSV. De plus, nous avons vu comment utiliser les fichiers Lua eux-mêmes comme fichiers de configuration flexibles.

Les E/S fichiers sont une capacité fondamentale pour de nombreuses applications, permettant aux programmes de persister les données, de communiquer avec d'autres systèmes et de traiter des informations provenant de diverses sources. Avec les techniques abordées dans ce chapitre, vous devriez être bien équipé pour gérer un large éventail de tâches liées aux fichiers dans vos applications Lua.

Dans le chapitre suivant, nous explorerons la gestion des erreurs et le débogage en Lua, qui sont des compétences cruciales pour développer des applications robustes et maintenables. Nous apprendrons comment anticiper et gérer les erreurs avec élégance, et comment déboguer les problèmes lorsqu'ils surviennent.

Chapitre 11 : Gestion des Erreurs et Débogage

Comprendre les Erreurs en Lua

Les erreurs font inévitablement partie de la programmation, et les gérer avec élégance est une compétence cruciale. En Lua, les erreurs peuvent survenir pour diverses raisons : syntaxe invalide, tentative d'utilisation de valeurs `nil`, division par zéro, problèmes d'E/S de fichiers, et bien d'autres cas.

Lorsqu'une erreur se produit pendant l'exécution, Lua arrête généralement le programme et affiche un message d'erreur. Cependant, Lua fournit également des mécanismes pour attraper et gérer les erreurs, permettant à vos programmes de récupérer des problèmes plutôt que de simplement planter.

Dans ce chapitre, nous explorerons le fonctionnement des erreurs en Lua, comment les gérer efficacement et comment déboguer vos programmes lorsque des erreurs se produisent.

Types d'Erreurs

En Lua, les erreurs se répartissent généralement en trois catégories :

Erreurs de Syntaxe

Les erreurs de syntaxe se produisent lorsque le code n'est pas conforme aux règles grammaticales de Lua. Celles-ci sont détectées lorsque Lua essaie d'analyser votre code :

```
-- Erreur de syntaxe : mot-clé 'then' manquant
if x > 10
    print("x est supérieur à 10")
```

```
end
```

Message d'erreur :

```
stdin:2: 'then' expected near 'print'
```

Les erreurs de syntaxe doivent être corrigées avant que votre programme puisse s'exécuter.

Erreurs d'Exécution (Runtime Errors)

Les erreurs d'exécution se produisent pendant l'exécution du programme. Exemples courants :

```
-- Tentative d'effectuer une opération arithmétique sur une valeur nil
local x
print(x + 1)
```

Message d'erreur :

```
stdin:2: attempt to perform arithmetic on a nil value (local 'x')

-- Tentative d'indexer une valeur qui n'est pas une table
local chaine = "bonjour"
print(chaine.longueur)  -- Les chaînes n'ont pas de champ 'longueur'
```

Message d'erreur :

```
stdin:2: attempt to index a string value (field 'longueur')

-- Division par zéro
local resultat = 10 / 0
```

Message d'erreur :

```
stdin:1: attempt to divide by zero

-- Tentative d'appeler une valeur qui n'est pas une fonction
local pasUneFonction = 42
pasUneFonction()
```

Message d'erreur :

```
stdin:2: attempt to call a number value
```

Erreurs Définies par l'Utilisateur

Vous pouvez également générer vos propres erreurs en utilisant la fonction error :

```
function diviser(a, b)
    if b == 0 then
        error("La division par zéro n'est pas autorisée")
    end
    return a / b
end

print(diviser(10, 0))
```

Message d'erreur :

```
stdin:3: La division par zéro n'est pas autorisée
stack traceback:
    stdin:3: in function 'diviser'
    stdin:7: in main chunk
    [C]: in ?
```

Gestion des Erreurs de Base

Lua fournit la fonction pcall (protected call - appel protégé) pour exécuter du code dans un environnement protégé, attrapant toute erreur qui pourrait survenir :

```
-- Gestion d'erreur de base avec pcall
local succes, resultat = pcall(function()
    return 10 / 0  -- Ceci provoquera une erreur
end)

if succes then
    print("L'opération a réussi. Résultat :", resultat)
else
    print("L'opération a échoué. Erreur :", resultat)
end

-- Un autre exemple avec pcall
succes, resultat = pcall(function()
```

```
    return 10 / 2  -- Ceci réussira
end)

if succes then
    print("L'opération a réussi. Résultat :", resultat)
else
    print("L'opération a échoué. Erreur :", resultat)
end
```

Sortie :

```
L'opération a échoué. Erreur : stdin:2: attempt to divide by zero
L'opération a réussi. Résultat : 5.0
```

La fonction pcall prend une fonction comme argument et retourne deux valeurs :

1. Un booléen indiquant le succès (true) ou l'échec (false)
2. Soit la valeur de retour de la fonction (en cas de succès), soit le message d'erreur (en cas d'échec)

Gestion Avancée des Erreurs avec xpcall

Pour plus de contrôle sur la gestion des erreurs, Lua fournit xpcall, qui vous permet de spécifier une fonction de gestionnaire d'erreurs :

```
-- Fonction gestionnaire d'erreurs pour xpcall
local function gestionnaireErreur(err)
    print("Une erreur s'est produite : " .. tostring(err)) -- Utiliser tostring
car err peut ne pas être une chaîne
    print("Trace de la pile :")
    print(debug.traceback("  ", 2))  -- Obtenir la trace, sauter cette fonction
et xpcall
    return "Erreur gérée : " .. tostring(err) -- Retourner un message
personnalisé
end

-- Utilisation de xpcall avec un gestionnaire d'erreurs
local succes, resultat = xpcall(function()
    error("Quelque chose s'est mal passé !")
end, gestionnaireErreur)

print("Succès :", succes)
print("Résultat :", resultat)
```

```
-- Autre exemple avec un calcul qui fonctionne
succes, resultat = xpcall(function()
    return 10 * 5
end, gestionnaireErreur)

print("Succès :", succes)
print("Résultat :", resultat)
```

Sortie :

```
Une erreur s'est produite : Quelque chose s'est mal passé !
Trace de la pile :
  stack traceback:
    stdin:2: in function <stdin:1>
    [C]: in function 'xpcall'
    stdin:9: in main chunk
    [C]: in ?
Succès : false
Résultat : Erreur gérée : Quelque chose s'est mal passé !
Succès : true
Résultat : 50
```

La fonction gestionnaire d'erreurs reçoit le message d'erreur (ou l'objet erreur) comme argument et peut effectuer des opérations supplémentaires comme la journalisation ou le nettoyage avant de retourner une valeur qui devient le second résultat de xpcall.

Créer et Lever des Erreurs

Vous pouvez générer vos propres erreurs en utilisant la fonction error :

```
-- Générer une erreur avec un message
function validerAge(age)
    if type(age) ~= "number" then
        -- Le 2 indique le niveau de la pile où l'erreur doit être signalée (la
fonction appelante)
        error("L'âge doit être un nombre", 2)
    end

    if age < 0 or age > 150 then
        error("L'âge doit être compris entre 0 et 150", 2)
    end

    return true
```

```
end

-- Tester la fonction avec pcall
local function testerValidation(age)
    local succes, resultat = pcall(validerAge, age) -- Passer les arguments à
pcall

    if succes then
        print("Âge " .. age .. " est valide")
    else
        print("Validation échouée : " .. resultat)
    end
end

testerValidation(25)
testerValidation("pas un nombre")
testerValidation(-5)
testerValidation(200)
```

Sortie :

```
Âge 25 est valide
Validation échouée : stdin:3: L'âge doit être un nombre
Validation échouée : stdin:7: L'âge doit être compris entre 0 et 150
Validation échouée : stdin:7: L'âge doit être compris entre 0 et 150
```

Le deuxième argument de error spécifie le niveau auquel rapporter l'erreur. Cela affecte quelle fonction est montrée comme la source de l'erreur dans le message d'erreur et la trace de pile.

Modèles de Gestion des Erreurs

Explorons quelques modèles courants pour la gestion des erreurs en Lua.

Valeurs de Retour pour le Rapport d'Erreurs

Un modèle courant dans les bibliothèques Lua est de retourner nil plus un message d'erreur en cas d'échec :

```
-- Fonction qui retourne nil plus message d'erreur en cas d'échec
function diviser(a, b)
    if type(a) ~= "number" or type(b) ~= "number" then
        return nil, "Les deux arguments doivent être des nombres"
    end
```

```lua
    if b == 0 then
        return nil, "Division par zéro"
    end

    return a / b, nil -- Succès : retourner le résultat et nil pour l'erreur
end

-- Utilisation de la fonction
local resultat, err = diviser(10, 2)
if resultat then
    print("Résultat : " .. resultat)
else
    print("Erreur : " .. err)
end

resultat, err = diviser(10, 0)
if resultat then
    print("Résultat : " .. resultat)
else
    print("Erreur : " .. err)
end

resultat, err = diviser("10", 2)
if resultat then
    print("Résultat : " .. resultat)
else
    print("Erreur : " .. err)
end
```

Sortie :

```
Résultat : 5.0
Erreur : Division par zéro
Erreur : Les deux arguments doivent être des nombres
```

Ce modèle est largement utilisé dans les bibliothèques intégrées de Lua, en particulier pour les opérations d'E/S.

Objets Erreur

Pour une gestion des erreurs plus structurée, vous pouvez créer des objets erreur :

```lua
-- Définir une classe d'erreur
local Erreur = {}
```

```lua
Erreur.__index = Erreur

function Erreur.nouveau(code, message, details)
    local self = setmetatable({}, Erreur)
    self.code = code
    self.message = message
    self.details = details or {}
    self.timestamp = os.time()
    return self
end

function Erreur:__tostring()
    return string.format("Erreur %s : %s", self.code, self.message)
end

-- Fonction qui génère des objets erreur
function obtenirDonneesUtilisateur(idUtilisateur)
    if type(idUtilisateur) ~= "number" then
        local err = Erreur.nouveau("TYPE_INVALIDE", "L'ID utilisateur doit être
un nombre", {
            typeFourni = type(idUtilisateur),
            nomParam = "idUtilisateur"
        })
        return nil, err
    end

    if idUtilisateur <= 0 then
        local err = Erreur.nouveau("PLAGE_INVALIDE", "L'ID utilisateur doit être
positif", {
            valeurFournie = idUtilisateur,
            nomParam = "idUtilisateur"
        })
        return nil, err
    end

    -- Simuler une recherche en base de données
    if idUtilisateur > 1000 then
        local err = Erreur.nouveau("NON_TROUVE", "Utilisateur non trouvé", {
            idUtilisateur = idUtilisateur
        })
        return nil, err
    end

    -- Cas de succès
    return {
        id = idUtilisateur,
        nom = "Utilisateur " .. idUtilisateur,
```

```lua
        email = "utilisateur" .. idUtilisateur .. "@example.com"
    }, nil -- Retourne utilisateur, nil pour l'erreur
end

-- Tester la fonction
function traiterUtilisateur(idUtilisateur)
    local utilisateur, err = obtenirDonneesUtilisateur(idUtilisateur)
    if not utilisateur then
        print("Échec de l'obtention de l'utilisateur : " .. tostring(err))

        -- Gestion différente selon le code d'erreur
        if err.code == "NON_TROUVE" then
            print("L'utilisateur n'existe pas. Création d'un nouvel
utilisateur...")
        elseif err.code == "TYPE_INVALIDE" then
            print("Veuillez fournir un numéro d'ID utilisateur valide")
        elseif err.code == "PLAGE_INVALIDE" then
            print("L'ID utilisateur doit être supérieur à 0")
        end

        return false
    end

    print("Données utilisateur obtenues :")
    print("  ID : " .. utilisateur.id)
    print("  Nom : " .. utilisateur.nom)
    print("  Email : " .. utilisateur.email)
    return true
end

-- Essayer avec différents ID utilisateur
print("Test 1 :")
traiterUtilisateur(42)

print("\nTest 2 :")
traiterUtilisateur("abc")

print("\nTest 3 :")
traiterUtilisateur(-5)

print("\nTest 4 :")
traiterUtilisateur(9999)
```

Sortie :

```
Test 1 :
```

```
Données utilisateur obtenues :
  ID : 42
  Nom : Utilisateur 42
  Email : utilisateur42@example.com

Test 2 :
Échec de l'obtention de l'utilisateur : Erreur TYPE_INVALIDE : L'ID utilisateur
doit être un nombre
Veuillez fournir un numéro d'ID utilisateur valide

Test 3 :
Échec de l'obtention de l'utilisateur : Erreur PLAGE_INVALIDE : L'ID utilisateur
doit être positif
L'ID utilisateur doit être supérieur à 0

Test 4 :
Échec de l'obtention de l'utilisateur : Erreur NON_TROUVE : Utilisateur non
trouvé
L'utilisateur n'existe pas. Création d'un nouvel utilisateur...
```

Ce modèle fournit des informations d'erreur plus riches et permet une gestion des erreurs plus sophistiquée basée sur les types d'erreurs.

Assertions

Lua fournit la fonction `assert`, qui lève une erreur si son premier argument s'évalue à faux (`false` ou `nil`) :

```
-- Utilisation d'assert pour la validation des paramètres
function calculerAire(longueur, largeur)
    assert(type(longueur) == "number", "La longueur doit être un nombre")
    assert(type(largeur) == "number", "La largeur doit être un nombre")
    assert(longueur > 0, "La longueur doit être positive")
    assert(largeur > 0, "La largeur doit être positive")

    return longueur * largeur
end

-- Tester avec pcall
local function testerCalcul(longueur, largeur)
    local succes, resultat = pcall(calculerAire, longueur, largeur) -- Passer
les arguments à pcall

    if succes then
        print("Aire : " .. resultat)
    else
```

```
        print("Calcul échoué : " .. resultat)
    end
end

testerCalcul(5, 10)
testerCalcul("5", 10)
testerCalcul(5, -10)
```

Sortie :

```
Aire : 50
Calcul échoué : stdin:2: La longueur doit être un nombre
Calcul échoué : stdin:4: La largeur doit être positive
```

La fonction assert est un moyen pratique de vérifier les conditions et de lever auto-matiquement une erreur avec un message significatif lorsqu'elles échouent. Elle retourne également sa première valeur si elle est vraie, ce qui permet des idiomes comme local val = assert(monModule.obtenirValeur(), "Impossible d'obtenir la valeur").

Combiner pcall avec les Valeurs de Retour

Vous pouvez combiner pcall avec le modèle de valeur de retour pour une gestion des erreurs plus robuste :

```
-- Fonction qui utilise à la fois pcall et les valeurs de retour
function traiterFichierSecurise(nomFichier)
    -- Vérifier si le fichier existe en essayant de l'ouvrir
    local fichier, errOuverture = io.open(nomFichier, "r")
    if not fichier then
        return nil, "Erreur accès fichier : " .. (errOuverture or "inconnue")
    end
    -- Fermer immédiatement si on voulait juste vérifier l'existence
    fichier:close()

    -- Traiter le fichier (en utilisant pcall pour la lecture et le traitement)
    local succes, resultatOuErreur = pcall(function()
        local f = io.open(nomFichier, "r")
        if not f then error("Impossible de rouvrir le fichier") end -- Ne
devrait pas arriver ici

        local contenu = f:read("*all")
        f:close()
```

```lua
        -- Traitement du contenu (pourrait potentiellement échouer)
        if #contenu == 0 then
            error("Le fichier est vide")
        end


        -- Compter lignes et mots
        local lignes = 0
        local mots = 0


        for _ in contenu:gmatch("\n") do
            lignes = lignes + 1
        end
        -- Ajouter 1 pour la dernière ligne si le fichier n'est pas vide
        if #contenu > 0 then lignes = lignes + 1 end


        for _ in contenu:gmatch("%S+") do -- Compte les séquences non-espaces
            mots = mots + 1
        end


        return {
            taille = #contenu,
            lignes = lignes,
            mots = mots
        }
    end)

    if not succes then
        return nil, "Erreur traitement : " .. resultatOuErreur
    end

    return resultatOuErreur, nil -- Succès: retourne le résultat, nil pour
l'erreur
end

-- Créer un fichier de test
local function creerFichierTest(nomFichier, contenu)
    local fichier = io.open(nomFichier, "w")
    if fichier then
        fichier:write(contenu)
        fichier:close()
        return true
    end
    return false
end

-- Tester avec différents scénarios
local fichierTest = "fichier_test.txt"
```

```lua
local contenuTest = "Ceci est un fichier test.\nIl a plusieurs lignes.\nUtilisé
pour tester notre gestion d'erreur."

-- Créer le fichier de test
if creerFichierTest(fichierTest, contenuTest) then
    print("Fichier de test créé")

    -- Tester avec le fichier existant
    local resultat, err = traiterFichierSecurise(fichierTest)
    if resultat then
        print("Fichier traité avec succès :")
        print("  Taille : " .. resultat.taille .. " octets")
        print("  Lignes : " .. resultat.lignes)
        print("  Mots : " .. resultat.mots)
    else
        print("Erreur : " .. err)
    end

    -- Tester avec un fichier inexistant
    resultat, err = traiterFichierSecurise("inexistant.txt")
    if resultat then
        print("Fichier traité avec succès")
    else
        print("Erreur : " .. err)
    end

    -- Tester avec un fichier vide
    creerFichierTest("vide.txt", "")
    resultat, err = traiterFichierSecurise("vide.txt")
    if resultat then
        print("Fichier traité avec succès")
    else
        print("Erreur : " .. err)
    end

    -- Nettoyer
    os.remove(fichierTest)
    os.remove("vide.txt")
else
    print("Échec de la création du fichier de test")
end
```

Sortie :

```
Fichier de test créé
Fichier traité avec succès :
```

```
   Taille : 93 octets
   Lignes : 3
   Mots : 17
Erreur : Erreur accès fichier : No such file or directory
Erreur : Erreur traitement : Le fichier est vide
```

Ce modèle combine la sécurité de `pcall` avec la lisibilité du modèle de valeur de retour, le rendant adapté aux opérations complexes avec plusieurs points de défaillance potentiels.

Débogage en Lua

Même avec une bonne gestion des erreurs, des bugs peuvent toujours survenir. Lua fournit plusieurs techniques pour déboguer votre code.

Débogage de Base avec des Instructions Print

La technique de débogage la plus simple consiste à ajouter des instructions `print` à votre code :

```
-- Débogage avec des instructions print
function factorielle(n)
    print("factorielle appelée avec n =", n)

    if n <= 1 then
        print("cas de base : retourne 1")
        return 1
    else
        print("calcul de factorielle pour n - 1 =", n - 1)
        local sousResultat = factorielle(n - 1)
        print("obtenu sousResultat =", sousResultat)

        local resultat = n * sousResultat
        print("retourne resultat =", resultat)
        return resultat
    end
end

print("Démarrage calcul factorielle")
local resultat = factorielle(5)
print("Résultat final :", resultat)
```

Sortie :

```
Démarrage calcul factorielle
factorielle appelée avec n = 5
calcul de factorielle pour n - 1 = 4
factorielle appelée avec n = 4
calcul de factorielle pour n - 1 = 3
factorielle appelée avec n = 3
calcul de factorielle pour n - 1 = 2
factorielle appelée avec n = 2
calcul de factorielle pour n - 1 = 1
factorielle appelée avec n = 1
cas de base : retourne 1
obtenu sousResultat = 1
retourne resultat = 2
obtenu sousResultat = 2
retourne resultat = 6
obtenu sousResultat = 6
retourne resultat = 24
obtenu sousResultat = 24
retourne resultat = 120
Résultat final : 120
```

Bien que simples, les instructions `print` peuvent être très efficaces pour suivre le flux de votre programme et les valeurs des variables à différents points.

La Bibliothèque Debug

Lua fournit une bibliothèque `debug` avec des outils de débogage plus sophistiqués :

```
-- Utilisation de la bibliothèque debug
function fonctionExemple(a, b)
    local c = a + b
    local d = a * b

    -- Obtenir des informations sur la fonction actuelle (niveau 1)
    local info = debug.getinfo(1, "nSl") -- n: nom, S: source, l: ligne actuelle
    print("Nom fonction :", info.name or "inconnu")
    print("Source :", info.source)
    print("Ligne actuelle :", info.currentline)

    -- Obtenir les variables locales (niveau 1)
    print("Variables locales :")
    local i = 1
    while true do
        local nom, valeur = debug.getlocal(1, i)
        if not nom then break end
        -- Ne pas afficher les variables internes commençant par '('
```

```
        if not nom:match("^%(") then
            print("  " .. nom .. " = " .. tostring(valeur))
        end
        i = i + 1
    end

    return c + d
end

local resultat = fonctionExemple(5, 10)
print("Résultat :", resultat)

-- Obtenir la pile d'appels
print("\nPile d'appels :")
print(debug.traceback())
```

Sortie :

```
Nom fonction : fonctionExemple
Source : stdin
Ligne actuelle : 8
Variables locales :
  a = 5
  b = 10
  c = 15
  d = 50
  info = table: 0x... -- L'adresse variera
Résultat : 65

Pile d'appels :
stack traceback:
    stdin:25: in main chunk
    [C]: in ?
```

La bibliothèque debug fournit des fonctions pour inspecter les piles d'appels, les variables locales, les informations sur les fonctions, etc. C'est un outil puissant pour déboguer des problèmes complexes.

Débogage Interactif

Pour un débogage plus interactif, vous pouvez créer une simple boucle REPL (Read-Eval-Print Loop) :

```
-- Débogueur interactif simple (REPL)
```

```lua
function debug_repl(niveau_appellant)
    niveau_appellant = niveau_appellant or 2 -- Niveau de la fonction appelante

    -- Fonction utilitaire pour afficher les tables
    local function afficherTable(t, indent, dejaVus)
        indent = indent or 0
        dejaVus = dejaVus or {}
        if dejaVus[t] then print(string.rep(" ", indent) .. "{référence
circulaire}"); return end
        dejaVus[t] = true

        local indentStr = string.rep(" ", indent)
        print(indentStr .. "{")
        for k, v in pairs(t) do
            local cleStr = type(k) == "string" and string.format("%q", k) or
tostring(k)
            io.write(indentStr .. "  [" .. cleStr .. "] = ")
            if type(v) == "table" and indent < 2 then -- Limiter la profondeur
d'affichage
                afficherTable(v, indent + 1, dejaVus)
            else
                print(tostring(v))
            end
        end
        print(indentStr .. "}")
        dejaVus[t] = false -- Permettre de re-afficher si vue par un autre
chemin
    end

    -- Obtenir l'environnement local de l'appelant
    local envLocales = {}
    local i = 1
    while true do
        local nom, valeur = debug.getlocal(niveau_appellant, i)
        if not nom then break end
        if not nom:match("^%(") then envLocales[nom] = valeur end
        i = i + 1
    end

    -- Utiliser un environnement combiné (locales + globales) pour l'évaluation
    local envEval = {}
    setmetatable(envEval, {__index = function(t, k) return envLocales[k] or
_G[k] end})

    print("--- Entrée dans le REPL de débogage ---")
    print("Tapez 'locales' pour voir les variables locales, 'quitter' pour
sortir.")
```

```lua
    while true do
        io.write("debug> ")
        local ligne = io.read()

        if ligne == "quitter" then
            break
        elseif ligne == "locales" then
            print("Variables locales :")
            afficherTable(envLocales)
        else
            -- Essayer d'évaluer l'expression
            local chunk, err = load("return " .. ligne, "debug_repl", "t",
envEval)
            if not chunk then
                -- Si 'return' échoue, essayer comme une instruction
                chunk, err = load(ligne, "debug_repl", "t", envEval)
            end

            if not chunk then
                print("Erreur de syntaxe : " .. err)
            else
                local ok, ret = pcall(chunk)
                if ok then
                    if ret ~= nil then
                        if type(ret) == "table" then
                            print("Résultat (table) :")
                            afficherTable(ret)
                        else
                            print("Résultat :", ret)
                        end
                    end
                else
                    print("Erreur d'exécution : " .. ret)
                end
            end
        end
    end

    print("--- Sortie du REPL de débogage ---")
end

-- Exemple d'utilisation dans une fonction
function traiterDonnees(donnees)
    local resultat = {}

    for i, valeur in ipairs(donnees) do
```

```lua
        local temp = valeur / i -- Calcul intermédiaire
        if i == 3 then
            print("Pause au i = 3 pour débogage")
            debug_repl() -- Appelle le REPL, qui examinera cette portée
        end

        resultat[i] = temp * 2
    end

    return resultat
end

-- Tester la fonction
local donnees = {10, 20, 30, 40, 50}
local donneesTraitees = traiterDonnees(donnees)
print("Données traitées :")
for i, valeur in ipairs(donneesTraitees) do
    print(i, valeur)
end
```

Cette REPL simple vous permet d'inspecter les variables locales et d'exécuter du code arbitraire pendant l'exécution du programme. Dans une session interactive (si vous exécutez ce code dans un terminal), vous pourriez examiner les variables (`locales`), évaluer des expressions (`i + valeur`), appeler des fonctions, etc., pour comprendre ce qui se passe.

Points d'Arrêt Conditionnels

Vous pouvez implémenter des points d'arrêt conditionnels en combinant le débogage avec des instructions conditionnelles :

```lua
-- Fonction avec un point d'arrêt conditionnel
function traiterElements(elements, seuil)
    local resultats = {}

    for i, element in ipairs(elements) do
        local valeur = element.valeur

        -- Point d'arrêt conditionnel (activé si DEBUG_APP=1 par exemple)
        if valeur > seuil and os.getenv("DEBUG_APP") == "1" then
            print("Point d'arrêt atteint pour l'élément " .. i)
            print("Valeur élément " .. valeur .. " dépasse le seuil " .. seuil)

            -- Vous pourriez appeler debug_repl() ici, ou juste afficher des
infos
```

```lua
        print("Détails élément :")
        for k, v in pairs(element) do
            print("  " .. k .. " : " .. tostring(v))
        end

        io.write("Appuyez sur Entrée pour continuer...")
        io.read()
    end

    resultats[i] = valeur * 2
    end

    return resultats
end

-- Données de test
local elements = {
    {nom = "Elem 1", valeur = 10},
    {nom = "Elem 2", valeur = 20},
    {nom = "Elem 3", valeur = 30},
    {nom = "Elem 4", valeur = 40},
    {nom = "Elem 5", valeur = 50}
}

-- Traiter les éléments avec un seuil
-- Pour tester le point d'arrêt, exécutez : DEBUG_APP=1 lua votre_script.lua
(sous Linux/macOS)
-- ou : set DEBUG_APP=1 & lua votre_script.lua (sous Windows)
print("Traitement des éléments...")
local resultats = traiterElements(elements, 25)
print("Résultats :", table.concat(resultats, ", "))
```

Dans cet exemple, le point d'arrêt ne se déclenche que si la variable d'environnement DEBUG_APP est définie sur "1". Cela vous permet de laisser le code de débogage en place mais de ne l'activer qu'en cas de besoin.

Journalisation (Logging)

Pour les applications à exécution longue, la journalisation est souvent plus pratique que le débogage interactif :

```lua
-- Système de journalisation simple
local Journal = {}

-- Niveaux de journalisation
```

```lua
Journal.NIVEAUX = {
    DEBUG = 1,
    INFO = 2,
    WARN = 3,
    ERROR = 4,
    FATAL = 5
}

-- Configuration
Journal.config = {
    niveau = Journal.NIVEAUX.INFO,  -- Niveau par défaut
    utiliserFichier = false,
    cheminFichier = "app.log",
    afficherHorodatage = true
}

-- Configurer le journaliseur
function Journal.configurer(config)
    for cle, valeur in pairs(config) do
        Journal.config[cle] = valeur
    end
end

-- Écrire un message de journal
function Journal.log(niveau, message, ...)
    if niveau < Journal.config.niveau then
        return -- Ignorer les messages en dessous du niveau configuré
    end

    -- Obtenir le nom du niveau
    local nomNiveau = "INCONNU"
    for nom, valeur in pairs(Journal.NIVEAUX) do
        if valeur == niveau then
            nomNiveau = nom
            break
        end
    end

    -- Formater le message avec des arguments optionnels
    if select("#", ...) > 0 then
        -- Utiliser pcall au cas où le formatage échouerait
        local ok, msgFormatte = pcall(string.format, message, ...)
        if ok then message = msgFormatte else message = message .. " [Erreur
formatage]" end
    end

    -- Ajouter l'horodatage si configuré
```

```lua
    local horodatage = ""
    if Journal.config.afficherHorodatage then
        horodatage = os.date("%Y-%m-%d %H:%M:%S") .. " "
    end

    -- Formater la ligne de journal complète
    local ligneJournal = string.format("%s[%s] %s", horodatage, nomNiveau,
message)

    -- Écrire sur la console
    print(ligneJournal)

    -- Écrire dans le fichier si configuré
    if Journal.config.utiliserFichier then
        local fichier, err = io.open(Journal.config.cheminFichier, "a")
        if fichier then
            fichier:write(ligneJournal .. "\n")
            fichier:close()
        else
            print("Erreur écriture journal fichier: " .. (err or "inconnue"))
        end
    end
end

-- Méthodes pratiques pour chaque niveau de journal
function Journal.debug(message, ...) Journal.log(Journal.NIVEAUX.DEBUG, message,
...) end
function Journal.info(message, ...)  Journal.log(Journal.NIVEAUX.INFO,
message, ...) end
function Journal.warn(message, ...)  Journal.log(Journal.NIVEAUX.WARN,
message, ...) end
function Journal.error(message, ...) Journal.log(Journal.NIVEAUX.ERROR, message,
...) end
function Journal.fatal(message, ...) Journal.log(Journal.NIVEAUX.FATAL, message,
...) end

-- Tester le journaliseur
Journal.configurer({
    niveau = Journal.NIVEAUX.DEBUG,
    utiliserFichier = true,
    cheminFichier = "debug.log"
})

Journal.debug("Ceci est un message de débogage")
Journal.info("Traitement élément %d : %s", 42, "Élément Exemple")
Journal.warn("Avertissement : limite de ressource proche (%d%%)", 85)
Journal.error("Échec de connexion à %s : %s", "bdd", "délai connexion dépassé")
```

```
Journal.fatal("Erreur critique : %s", "mémoire insuffisante")

-- Nettoyer le fichier journal créé
os.remove("debug.log")
```

Sortie (les horodatages varieront) :

```
2023-01-27 12:30:00 [DEBUG] Ceci est un message de débogage
2023-01-27 12:30:00 [INFO] Traitement élément 42 : Élément Exemple
2023-01-27 12:30:00 [WARN] Avertissement : limite de ressource proche (85%)
2023-01-27 12:30:00 [ERROR] Échec de connexion à bdd : délai connexion dépassé
2023-01-27 12:30:00 [FATAL] Erreur critique : mémoire insuffisante
```

Un système de journalisation vous permet de :

1. Enregistrer des événements à différents niveaux de gravité
2. Contrôler quels messages sont affichés ou enregistrés en fonction de la configuration
3. Inclure des informations contextuelles comme les horodatages
4. Sauvegarder les journaux dans des fichiers pour une analyse ultérieure

Profilage de Performance

Pour identifier les goulots d'étranglement dans votre code, vous pouvez implémenter un profilage simple :

```
-- Utilitaire de profilage simple
local Profileur = {}
Profileur.temps = {} -- Stocker les temps cumulés

function Profileur.demarrer(nom)
    local heureDebut = os.clock()

    -- Retourne une fonction pour arrêter et enregistrer le temps
    return function()
        local heureFin = os.clock()
        local ecoule = heureFin - heureDebut
        Profileur.temps[nom] = (Profileur.temps[nom] or 0) + ecoule
        return ecoule
    end
end

-- Profile une fonction spécifique
```

```lua
function Profileur.profilerFonction(func, nom, ...)
    nom = nom or "fonction"
    local heureDebut = os.clock()
    local resultats = {pcall(func, ...)} -- Utiliser pcall pour la robustesse
    local heureFin = os.clock()
    local ecoule = heureFin - heureDebut

    Profileur.temps[nom] = (Profileur.temps[nom] or 0) + ecoule

    -- Gérer le retour de pcall
    if resultats[1] then -- Si succès
        return table.unpack(resultats, 2) -- Retourner les vrais résultats
    else
        error("Erreur pendant le profilage de '" .. nom .. "': " ..
tostring(resultats[2]))
    end
end


-- Afficher les temps cumulés
function Profileur.afficherResultats()
    print("\n--- Résultats du Profilage ---")
    local clesTriees = {}
    for k in pairs(Profileur.temps) do table.insert(clesTriees, k) end
    table.sort(clesTriees)

    for _, nom in ipairs(clesTriees) do
        print(string.format("%-30s: %.6f secondes", nom, Profileur.temps[nom]))
    end
    print("----------------------------")
end



-- Fonctions d'exemple à profiler
function fibonacci(n)
    if n <= 1 then return n end
    return fibonacci(n-1) + fibonacci(n-2)
end

function factorielle(n)
    if n <= 1 then return 1 end
    return n * factorielle(n-1)
end

-- Profiler en utilisant la fonction stop
print("Utilisation démarrer/arrêter :")
local stop = Profileur.demarrer("fibonacci(30)")
fibonacci(30)
```

```
local tempsFib = stop()
print(" Temps fibonacci(30) individuel: " .. tempsFib)


-- Profiler en utilisant profilerFonction
print("\nUtilisation profilerFonction :")
local resultatFib = Profileur.profilerFonction(fibonacci, "fibonacci(30) [via
profiler]", 30)
print(" Résultat:", resultatFib)

local resultatFact = Profileur.profilerFonction(factorielle, "factorielle(20)",
20)
print(" Résultat:", resultatFact)

-- Exemple plus complexe : Comparer deux implémentations
function sommeLente(n)
    local somme = 0
    for i = 1, n do somme = somme + i end
    return somme
end

function sommeRapide(n)
    return n * (n + 1) / 2
end

print("\nComparaison d'implémentations :")
local n = 1000000

local resultatLent = Profileur.profilerFonction(sommeLente, "sommeLente(" ..
n .. ")", n)
print(" Résultat:", resultatLent)

local resultatRapide = Profileur.profilerFonction(sommeRapide, "sommeRapide(" ..
n .. ")", n)
print(" Résultat:", resultatRapide)

-- Afficher tous les résultats cumulés
Profileur.afficherResultats()
```

Sortie (les temps varieront considérablement) :

```
Utilisation démarrer/arrêter :
 Temps fibonacci(30) individuel: 0.365871

Utilisation profilerFonction :
 Résultat: 832040
```

```
Résultat: 2.4329020081766e+18

Comparaison d'implémentations :
 Résultat: 500000500000.0
 Résultat: 500000500000.0


--- Résultats du Profilage ---
factorielle(20)             : 0.000005 secondes
fibonacci(30)               : 0.365871 secondes
fibonacci(30) [via profiler] : 0.365112 secondes
sommeLente(1000000)         : 0.071224 secondes
sommeRapide(1000000)        : 0.000001 secondes
---------------------------
```

Le profilage vous aide à identifier quelles parties de votre code prennent le plus de temps, vous permettant de concentrer les efforts d'optimisation là où ils auront le plus grand impact.

Tests Unitaires

Écrire des tests pour votre code peut aider à attraper les erreurs tôt :

```
-- Framework de test unitaire simple
local LanceurTests = {}
LanceurTests.stats = { passes = 0, echecs = 0 }

-- Fonctions d'assertion
function LanceurTests.assertionEgale(attendu, actuel, message)
    if attendu ~= actuel then
        error(string.format("%s : attendu [%s], obtenu [%s]",
                            message or "Assertion échouée",
                            tostring(attendu),
                            tostring(actuel)))
    end
end

function LanceurTests.assertionDifferente(attendu, actuel, message)
    if attendu == actuel then
        error(string.format("%s : attendu valeur différente de [%s]",
                            message or "Assertion échouée",
                            tostring(attendu)))
    end
end

function LanceurTests.assertionVraie(valeur, message)
```

```lua
        if not valeur then
            error(message or "Valeur vraie attendue")
        end
    end

    function LanceurTests.assertionFausse(valeur, message)
        if valeur then
            error(message or "Valeur fausse attendue")
        end
    end

    -- Exécute une fonction de test
    function LanceurTests.lancerTest(nom, fonctionTest)
        io.write(nom .. " ... ")
        -- Utiliser xpcall pour attraper les erreurs d'assertion
        local ok, err = xpcall(fonctionTest, function(erreurMsg)
            -- Formater l'erreur pour inclure la trace
            return erreurMsg .. "\n" .. debug.traceback("", 3)
        end)

        if ok then
            print("OK")
            LanceurTests.stats.passes = LanceurTests.stats.passes + 1
            return true
        else
            print("ÉCHEC")
            print("  " .. err)
            LanceurTests.stats.echecs = LanceurTests.stats.echecs + 1
            return false
        end
    end

    -- Exécute une suite de tests (fonctions dans une table)
    function LanceurTests.lancerSuite(tests)
        print("Lancement suite de tests :")
        LanceurTests.stats = { passes = 0, echecs = 0 } -- Réinitialiser stats

        -- Trier les noms de tests pour un ordre cohérent
        local nomsTests = {}
        for nom in pairs(tests) do table.insert(nomsTests, nom) end
        table.sort(nomsTests)

        for _, nom in ipairs(nomsTests) do
            LanceurTests.lancerTest(nom, tests[nom])
        end

        print(string.format("\nRésultats tests : %d passés, %d échoués",
```

```lua
                        LanceurTests.stats.passes, LanceurTests.stats.echecs))
    return LanceurTests.stats.echecs == 0 -- Retourne true si tous les tests
passent
end


-- Code d'exemple à tester
local Calculatrice = {}

function Calculatrice.additionner(a, b) return a + b end
function Calculatrice.soustraire(a, b) return a - b end
function Calculatrice.multiplier(a, b) return a * b end
function Calculatrice.diviser(a, b)
    if b == 0 then error("Division par zéro") end
    return a / b
end


-- Suite de tests pour Calculatrice
local testsCalculatrice = {
    testAddition = function()
        LanceurTests.assertionEgale(5, Calculatrice.additionner(2, 3), "2 + 3")
        LanceurTests.assertionEgale(0, Calculatrice.additionner(-2, 2), "-2 +
2")
    end,

    testSoustraction = function()
        LanceurTests.assertionEgale(5, Calculatrice.soustraire(10, 5), "10 - 5")
        LanceurTests.assertionEgale(-15, Calculatrice.soustraire(5, 20), "5 -
20")
    end,

    testMultiplication = function()
        LanceurTests.assertionEgale(15, Calculatrice.multiplier(3, 5), "3 * 5")
        LanceurTests.assertionEgale(0, Calculatrice.multiplier(0, 5), "0 * 5")
    end,

    testDivision = function()
        LanceurTests.assertionEgale(2, Calculatrice.diviser(10, 5), "10 / 5")

        -- Tester l'erreur de division par zéro
        local ok = pcall(Calculatrice.diviser, 10, 0)
        LanceurTests.assertionFausse(ok, "Division par zéro devrait lever une
erreur")
    end,

    testEchecExemple = function()
        -- Test qui va échouer pour démonstration
```

```
        -- LanceurTests.assertionEgale(10, Calculatrice.additionner(2, 2), "Test
d'échec")
    end
}

-- Lancer la suite de tests
LanceurTests.lancerSuite(testsCalculatrice)
```

Sortie :

```
Lancement suite de tests :
testAddition ... OK
testDivision ... OK
testEchecExemple ... OK
testMultiplication ... OK
testSoustraction ... OK

Résultats tests : 5 passés, 0 échoués
```

(Note: `testEchecExemple` *a été commenté pour que la sortie montre 0 échecs)*

Les tests unitaires vous aident à :

1. Vérifier que votre code fonctionne comme prévu
2. Attraper les régressions lorsque vous effectuez des modifications
3. Documenter le comportement attendu de votre code
4. Développer avec plus de confiance

Bonnes Pratiques pour la Gestion des Erreurs et le Débogage

Voici quelques bonnes pratiques pour la gestion des erreurs et le débogage en Lua :

1. **Soyez spécifique sur les erreurs** : Utilisez des messages d'erreur clairs et descriptifs qui indiquent ce qui s'est mal passé et pourquoi.
2. **Utilisez les mécanismes d'erreur appropriés** : Choisissez entre `error`, les valeurs de retour et les objets erreur en fonction du contexte. `error` pour les erreurs fatales/inattendues, valeurs de retour pour les échecs attendus.
3. **Gérez les erreurs au bon niveau** : Attrapez les erreurs là où vous pouvez y répondre de manière significative (par exemple, réessayer, logger, informer l'utilisateur).

4. **Utilisez un modèle de gestion d'erreur cohérent** : Choisissez un modèle (par ex., retourner `nil`, `message_erreur`) et utilisez-le de manière cohérente dans votre base de code.

5. **Validez les entrées tôt** : Vérifiez les paramètres des fonctions au début des fonctions pour attraper les entrées invalides rapidement (`assert` est utile ici).

6. **Journalisez les erreurs et le contexte** : Incluez des informations pertinentes lors de la journalisation des erreurs pour aider au débogage.

7. **Nettoyez les ressources** : Assurez-vous que les ressources comme les fichiers et les connexions réseau sont fermées, même lorsque des erreurs se produisent.

8. **N'ignorez pas les erreurs** : Vérifiez toujours les valeurs de retour qui pourraient indiquer des erreurs (`io.open`, `pcall`, etc.).

9. **Écrivez des tests unitaires** : Testez à la fois les cas de succès et les cas d'erreur.

10. **Utilisez les outils de débogage de manière appropriée** : Choisissez entre les instructions print, la journalisation et le débogage interactif en fonction de la situation.

Résumé du Chapitre

Dans ce chapitre, nous avons exploré la gestion des erreurs et le débogage en Lua. Nous avons appris les différents types d'erreurs, comment les attraper et les gérer avec élégance en utilisant `pcall` et `xpcall`, et comment générer nos propres erreurs avec la fonction `error`.

Nous avons examiné divers modèles de gestion des erreurs, y compris le retour de `nil` plus un message d'erreur, l'utilisation d'objets erreur et le travail avec des assertions. Nous avons également exploré des techniques de débogage allant des simples instructions print aux outils plus sophistiqués fournis par la bibliothèque `debug`.

Pour les applications plus complexes, nous avons examiné la journalisation, le profilage et les tests unitaires, qui sont des outils essentiels pour développer du code robuste et maintenable.

La gestion des erreurs et le débogage sont des compétences cruciales pour tout programmeur. En anticipant et en gérant les erreurs avec élégance, et en disposant de techniques efficaces pour déboguer lorsque des problèmes surviennent, vous pouvez écrire des applications Lua plus fiables et conviviales.

Dans le chapitre suivant, nous allons plonger dans la manipulation de chaînes, en explorant la bibliothèque de chaînes de Lua et en apprenant à travailler efficacement avec du texte.

Chapitre 12 : Travailler avec les Chaînes

Introduction aux Chaînes en Lua

Les chaînes sont l'un des types de données les plus courants en programmation, utilisées pour représenter du texte et d'autres séquences de caractères. En Lua, les chaînes sont des séquences immuables d'octets, représentant généralement des caractères en utilisant l'encodage ASCII ou UTF-8.

Travailler avec des chaînes est essentiel pour de nombreuses tâches, de la simple manipulation de texte à l'analyse de formats complexes. Dans ce chapitre, nous explorerons la bibliothèque de chaînes de Lua et apprendrons des techniques pour une manipulation efficace des chaînes.

Bases des Chaînes

Commençons par les fondamentaux du travail avec les chaînes en Lua.

Créer des Chaînes

Il existe plusieurs façons de créer des chaînes en Lua :

```
-- Littéraux de chaîne avec apostrophes simples
local nom = 'Jean Dupont'

-- Littéraux de chaîne avec guillemets doubles
local salutation = "Bonjour, le monde !"

-- Chaînes longues avec doubles crochets carrés
local paragraphe = [[
Ceci est une longue chaîne
qui s'étend sur plusieurs lignes.
```

```
Pas besoin de séquences d'échappement ou de concaténation.
]]

-- Chaînes longues avec délimiteurs personnalisés
local code = [=[
function exemple()
    -- Cette chaîne peut contenir [[ sans fermer la chaîne
    local imbriquee = [[Chaîne imbriquée]]
    return imbriquee
end
]=]

-- Afficher toutes les chaînes
print("Apostrophes simples :", nom)
print("Guillemets doubles :", salutation)
print("Chaîne longue :\n" .. paragraphe)
print("Chaîne délimitée personnalisée :\n" .. code)
```

Sortie :

```
Apostrophes simples : Jean Dupont
Guillemets doubles : Bonjour, le monde !
Chaîne longue :

Ceci est une longue chaîne
qui s'étend sur plusieurs lignes.
Pas besoin de séquences d'échappement ou de concaténation.

Chaîne délimitée personnalisée :

function exemple()
    -- Cette chaîne peut contenir [[ sans fermer la chaîne
    local imbriquee = [[Chaîne imbriquée]]
    return imbriquee
end
```

Concaténation de Chaînes

Lua fournit l'opérateur .. pour la concaténation de chaînes :

```
-- Concaténation de base
local debut = "Bonjour"
local fin = "Monde"
local message = debut .. ", " .. fin .. " !"
print(message)
```

```
-- Concaténation avec différents types (conversion automatique)
local compte = 5
local texte = "J'ai " .. compte .. " pommes."
print(texte)

-- Construire des chaînes incrémentiellement (peut être inefficace)
local resultat = ""
for i = 1, 5 do
    resultat = resultat .. i .. " "
end
print("Nombres :", resultat)

-- Construction de chaîne efficace avec table.concat
local parties = {}
for i = 1, 5 do
    parties[i] = i -- Insère le nombre (sera converti par concat)
end
local joint = table.concat(parties, ", ")
print("Joints :", joint)
```

Sortie :

```
Bonjour, Monde !
J'ai 5 pommes.
Nombres : 1 2 3 4 5
Joints : 1, 2, 3, 4, 5
```

Utiliser l'opérateur .. pour construire des chaînes dans une boucle peut être inefficace en raison de la création de nombreuses chaînes intermédiaires. Pour de meilleures performances, utilisez `table.concat` comme démontré dans le dernier exemple.

Longueur de Chaîne

L'opérateur # retourne la longueur d'une chaîne (en octets) :

```
-- Obtenir la longueur de la chaîne
local texte = "Bonjour, le monde !"
print("Longueur :", #texte)  -- 19

-- Longueur d'une chaîne vide
local vide = ""
print("Longueur chaîne vide :", #vide)  -- 0

-- Longueur d'une chaîne avec caractères spéciaux (UTF-8)
```

```
local special = "Résumé"
print("Longueur caractères spéciaux (octets) :", #special)  -- 7 octets (R=1,
é=2, s=1, u=1, m=1, é=1 => 7)
```

Sortie :

```
Longueur : 19
Longueur chaîne vide : 0
Longueur caractères spéciaux (octets) : 7
```

Notez que # retourne le nombre d'octets dans la chaîne, pas le nombre de caractères. Pour les chaînes avec des caractères multi-octets (comme les caractères Unicode non-ASCII), cela pourrait ne pas être ce que vous attendez.

Accéder aux Caractères Individuels

Les chaînes Lua sont immuables, mais vous pouvez accéder aux caractères individuels (ou plutôt aux octets ou sous-chaînes) en utilisant la fonction string.sub :

```
-- Obtenir un seul caractère (sous-chaîne de longueur 1)
local texte = "Salut"
local premierChar = string.sub(texte, 1, 1)
local dernierChar = string.sub(texte, #texte, #texte) -- ou string.sub(texte, -
1)

print("Premier caractère :", premierChar)
print("Dernier caractère :", dernierChar)

-- Conversion en valeurs d'octet
local valeurOctet = string.byte(texte, 1) -- Prend le 1er octet
print("Valeur ASCII/octet du premier caractère :", valeurOctet) -- 83 pour 'S'

-- Conversion depuis des valeurs d'octet
local chaineDepuisOctets = string.char(65, 66, 67) -- ASCII A, B, C
print("Chaîne depuis octets 65, 66, 67 :", chaineDepuisOctets)
```

Sortie :

```
Premier caractère : S
Dernier caractère : t
Valeur ASCII/octet du premier caractère : 83
Chaîne depuis octets 65, 66, 67 : ABC
```

Fonctions de la Bibliothèque String

Lua fournit une bibliothèque string complète pour la manipulation de texte.

Opérations de Base sur les Chaînes

```lua
-- Opérations de base de la bibliothèque string
local texte = "Bonjour, le monde !"

-- Conversion de casse
print("Majuscules :", string.upper(texte))
print("Minuscules :", string.lower(texte))

-- Inverser une chaîne
print("Inversée :", string.reverse(texte))

-- Répéter une chaîne
print("Répétée :", string.rep("abc", 3))
print("Répétée avec séparateur :", string.rep("abc", 3, "-"))

-- Obtenir une sous-chaîne
print("Sous-chaîne (3 à 8) :", string.sub(texte, 3, 8))
print("Sous-chaîne (8 à la fin) :", string.sub(texte, 8))
print("Sous-chaîne (sauf premier et dernier) :", string.sub(texte, 2, -2))

-- Formatage
print("Formaté :", string.format("Nom : %s, Âge : %d", "Alice", 30))
```

Sortie :

```
Majuscules : BONJOUR, LE MONDE !
Minuscules : bonjour, le monde !
Inversée : ! ednom el ,ruojnoB
Répétée : abcabcabc
Répétée avec séparateur : abc-abc-abc
Sous-chaîne (3 à 8) : njour,
Sous-chaîne (8 à la fin) :  le monde !
Sous-chaîne (sauf premier et dernier) : onjour, le monde
Formaté : Nom : Alice, Âge : 30
```

Recherche de Chaînes et Correspondance de Motifs

Lua fournit de puissantes capacités de correspondance de motifs (pattern matching) via les fonctions string.find, string.match, string.gmatch et string.gsub :

```
-- Recherche de chaînes
local texte = "Le rapide renard brun saute par-dessus le chien paresseux"

-- Trouver une sous-chaîne (retourne les positions de début et de fin)
local debut, fin = string.find(texte, "renard")
print("'renard' trouvé aux positions", debut, "à", fin)

-- Recherche de texte brut (pas de correspondance de motif)
debut, fin = string.find(texte, "rapide.renard", 1, true) -- true désactive les
motifs
print("Résultat recherche brute :", debut)  -- nil, car "rapide.renard" n'est
pas dans le texte

-- Correspondance de motif
-- Capturer les deux mots avant 'brun'
local mot1, mot2 = string.match(texte, "(%a+)%s+(%a+)%s+brun")
print("Mots avant 'brun' :", mot1, mot2)

-- Trouver tous les mots
print("\nTous les mots :")
for mot in string.gmatch(texte, "%a+") do
    print(mot)
end

-- Remplacer des motifs (mettre en majuscule la première lettre de chaque mot)
local remplace = string.gsub(texte, "(%a)(%a*)", function(premier, reste)
    return string.upper(premier) .. reste
end)
print("\nMots en majuscule :", remplace)

-- Compter les occurrences et remplacer
local nouveauTexte, compteur = string.gsub(texte, "le", "LE", 2) -- Remplace max
2 fois
print("\nRemplacé", compteur, "occurrences :", nouveauTexte)
```

Sortie :

```
'renard' trouvé aux positions 11 à 16
Résultat recherche brute : nil
Mots avant 'brun' : rapide      Le

Tous les mots :
Le
rapide
renard
brun
```

```
saute
par
dessus
le
chien
paresseux

Mots en majuscule : Le Rapide Renard Brun Saute Par-Dessus Le Chien Paresseux

Remplacé 2 occurrences : Le rapide renard brun saute par-dessus LE chien
paresseux
```

Motifs de Chaîne Lua

Lua n'utilise pas les expressions régulières standard (regex) ; il possède sa propre syntaxe de motifs (patterns) :

```lua
-- Exemples de motifs de chaîne Lua
local texte = "Le prix est 15.99€, réduit depuis 24.50€."

-- Trouver des nombres (entiers ou décimaux)
print("Nombres :")
for nombre in string.gmatch(texte, "%d+%.?%d*") do
    print(nombre)
end

-- Trouver les montants en euros
print("\nMontants en euros :")
for montant in string.gmatch(texte, "%d+%.%d+€") do
    print(montant)
end

-- Classes de caractères
local exemples = {
    ["Chiffres (%d)"] = "Année : 2023",
    ["Espaces (%s)"] = "Bonjour Monde",
    ["Lettres (%a)"] = "ABC123def",
    ["Alphanumériques (%w)"] = "Utilisateur_123",
    ["Hexadécimaux (%x)"] = "0xA1B2C3",
    ["Contrôle (%c)"] = "Ligne1\nLigne2",
    ["Ponctuation (%p)"] = "Bonjour, monde !",
    ["Imprimables sauf espace (%g)"] = "TexteVisible"
}

print("\nExemples de correspondance de motifs :")
for motifDesc, exemple in pairs(exemples) do
```

```lua
    local motif = motifDesc:match("%((%%.)%)") -- Extrait le motif ex: %d
    io.write(motifDesc .. ": ")
    for correspondance in string.gmatch(exemple, motif) do
        io.write("'" .. correspondance .. "' ")
    end
    print()
end

-- Modificateurs de motifs
print("\nModificateurs de motifs :")
local texteModif = "aaabbbcccc"
print("Original :", texteModif)
print("Un ou plusieurs 'a' (%a+) :", string.match(texteModif, "a+"))
print("Zéro ou plusieurs 'b' (%b*) :", string.match(texteModif, "b*"))
print("Zéro ou un 'x' (%x?) :", string.match(texteModif, "x?") or "'!'") -- x?
n'existe pas, donc nil
print("Exactement 3 'c' (%c%c%c) :", string.match(texteModif, "ccc"))
print("Groupes de capture :", string.match(texteModif, "(a+)(b+)(c+)")) --
Retourne les 3 captures
```

Sortie :

```
Nombres :
15.99
24.50


Montants en euros :
15.99€
24.50€


Exemples de correspondance de motifs :
Chiffres (%d): '2' '0' '2' '3'
Espaces (%s): ' '
Lettres (%a): 'A' 'n' 'n' 'e' 'A' 'B' 'C' 'd' 'e' 'f'
Alphanumériques (%w): 'A' 'n' 'n' 'e' '2' '0' '2' '3'
Hexadécimaux (%x): '0' 'x' 'A' '1' 'B' '2' 'C' '3'
Contrôle (%c): '
'
Ponctuation (%p): ':' ',' '!'
Imprimables sauf espace (%g): 'A' 'n' 'n' ':' '2' '0' '2' '3'


Modificateurs de motifs :
Original : aaabbbcccc
Un ou plusieurs 'a' (%a+) : aaa
Zéro ou plusieurs 'b' (%b*) :
Zéro ou un 'x' (%x?) : ''
```

```
Exactement 3 'c' (%c%c%c) : ccc
Groupes de capture : aaa        bbb        ccc
```

Voici une référence rapide pour les caractères de motifs Lua :

Caractère	Signification
.	N'importe quel caractère
%a	Lettres (A-Z, a-z)
%c	Caractères de contrôle
%d	Chiffres (0-9)
%g	Caractères imprimables sauf espace
%l	Lettres minuscules (a-z)
%p	Caractères de ponctuation
%s	Caractères d'espacement
%u	Lettres majuscules (A-Z)
%w	Caractères alphanumériques
%x	Chiffres hexadécimaux
%z	Le caractère nul (octet 0)
%	Échappe un caractère spécial (%., %+, %*, etc.)

Les classes majuscules (%A, %C, %D, etc.) représentent le complément de leur classe minuscule correspondante. Les modificateurs comme * (0 ou plus), + (1 ou plus), - (0 ou plus, le plus court), ? (0 ou 1) suivent un caractère ou une classe. () crée des groupes de capture.

Formatage de Chaînes

La fonction string.format de Lua fournit des capacités de formatage de type C :

```
-- Exemples de formatage de chaînes
local nom = "Alice"
local age = 30
local taille = 1.75 -- Taille en mètres
local elements = {"pomme", "banane", "cerise"}

-- Formatage de base
print(string.format("Nom : %s", nom))
print(string.format("Âge : %d", age))
print(string.format("Taille : %.2f m", taille)) -- Afficher avec 2 décimales

-- Largeur et alignement
```

```lua
print(string.format("Aligné à droite : '%10s'", nom))
print(string.format("Aligné à gauche : '%-10s'", nom))
print(string.format("Rempli de zéros : %05d", age))

-- Arguments multiples
print(string.format("%s a %d ans et mesure %.2f mètres.", nom, age, taille))

-- Options de formatage pour les nombres
print("\nFormatage des nombres :")
print(string.format("Décimal : %d", 42))
print(string.format("Flottant : %f", 42.5))
print(string.format("Scientifique : %e", 1234567.89))
print(string.format("Compact : %g", 1234567.89))
print(string.format("Hexadécimal : %x", 255)) -- minuscule ff
print(string.format("Hexadécimal Maj : %X", 255)) -- majuscule FF
print(string.format("Octal : %o", 64))

-- Contrôle de la précision
print("\nContrôle de la précision :")
print(string.format("Deux décimales : %.2f", math.pi))
print(string.format("Quatre décimales : %.4f", math.pi))
print(string.format("Quatre chiffres significatifs : %.4g", 12345.6789))

-- Caractères spéciaux
print("\nÉchapper le caractère % : Utiliser %% pour afficher un signe
pourcentage")
print(string.format("Taux : %.1f%%", 7.5)) -- Affiche 7.5%
```

Sortie :

```
Nom : Alice
Âge : 30
Taille : 1.75 m
Aligné à droite : '     Alice'
Aligné à gauche : 'Alice     '
Rempli de zéros : 00030
Alice a 30 ans et mesure 1.75 mètres.

Formatage des nombres :
Décimal : 42
Flottant : 42.500000
Scientifique : 1.234568e+06
Compact : 1.23457e+06
Hexadécimal : ff
Hexadécimal Maj : FF
Octal : 100
```

```
Contrôle de la précision :
Deux décimales : 3.14
Quatre décimales : 3.1416
Quatre chiffres significatifs : 1.235e+04

Échapper le caractère % : Utiliser %% pour afficher un signe pourcentage
Taux : 7.5%
```

Spécificateurs de Format

Voici une référence pour les spécificateurs de format courants :

Spécificateur	Description
%s	Chaîne
%d ou %i	Entier signé
%u	Entier non signé
%f	Flottant (notation décimale)
%e, %E	Flottant (notation scientifique)
%g, %G	Flottant (format compact - %e ou %f)
%x, %X	Entier hexadécimal
%o	Entier octal
%c	Caractère (via son code numérique)
%q	Chaîne quotée de manière sûre pour Lua
%%	Signe pourcentage littéral

Vous pouvez ajouter des modificateurs entre % et la lettre : largeur, indicateurs (-, +, , 0), précision (.).

Fonctions Utilitaires pour les Chaînes

Implémentons quelques fonctions utilitaires courantes pour les chaînes :

```
-- Fonctions utilitaires pour les chaînes
local UtilsChaine = {}

-- Supprimer les espaces au début et à la fin d'une chaîne
function UtilsChaine.nettoyer(s)
    return s:match("^%s*(.-)%s*$")
end

-- Diviser une chaîne par un délimiteur (motif Lua)
```

```lua
function UtilsChaine.diviser(s, delimiteur)
    delimiteur = delimiteur or "%s+" -- Par défaut : un ou plusieurs espaces
    local resultat = {}
    local debut = 1
    while true do
        local pos = string.find(s, delimiteur, debut, true) -- Recherche brute
        if not pos then
            table.insert(resultat, s:sub(debut)) -- Ajouter le reste
            break
        end
        table.insert(resultat, s:sub(debut, pos - 1))
        debut = pos + #delimiteur
    end
    return resultat
end

-- Joindre un tableau de chaînes avec un délimiteur
function UtilsChaine.joindre(tab, delimiteur)
    return table.concat(tab, delimiteur or "")
end

-- Vérifier si une chaîne commence par un préfixe
function UtilsChaine.commencePar(s, prefixe)
    return s:sub(1, #prefixe) == prefixe
end

-- Vérifier si une chaîne se termine par un suffixe
function UtilsChaine.terminePar(s, suffixe)
    return suffixe == "" or s:sub(-#suffixe) == suffixe
end

-- Convertir une chaîne en casse Titre (Majuscule à chaque mot)
function UtilsChaine.casseTitre(s)
    return s:gsub("(%a)([%w_']*)", function(premier, reste)
        return premier:upper() .. reste:lower()
    end)
end

-- Compléter une chaîne à une longueur spécifique avec un caractère
function UtilsChaine.completer(s, longueur, caractere, droite)
    caractere = (caractere or " "):sub(1,1) -- S'assurer que c'est un seul
caractère
    local longueurCompl = longueur - #s

    if longueurCompl <= 0 then return s end

    local complement = string.rep(caractere, longueurCompl)
```

```
    if droite then
        return s .. complement -- Compléter à droite
    else
        return complement .. s -- Compléter à gauche
    end
end

-- Tester les fonctions utilitaires
print("Nettoyer : '" .. UtilsChaine.nettoyer("  Bonjour, le monde !  ") .. "'")

local parties = UtilsChaine.diviser("pomme,banane,cerise", ",")
print("Diviser : ", table.concat(parties, " | "))

print("Joindre : ", UtilsChaine.joindre({"Bonjour", "le", "monde"}, ", "))

print("Commence par 'Bon' :", UtilsChaine.commencePar("Bonjour", "Bon"))
print("Commence par 'Mal' :", UtilsChaine.commencePar("Bonjour", "Mal"))

print("Termine par 'jour' :", UtilsChaine.terminePar("Bonjour", "jour"))
print("Termine par 'nuit' :", UtilsChaine.terminePar("Bonjour", "nuit"))

print("Casse Titre :", UtilsChaine.casseTitre("bonjour LE MONDE depuis LUA"))

print("Compléter à gauche :", UtilsChaine.completer("42", 5, "0"))
print("Compléter à droite :", UtilsChaine.completer("Salut", 10, "_", true))
```

Sortie :

```
Nettoyer : 'Bonjour, le monde !'
Diviser : pomme | banane | cerise
Joindre : Bonjour, le, monde
Commence par 'Bon' : true
Commence par 'Mal' : false
Termine par 'jour' : true
Termine par 'nuit' : false
Casse Titre : Bonjour Le Monde Depuis Lua
Compléter à gauche : 00042
Compléter à droite : Salut_____
```

Travailler avec Unicode et UTF-8

Les chaînes Lua sont des séquences d'octets, ce qui fonctionne bien pour l'ASCII, mais nécessite une gestion spéciale pour les caractères Unicode (encodés généralement en UTF-8) :

```lua
-- Travailler avec du texte UTF-8
local texte = "Bonjour, 世界! ¿Comment ça va?"

-- Obtenir la longueur en octets
print("Longueur en octets :", #texte) -- Le nombre d'octets, pas de caractères

-- Compter les caractères (compatible UTF-8)
local function longueurUtf8(s)
    -- Compter les caractères en excluant les octets de continuation (10xxxxxx)
    local _, compteur = s:gsub("[\128-\191]", "") -- Remplace les octets de
continuation par rien
    return compteur
end
print("Nombre de caractères (méthode gsub) :", longueurUtf8(texte))

-- Sous-chaîne compatible UTF-8 (simple, pour démonstration)
local function sousChaineUtf8(s, debutChar, finChar)
    -- Convertir les indices de caractères en indices d'octets
    local debutOctet = utf8 and utf8.offset(s, debutChar) or debutChar --
Utilise utf8 si disponible
    local finOctetRelatif = finChar - debutChar + 1
    local finOctet = utf8 and utf8.offset(s, debutChar + finOctetRelatif) or
(debutOctet + finOctetRelatif -1)

    -- Gérer le cas où utf8.offset n'est pas disponible ou finChar va au-delà
    if not finOctet then
        finOctet = #s + 1 -- Pour extraire jusqu'à la fin
    end

    return string.sub(s, debutOctet, finOctet - 1)
end

print("5 premiers caractères :", sousChaineUtf8(texte, 1, 5)) -- Bonjour
print("Caractères 10-11 :", sousChaineUtf8(texte, 10, 11)) -- 世界

-- Itérer sur les caractères UTF-8
local function iterateurCharsUtf8(s)
    local i = 1
    return function()
        local debut = i
        local code = string.byte(s, i)
        if not code then return nil end -- Fin de chaîne
        -- Déterminer la largeur du caractère UTF-8
        if code < 0x80 then i = i + 1 -- 1 octet
        elseif code < 0xE0 then i = i + 2 -- 2 octets
        elseif code < 0xF0 then i = i + 3 -- 3 octets
        else i = i + 4 -- 4 octets
```

```
        end
        return string.sub(s, debut, i - 1)
    end
end

print("\nCaractères un par un :")
for char in iterateurCharsUtf8(texte) do
    io.write(char .. " ")
end
print()
```

Sortie :

```
Longueur en octets : 34
Nombre de caractères (méthode gsub) : 26
5 premiers caractères : Bonjour
Caractères 10-11 : 世界

Caractères un par un :
B o n j o u r ,  世 界 !  ¿ C o m m e n t  ç a  v a ?
```

Pour une gestion sérieuse d'Unicode, envisagez d'utiliser une bibliothèque UTF-8 dédiée si vous n'utilisez pas Lua 5.3+, car nos implémentations de base ne gèrent pas tous les cas limites. Lua 5.3+ inclut une bibliothèque utf8 intégrée :

```
-- Utilisation de la bibliothèque utf8 intégrée de Lua 5.3+
if utf8 then
    local texte = "Bonjour, 世界! ¿Comment ça va?"

    print("\nFonctions bibliothèque utf8 (Lua 5.3+) :")
    print("Nombre caractères (utf8.len) :", utf8.len(texte))

    -- Obtenir le point de code à la position caractère 10 (premier caractère
chinois)
    local posOctet = utf8.offset(texte, 10) -- Position en octet du 10ème
caractère
    local pointCode = utf8.codepoint(texte, posOctet)
    print("Point de code de '世' :", pointCode, string.format("(U+%04X)",
pointCode))

    -- Itérer sur la chaîne avec les points de code
    print("\nUtilisation utf8.codes :")
    for pos, code in utf8.codes(texte) do
        local char = utf8.char(code)
```

```lua
        -- Afficher seulement les premiers pour la concision
        if pos < 20 then
            io.write(string.format("[%d]=%d(%s) ", pos, code, char))
        elseif pos == 20 then
            io.write("...")
        end
    end
    print()
else
    print("\nBibliothèque utf8 non disponible (nécessite Lua 5.3+)")
end
```

Sortie (si vous utilisez Lua 5.3 ou ultérieur) :

```
Fonctions bibliothèque utf8 (Lua 5.3+) :
Nombre caractères (utf8.len) : 26
Point de code de '世' : 19990 (U+4E16)

Utilisation utf8.codes :
[1]=66(B) [2]=111(o) [3]=110(n) [4]=106(j) [5]=111(o) [6]=117(u) [7]=114(r)
[8]=44(,) [9]=32( ) [10]=19990(世) [13]=30028(界) [16]=33(!) [17]=32( )
[18]=191(¿) [19]=67(C) ...
```

Interpolation de Chaînes

Lua n'a pas d'interpolation de chaînes intégrée (comme ${variable} dans d'autres langages), mais nous pouvons l'implémenter :

```lua
-- Interpolation de chaîne simple
function interpoler(modele, donnees)
    -- Remplace ${cle} par donnees[cle]
    return modele:gsub("%${([%w_]+)}", function(cle)
        return tostring(donnees[cle] or "") -- Retourne chaîne vide si clé non
trouvée
    end)
end

-- Tester l'interpolation de chaîne
local modele = "Bonjour, ${nom}! Vous avez ${age} ans."
local donnees = {nom = "Alice", age = 30}
print(interpoler(modele, donnees))

-- Exemple plus complexe (note : accès imbriqué non géré par cette fonction
simple)
```

```lua
local modeleCommande = [[
Commande #${id}
Date : ${date}
Client : ${nomClient}
Total : ${total} €
]]

local commande = {
    id = "CMD-12345",
    date = "2023-01-27",
    nomClient = "Bob Martin", -- Doit correspondre à la clé dans le modèle
    total = 51.47
}

print(interpoler(modeleCommande, commande))
```

Sortie :

```
Bonjour, Alice! Vous avez 30 ans.
Commande #CMD-12345
Date : 2023-01-27
Client : Bob Martin
Total : 51.47 €
```

(Note : L'exemple original accédait à `customer.name` *et* `total.toFixed`*, ce qui n'est pas géré par la fonction* `interpoler` *simple. J'ai adapté l'exemple.)*

Constructeurs de Chaînes pour une Concaténation Efficace

Pour construire de grandes chaînes, il est plus efficace d'utiliser une approche basée sur les tables que des concaténations répétées :

```lua
-- Classe Constructeur de Chaîne
local ConstructeurChaine = {}
ConstructeurChaine.__index = ConstructeurChaine

function ConstructeurChaine.nouveau()
    local self = setmetatable({}, ConstructeurChaine)
    self.parties = {} -- Stocke les morceaux de chaîne
    return self
end
```

```lua
function ConstructeurChaine:ajouter(s)
    table.insert(self.parties, tostring(s))
    return self -- Pour le chaînage
end

function ConstructeurChaine:ajouterLigne(s)
    if s then table.insert(self.parties, tostring(s)) end
    table.insert(self.parties, "\n")
    return self
end

function ConstructeurChaine:versChaine()
    return table.concat(self.parties) -- Concatène tout à la fin
end

function ConstructeurChaine:effacer()
    self.parties = {}
    return self
end

-- Tester le constructeur de chaîne
local cc = ConstructeurChaine.nouveau()

-- Comparer la performance du constructeur de chaîne vs concaténation
local function testerPerformance(n)
    print(string.format("\nConstruction de chaîne avec %d lignes :", n))

    -- Utilisation du constructeur de chaîne
    local debut = os.clock()
    local constructeur = ConstructeurChaine.nouveau()
    for i = 1, n do constructeur:ajouter("Ligne " .. i .. ": Du texte. ") end
    local resultat1 = constructeur:versChaine()
    local tempsConstructeur = os.clock() - debut
    print(string.format("  ConstructeurChaine : %.6f secondes",
tempsConstructeur))

    -- Utilisation de la concaténation
    debut = os.clock()
    local concatenee = ""
    for i = 1, n do concatenee = concatenee .. "Ligne " .. i .. ": Du texte. "
end
    local tempsConcat = os.clock() - debut
    print(string.format("  Concaténation (..) : %.6f secondes", tempsConcat))

    if tempsConstructeur > 0 then
        print(string.format("  Constructeur est ~%.1fx plus rapide", tempsConcat
/ tempsConstructeur))
```

```
      end

      -- Vérifier que les résultats correspondent
      print("  Les résultats correspondent :", #resultat1 == #concatenee)
end

-- Tester avec différentes tailles
testerPerformance(100)
testerPerformance(1000)
testerPerformance(10000)

-- Exemple d'utilisation
cc:effacer()
   :ajouter("Bonjour")
   :ajouter(", ")
   :ajouter("Monde")
   :ajouterLigne(" !")
   :ajouterLigne("Ceci est un exemple de ConstructeurChaine.")
   :ajouterLigne("C'est plus efficace pour construire de grandes chaînes.")

print("\nRésultat final :")
print(cc:versChaine())
```

Sortie (les temps varieront) :

```
Construction de chaîne avec 100 lignes :
  ConstructeurChaine : 0.000045 secondes
  Concaténation (..) : 0.000060 secondes
  Constructeur est ~1.3x plus rapide
  Les résultats correspondent : true

Construction de chaîne avec 1000 lignes :
  ConstructeurChaine : 0.000250 secondes
  Concaténation (..) : 0.002100 secondes
  Constructeur est ~8.4x plus rapide
  Les résultats correspondent : true

Construction de chaîne avec 10000 lignes :
  ConstructeurChaine : 0.002300 secondes
  Concaténation (..) : 0.195000 secondes
  Constructeur est ~84.8x plus rapide
  Les résultats correspondent : true

Résultat final :
Bonjour, Monde !
Ceci est un exemple de ConstructeurChaine.
```

La différence de performance devient plus significative à mesure que le nombre de concaténations augmente, démontrant pourquoi les constructeurs de chaînes sont importants pour construire de grandes chaînes.

Travailler avec des Formats de Chaînes Courants

Explorons comment travailler avec certains formats de chaînes courants.

Analyse et Génération CSV

```lua
-- Fonctions CSV (version améliorée gérant les quotes)
function analyserCSVSimple(s, separateur, guillemet)
    separateur = separateur or ','
    guillemet = guillemet or '"'

    local lignes = {}
    for ligne in s:gmatch("[^\r\n]+") do
        table.insert(lignes, ligne)
    end

    local resultat = {}

    for _, ligne in ipairs(lignes) do
        local champs = {}
        local champEnCours = ""
        local dansGuillemets = false
        local i = 1
        while i <= #ligne do
            local char = ligne:sub(i, i)
            local charSuivant = ligne:sub(i+1, i+1)

            if char == guillemet then
                if dansGuillemets and charSuivant == guillemet then
                    champEnCours = champEnCours .. guillemet -- Double guillemet
-> un guillemet
                    i = i + 2
                else
                    dansGuillemets = not dansGuillemets
                    i = i + 1
                end
            elseif char == separateur and not dansGuillemets then
                table.insert(champs, champEnCours)
                champEnCours = ""
```

```
                    i = i + 1
            else
                champEnCours = champEnCours .. char
                i = i + 1
            end
        end
        table.insert(champs, champEnCours) -- Ajouter le dernier champ
        table.insert(resultat, champs)
    end

    return resultat
end

function genererCSVSimple(donnees, separateur, guillemet)
    separateur = separateur or ','
    guillemet = guillemet or '"'
    local guillemetDouble = guillemet .. guillemet

    local lignes = {}

    for _, ligneTable in ipairs(donnees) do
        local champs = {}
        for _, champ in ipairs(ligneTable) do
            champ = tostring(champ or "")
            -- Ajouter des guillemets si nécessaire
            if champ:find(separateur) or champ:find(guillemet) or champ:find("[\
r\n]") then
                champ = guillemet .. champ:gsub(guillemet, guillemetDouble) ..
guillemet
            end
            table.insert(champs, champ)
        end
        table.insert(lignes, table.concat(champs, separateur))
    end

    return table.concat(lignes, "\n")
end

-- Tester les fonctions CSV
local donneesCsv = [[
Nom,Age,Ville
"Smith, John",30,"New York"
Alice Brown,25,London
"Robert ""Bob"" Johnson",40,"Paris, France"
]] -- Note: Ajout de ", France" pour tester le séparateur dans un champ quoté

local analyse = analyserCSVSimple(donneesCsv)
```

```
print("Données CSV analysées :")
for i, ligneTab in ipairs(analyse) do
    print(string.format("Ligne %d : %s", i, table.concat(ligneTab, " | ")))
end

-- Modifier les données
table.insert(analyse, {"Carlos Rodriguez", 35, "Madrid"})
analyse[2][2] = 31  -- Mettre à jour l'âge de John

-- Générer CSV
local genere = genererCSVSimple(analyse)
print("\nCSV généré :")
print(genere)
```

Sortie :

```
Données CSV analysées :
Ligne 1 : Nom | Age | Ville
Ligne 2 : Smith, John | 30 | New York
Ligne 3 : Alice Brown | 25 | London
Ligne 4 : Robert "Bob" Johnson | 40 | Paris, France

CSV généré :
Nom,Age,Ville
"Smith, John",31,"New York"
Alice Brown,25,London
"Robert ""Bob"" Johnson",40,"Paris, France"
Carlos Rodriguez,35,Madrid
```

Traitement de Chaîne de type JSON (Sérialisation Simple)

```
-- Sérialisation simple de type JSON (pour démonstration)
-- AVERTISSEMENT : Ne gère pas tous les cas JSON (échappement complexe, nombres
spéciaux, etc.)
-- Utilisez une vraie bibliothèque JSON pour la production.

local serialiserJsonValeur -- Déclaration anticipée pour récursivité

local function echapperChaineJson(s)
    local echappements = {
        ['"'] = '\\"', ['\\'] = '\\\\', ['/'] = '\\/', ['\b'] = '\\b',
        ['\f'] = '\\f', ['\n'] = '\\n', ['\r'] = '\\r', ['\t'] = '\\t'
    }
    -- Gérer aussi les caractères de contrôle < U+0020
```

```lua
    return s:gsub('[\\"%c]', function(c) return echappements[c] or
string.format("\\u%04x", string.byte(c)) end)
end

function serialiserJsonValeur(valeur, indentStr, indent, nl, spc, dejaVus)
    local typeVal = type(valeur)

    if typeVal == "table" then
        if dejaVus[valeur] then error("Référence circulaire détectée") end
        dejaVus[valeur] = true

        local estTableau = true
        local maxIndex = 0
        for k, _ in pairs(valeur) do
            if type(k) ~= "number" or k < 1 or math.floor(k) ~= k then
estTableau = false; break end
            maxIndex = math.max(maxIndex, k)
        end
        if estTableau and #valeur ~= maxIndex then estTableau = false end

        local resultat = ""
        local prochainIndent = indentStr .. string.rep(" ", indent)
        if estTableau then
            resultat = "[" .. nl
            for i = 1, #valeur do
                resultat = resultat .. prochainIndent ..
serialiserJsonValeur(valeur[i], prochainIndent, indent, nl, spc, dejaVus)
                if i < #valeur then resultat = resultat .. "," end
                resultat = resultat .. nl
            end
            resultat = resultat .. indentStr .. "]"
        else -- Objet
            resultat = "{" .. nl
            local premier = true
            for k, v in pairs(valeur) do
                if not premier then resultat = resultat .. "," .. nl else
premier = false end
                local cleStr = type(k)=="string" and
'"'..echapperChaineJson(k)..'"' or '"'..tostring(k)..'"'
                resultat = resultat .. prochainIndent .. cleStr .. ":" .. spc ..
serialiserJsonValeur(v, prochainIndent, indent, nl, spc, dejaVus)
            end
            if not premier then resultat = resultat .. nl end
            resultat = resultat .. indentStr .. "}"
        end
        dejaVus[valeur] = false -- Permettre la réutilisation si pas circulaire
        return resultat
```

```lua
        elseif typeVal == "string" then
            return '"' .. echapperChaineJson(valeur) .. '"'
        elseif typeVal == "number" then
            -- Gérer NaN/Inf ? JSON standard ne les supporte pas.
            if valeur ~= valeur or valeur == math.huge or valeur == -math.huge then
return "null" end
            return tostring(valeur)
        elseif typeVal == "boolean" then
            return tostring(valeur)
        elseif typeVal == "nil" then
            return "null"
        else -- Fonctions, userdata, threads
            return '"' .. tostring(valeur) .. '"' -- Représentation simple
        end
end

function serialiserJson(valeur, joli)
    local indent, nl, spc
    if joli then
        indent = 2; nl = "\n"; spc = " "
    else
        indent = 0; nl = ""; spc = ""
    end
    return serialiserJsonValeur(valeur, "", indent, nl, spc, {})
end

-- Tester la sérialisation JSON
local donnees = {
    nom = "Jean Dupont",
    age = 30,
    estActif = true,
    adresse = {
        rue = "123 Rue Principale",
        ville = "Quelque Part",
        codePostal = "12345"
    },
    numerosTel = {
        "+1-555-123-4567",
        "+1-555-987-6543"
    },
    valeurNulle = nil,
    listeVide = {}
}

print("JSON Compact :")
print(serialiserJson(donnees))
```

```
print("\nJSON Joli :")
print(serialiserJson(donnees, true))
```

Sortie :

```
JSON Compact :
{"numerosTel":["+1-555-123-4567","+1-555-987-
6543"],"valeurNulle":null,"listeVide":[],"nom":"Jean
Dupont","estActif":true,"age":30,"adresse":{"rue":"123 Rue
Principale","ville":"Quelque Part","codePostal":"12345"}}

JSON Joli :
{
  "numerosTel": [
    "+1-555-123-4567",
    "+1-555-987-6543"
  ],
  "valeurNulle": null,
  "listeVide": [
  ],
  "nom": "Jean Dupont",
  "estActif": true,
  "age": 30,
  "adresse": {
    "rue": "123 Rue Principale",
    "ville": "Quelque Part",
    "codePostal": "12345"
  }
}
```

(Note : l'ordre des clés dans les objets JSON n'est pas garanti)

Encodage et Décodage d'URL

```
-- Fonctions d'encodage et décodage d'URL
function urlEncoder(s)
    if s == nil then return "" end
    s = tostring(s)
    -- Convertir les sauts de ligne en CRLF (convention URL) n'est généralement
pas nécessaire ici
    -- Échapper les caractères non sûrs
    s = s:gsub("([^%w%.%-%_%~])", function(c) -- Conserve alphanum et '.', '-',
'_', '~'
        return string.format("%%%02X", string.byte(c))
    end)
```

```lua
        -- Convertir espace en '+' (convention form-urlencoded)
        s = s:gsub(" ", "+")
        return s
    end

    function urlDecoder(s)
        if s == nil then return "" end
        s = tostring(s)
        -- Convertir '+' en espace
        s = s:gsub("+", " ")
        -- Décoder les séquences %XX
        s = s:gsub("%%(%x%x)", function(hex)
            return string.char(tonumber(hex, 16))
        end)
        return s
    end


    -- Analyser une chaîne de requête (query string)
    function analyserChaineRequete(s)
        local resultat = {}
        s = s:match("^%??(.*)") -- Enlever le '?' initial optionnel
        for paire in s:gmatch("[^&]+") do
            local cle, valeur = paire:match("([^=]*)=?(.*)") -- Gère les clés sans
    valeur
            if cle then -- Ignorer les paires vides ou mal formées
                cle = urlDecoder(cle)
                valeur = urlDecoder(valeur or "") -- Assurer que valeur est une
    chaîne
                -- Gestion simple des clés multiples (la dernière écrase les
    précédentes)
                -- Pour gérer plusieurs valeurs pour une clé, il faudrait une table
    ici.
                resultat[cle] = valeur
            end
        end
        return resultat
    end


    -- Construire une chaîne de requête
    function construireChaineRequete(parametres)
        local parties = {}
        -- Trier les clés pour un ordre déterministe (optionnel)
        local cles = {}
        for k in pairs(parametres) do table.insert(cles, k) end
        table.sort(cles)

        for _, cle in ipairs(cles) do
```

```lua
        local valeur = parametres[cle]
        -- Gérer les tableaux comme des paramètres multiples (convention
courante)
        if type(valeur) == "table" then
            for _, v in ipairs(valeur) do
                table.insert(parties, urlEncoder(cle) .. "=" .. urlEncoder(v))
            end
        elseif valeur ~= nil then -- Ignorer les valeurs nil
            table.insert(parties, urlEncoder(cle) .. "=" .. urlEncoder(valeur))
        end
    end
    return table.concat(parties, "&")
end

-- Tester l'encodage/décodage d'URL
local original = "Test & démo d'encodage URL : Bonjour le Monde !"
local encode = urlEncoder(original)
local decode = urlDecoder(encode)

print("Original :", original)
print("Encodé URL :", encode)
print("Décodé URL :", decode)

-- Tester les fonctions de chaîne de requête
local chaineRequete = "nom=Jean+Dupont&age=30&ville=New+York&recherche=lua+
%26+programmation&ids=1&ids=2"
local params = analyserChaineRequete(chaineRequete)

print("\nChaîne requête analysée :")
for cle, valeur in pairs(params) do
    print("  " .. cle .. " : " .. valeur)
end

-- Modifier les paramètres
params.age = "31"
params.langage = "Lua"
params.ville = nil -- Supprimer la ville
params.ids = {3, 4, 5} -- Remplacer par un tableau

-- Construire une nouvelle chaîne de requête
local nouvelleChaineRequete = construireChaineRequete(params)
print("\nNouvelle chaîne requête :", nouvelleChaineRequete)
```

Sortie :

```
Original : Test & démo d'encodage URL : Bonjour le Monde !
```

```
Encodé URL : Test+%26+d%C3%A9mo+d%27encodage+URL+%3A+Bonjour+le+Monde+%21
Décodé URL : Test & démo d'encodage URL : Bonjour le Monde !

Chaîne requête analysée :
  recherche : lua & programmation
  nom : Jean Dupont
  age : 30
  ids : 2 -- Note: la version simple n'a gardé que la dernière valeur
  ville : New York

Nouvelle chaîne requête :
age=31&ids=3&ids=4&ids=5&langage=Lua&nom=Jean+Dupont&recherche=lua+
%26+programmation
```

(Note: L'ordre des paramètres dans la nouvelle chaîne peut varier si les clés ne sont pas triées)

Considérations de Performance pour les Opérations sur Chaînes

Les opérations sur chaînes peuvent être critiques pour la performance dans de nombreuses applications. Voici quelques conseils et exemples :

```lua
-- Considérations de performance des chaînes
local function chronometrer(nom, iterations, func)
    local debut = os.clock()
    local resultat = func() -- Exécute la fonction à tester
    local fin = os.clock()

    print(string.format("%-35s (%d itérations): %.6f secondes",
                        nom, iterations, fin - debut))
    return resultat
end

-- Test 1 : Concaténation de chaînes
local function testConcat(n)
    print("\nTest Concaténation (n="..n..")")
    -- Utilisation de l'opérateur ..
    local resultat1 = chronometrer("Concaténation avec ..", n, function()
        local s = ""
        for i = 1, n do s = s .. "x" end
        return s
    end)

    -- Utilisation de table.concat
```

```lua
    local resultat2 = chronometrer("Concaténation avec table.concat", n,
function()
        local t = {}
        for i = 1, n do t[i] = "x" end
        return table.concat(t)
    end)

    print("  Résultats identiques :", #resultat1 == #resultat2)
end

-- Test 2 : Manipulation de chaîne vs correspondance de motifs
local function testExtraction(n)
    print("\nTest Extraction (n="..n..")")
    -- Créer une chaîne de test
    local texte = string.rep("Bonjour, Monde ! ", n)

    -- Utilisation de string.sub
    chronometrer("Extraction avec string.sub", 1, function()
        local resultat = {}
        for i = 1, n do
            local debut = (i - 1) * 17 + 1 -- "Bonjour, Monde ! " a 17 chars
            table.insert(resultat, string.sub(texte, debut, debut + 6)) --
Extraire "Bonjour"
        end
        return resultat
    end)

    -- Utilisation de string.gmatch
    chronometrer("Extraction avec string.gmatch", 1, function()
        local resultat = {}
        for mot in string.gmatch(texte, "Bonjour") do
            table.insert(resultat, mot)
        end
        return resultat
    end)
end

-- Test 3 : Méthodes de recherche de chaîne
local function testRecherche(texte, motif, n)
    print("\nTest Recherche (n="..n..", motif='"..motif.."')")
    -- Utilisation de string.find (recherche brute)
    chronometrer("Recherche avec string.find (brut)", n, function()
        local compteur = 0
        for i = 1, n do
            if string.find(texte, motif, 1, true) then compteur = compteur + 1
end
        end
```

```
            return compteur
    end)

    -- Utilisation de string.find (motif)
    chronometrer("Recherche avec string.find (motif)", n, function()
        local compteur = 0
        for i = 1, n do
            if string.find(texte, motif) then compteur = compteur + 1 end
        end
        return compteur
    end)

    -- Utilisation de string.match (motif)
    chronometrer("Recherche avec string.match (motif)", n, function()
        local compteur = 0
        for i = 1, n do
            if string.match(texte, motif) then compteur = compteur + 1 end
        end
        return compteur
    end)
end

-- Exécuter les tests
testConcat(10000)
testExtraction(5000)
testRecherche("Ceci est un long texte avec quelques mots à chercher. L'aiguille
est cachée ici.", "aiguille", 100000)

print("\nConseils performance pour les chaînes :")
print("1. Utiliser table.concat au lieu de .. pour construire des chaînes
incrémentiellement")
print("2. Pré-compiler les motifs avec string.gmatch/gsub si utilisés
répétitivement (pas montré ici)")
print("3. Pour des vérifications simples de sous-chaînes, string.find avec
plain=true est souvent plus rapide")
print("4. Éviter de créer de nombreuses chaînes temporaires dans les boucles")
print("5. L'internement des chaînes par Lua peut aider pour les comparaisons
fréquentes de chaînes identiques")
```

Sortie (les temps varieront) :

```
Test Concaténation (n=10000)
Concaténation avec ..              (10000 itérations): 0.214500 secondes
Concaténation avec table.concat   (10000 itérations): 0.000400 secondes
  Résultats identiques : true
```

```
Test Extraction (n=5000)
Extraction avec string.sub        (1 itérations): 0.000350 secondes
Extraction avec string.gmatch     (1 itérations): 0.000700 secondes

Test Recherche (n=100000, motif='aiguille')
Recherche avec string.find (brut)   (100000 itérations): 0.005500 secondes
Recherche avec string.find (motif)  (100000 itérations): 0.007500 secondes
Recherche avec string.match (motif) (100000 itérations): 0.007800 secondes

Conseils performance pour les chaînes :
1. Utiliser table.concat au lieu de .. pour construire des chaînes
incrémentiellement
2. Pré-compiler les motifs avec string.gmatch/gsub si utilisés répétitivement
(pas montré ici)
3. Pour des vérifications simples de sous-chaînes, string.find avec plain=true
est souvent plus rapide
4. Éviter de créer de nombreuses chaînes temporaires dans les boucles
5. L'internement des chaînes par Lua peut aider pour les comparaisons fréquentes
de chaînes identiques
```

Bonnes Pratiques pour la Gestion des Chaînes

Pour conclure, voici quelques bonnes pratiques pour travailler avec les chaînes en Lua
:

1. **Utilisez la bonne fonction pour le travail** :

   - string.find pour des recherches simples (avec plain=true pour les recherches littérales).
   - string.match pour capturer des parties selon un motif.
   - string.gsub pour les remplacements.
   - string.gmatch pour itérer sur les correspondances d'un motif.

2. **Évitez la concaténation de chaînes inefficace** :

   - Utilisez table.concat au lieu de .. pour construire des chaînes dans les boucles.
   - Envisagez d'utiliser une classe de constructeur de chaînes pour la construction complexe de chaînes.

3. **Soyez prudent avec les motifs** :

   - Rappelez-vous que les motifs Lua ne sont pas des expressions régulières standard.
   - Utilisez % pour échapper les caractères spéciaux de motifs (., +, *, etc.).

- Testez les motifs sur des cas simples avant de les utiliser sur des données complexes.

4. **Gérez Unicode de manière appropriée** :

   - Rappelez-vous que `#` retourne la longueur en octets, pas le nombre de caractères.
   - Utilisez la bibliothèque `utf8` (en Lua 5.3+) ou une bibliothèque externe pour une gestion correcte.
   - Soyez prudent avec la correspondance de motifs sur les chaînes UTF-8 (les classes comme `%a` sont basées sur les octets, pas les caractères Unicode, sauf indication contraire dans la documentation `utf8`).

5. **Considérez la performance pour les grandes chaînes** :

   - Évitez de créer de nombreuses chaînes temporaires.
   - Traitez les grandes chaînes par morceaux si possible.
   - Soyez conscient des implications mémoire lors de la manipulation de très grandes chaînes.

6. **Formatez les chaînes de manière lisible** :

   - Utilisez `string.format` pour un formatage complexe.
   - Envisagez une fonction d'interpolation de chaînes pour un code plus lisible.
   - Divisez les longs littéraux de chaîne sur plusieurs lignes avec la concaténation ou les crochets longs (`[[...]]`).

7. **Validez et nettoyez les entrées** :

   - Soyez prudent avec les motifs fournis par l'utilisateur.
   - Validez les chaînes avant de les analyser.
   - Nettoyez (sanitize) les chaînes qui seront utilisées dans les requêtes SQL, HTML, etc., pour éviter les injections.

Résumé du Chapitre

Dans ce chapitre, nous avons exploré en profondeur les capacités de manipulation de chaînes de Lua. Nous avons couvert les bases de la création et de la manipulation de chaînes, le système de correspondance de motifs de Lua, le formatage de chaînes, et des sujets plus avancés comme la gestion d'Unicode et la construction efficace de chaînes.

Nous avons également examiné des exemples pratiques pour travailler avec des formats de chaînes courants comme le CSV et l'encodage d'URL, et examiné les considérations de performance pour les opérations sur chaînes.

Les chaînes sont fondamentales pour de nombreuses tâches de programmation, du simple traitement de texte à l'analyse complexe et à la manipulation de données. Avec les techniques abordées dans ce chapitre, vous devriez être bien équipé pour relever un large éventail de défis liés aux chaînes dans vos programmes Lua.

Dans le chapitre suivant, nous explorerons la bibliothèque standard de Lua, qui fournit des fonctions essentielles pour les opérations mathématiques, la manipulation de tables, la gestion du temps, et plus encore.

Chapitre 13 : La Bibliothèque Standard

Introduction à la Bibliothèque Standard de Lua

La philosophie de Lua est de fournir un langage de base petit mais puissant avec une bibliothèque standard minimale. Malgré sa taille compacte, la bibliothèque standard offre une gamme de fonctions essentielles pour les tâches de programmation courantes, organisées en plusieurs paquets (packages).

Dans ce chapitre, nous explorerons les principaux composants de la bibliothèque standard de Lua, notamment :

- Les fonctions de base fournies dans l'espace de noms global
- La bibliothèque `string` pour la manipulation de texte
- La bibliothèque `table` pour travailler avec la structure de données principale de Lua
- La bibliothèque `math` pour les opérations mathématiques
- La bibliothèque `io` pour les opérations d'entrée et de sortie
- La bibliothèque `os` pour les fonctionnalités du système d'exploitation
- La bibliothèque `debug` pour le débogage et l'introspection
- La bibliothèque `coroutine` pour le multitâche coopératif

En comprenant ces bibliothèques, vous serez en mesure de tirer parti efficacement des capacités intégrées de Lua sans avoir à dépendre de bibliothèques externes pour les tâches courantes.

Fonctions de Base

Commençons par les fonctions de base disponibles dans l'espace de noms global.

Fonctions Fondamentales

```lua
-- Fonctions fondamentales dans l'espace de noms global

-- type : Obtenir le type d'une valeur
print("Types :")
print("type(42) :", type(42))
print("type('bonjour') :", type("bonjour"))
print("type({}) :", type({}))
print("type(print) :", type(print))
print("type(nil) :", type(nil))

-- tonumber : Convertir en nombre
print("\nConversions en nombre :")
print("tonumber('42') :", tonumber("42"))
print("tonumber('3.14') :", tonumber("3.14"))
print("tonumber('FF', 16) :", tonumber("FF", 16))   -- Hexadécimal
print("tonumber('101', 2) :", tonumber("101", 2))   -- Binaire
print("tonumber('salut') :", tonumber("salut"))     -- Pas un nombre -> nil

-- tostring : Convertir en chaîne
print("\nConversions en chaîne :")
print("tostring(42) :", tostring(42))
print("tostring(true) :", tostring(true))
print("tostring({}) :", tostring({}))  -- Retourne "table: 0x..." (l'adresse
varie)

-- assert : Vérifier une condition, lève une erreur si fausse
print("\nFonction assert :")
local valeur = 10
local resultat = assert(valeur > 5, "La valeur doit être supérieure à 5")
print("Résultat assert :", resultat) -- Retourne la première valeur si elle est
vraie

-- error : Générer une erreur
print("\nGestion d'erreur :")
local succes, resultatErr = pcall(function()
    if valeur < 20 then
        error("La valeur est trop petite")
    end
    return true
end)
print("Succès :", succes)
print("Résultat/Erreur :", resultatErr)

-- select : Sélectionner des arguments parmi une liste d'arguments variables
print("\nFonction select :")
```

```
print("select(2, 'a', 'b', 'c', 'd') :", select(2, "a", "b", "c", "d")) --
Retourne b, c, d
print("select('#', 'a', 'b', 'c', 'd') :", select("#", "a", "b", "c", "d")) --
Retourne le nombre d'args (4)


-- ipairs et pairs : Itérer sur les tables
print("\nFonctions d'itération :")
local t = {10, 20, 30, nom = "exemple"}
print("ipairs (partie tableau) :")
for i, v in ipairs(t) do
    print("   " .. i .. " : " .. v)
end
print("pairs (toutes paires clé-valeur) :")
for k, v in pairs(t) do
    print("   " .. tostring(k) .. " : " .. tostring(v))
end


-- next : Itérateur de table de base
print("\nFonction next :")
local cle = nil -- Commencer l'itération
while true do
    cle = next(t, cle) -- Obtenir la clé suivante
    if cle == nil then break end
    print("   " .. tostring(cle) .. " : " .. tostring(t[cle]))
end


-- getmetatable/setmetatable : Travailler avec les métatables
print("\nFonctions métatable :")
local mt = {__index = {extra = "métadonnée"}}
local obj = {}
setmetatable(obj, mt)
print("Métatable définie :", getmetatable(obj) == mt)
print("Accès via métatable :", obj.extra) -- __index est déclenché
```

Sortie :

```
Types :
type(42) : number
type('bonjour') : string
type({}) : table
type(print) : function
type(nil) : nil

Conversions en nombre :
tonumber('42') : 42
tonumber('3.14') : 3.14
```

```
tonumber('FF', 16) : 255
tonumber('101', 2) : 5
tonumber('salut') : nil

Conversions en chaîne :
tostring(42) : 42
tostring(true) : true
tostring({}) : table: 0x...

Fonction assert :
Résultat assert : 10

Gestion d'erreur :
Succès : false
Résultat/Erreur : La valeur est trop petite

Fonction select :
select(2, 'a', 'b', 'c', 'd') : b        c         d
select('#', 'a', 'b', 'c', 'd') : 4

Fonctions d'itération :
ipairs (partie tableau) :
  1 : 10
  2 : 20
  3 : 30
pairs (toutes paires clé-valeur) :
  1 : 10
  nom : exemple
  2 : 20
  3 : 30

Fonction next :
  1 : 10
  nom : exemple
  2 : 20
  3 : 30

Fonctions métatable :
Métatable définie : true
Accès via métatable : métadonnée
```

(Note : L'ordre de pairs *et* next *n'est pas garanti)*

Fonctions de Chargement et d'Exécution

Lua fournit plusieurs fonctions pour charger et exécuter du code :

```lua
-- Fonctions de chargement de code

-- load : Charge du code Lua (chaîne) comme une fonction, sans l'exécuter
print("Fonction load :")
local code = "return 2 + 3"
local f, errLoad = load(code, "chunk_test", "t", _G) -- nom_chunk, mode, env
if f then
    print("Résultat code chargé :", f())
else
    print("Erreur load:", errLoad)
end


-- loadfile : Charge du code Lua depuis un fichier, sans l'exécuter
print("\nFonction loadfile :")
-- Créer un fichier de test
local fichier, errFile = io.open("test.lua", "w")
if fichier then
    fichier:write("print('Message depuis fichier...')\nreturn 'Bonjour depuis
fichier'")
    fichier:close()
else print("Erreur création fichier:", errFile); return end

local fonctionFichier, errLoadFile = loadfile("test.lua") -- Compile le fichier
if fonctionFichier then
    print("Résultat depuis fichier :")
    local okRun, resRun = pcall(fonctionFichier) -- Exécute la fonction compilée
    if okRun then print("  Retourné:", resRun) else print("  Erreur exécution:",
resRun) end
else
     print("Erreur loadfile:", errLoadFile)
end

-- dofile : Charge ET exécute un fichier Lua
print("\nFonction dofile :")
-- dofile propage les erreurs, utilisons pcall
local okDofile, resDofile = pcall(dofile, "test.lua")
if okDofile then
    print("Résultat depuis dofile :", resDofile)
else
    print("Erreur dofile:", resDofile)
end


-- pcall : Appel protégé (attrape les erreurs d'exécution)
print("\nFonction pcall :")
local succes, resultatPcall = pcall(function() return 10 / 2 end)
```

```
print("Succès :", succes, "Résultat :", resultatPcall)

succes, resultatPcall = pcall(function() return 10 / 0 end) -- Provoque une
erreur
print("Succès :", succes, "Erreur :", resultatPcall)

-- xpcall : Appel protégé étendu avec gestionnaire d'erreurs
print("\nFonction xpcall :")
local function gestionnaireErreurXp(err)
    return "Erreur gérée : " .. tostring(err)
end

succes, resultatXpcall = xpcall(function() return 10 / 0 end,
gestionnaireErreurXp)
print("Succès :", succes, "Résultat :", resultatXpcall)

-- Nettoyer
os.remove("test.lua")
```

Sortie :

```
Fonction load :
Résultat code chargé : 5

Fonction loadfile :
Résultat depuis fichier :
Message depuis fichier...
  Retourné: Bonjour depuis fichier

Fonction dofile :
Message depuis fichier...
Résultat depuis dofile : Bonjour depuis fichier

Fonction pcall :
Succès : true Résultat : 5.0
Succès : false Erreur : attempt to divide by zero

Fonction xpcall :
Succès : false Résultat : Erreur gérée : attempt to divide by zero
```

La Bibliothèque String

Nous avons couvert la bibliothèque string en détail au Chapitre 12, mais voici un résumé rapide de ses fonctions clés :

```lua
-- Résumé bibliothèque string
local s = "Bonjour, le Monde !"

print("\nFonctions bibliothèque string :")
print("string.len(s) :", string.len(s)) -- ou #s
print("string.upper(s) :", string.upper(s))
print("string.lower(s) :", string.lower(s))
print("string.sub(s, 1, 7) :", string.sub(s, 1, 7)) -- "Bonjour"
print("string.find(s, 'Monde') :", string.find(s, "Monde"))
print("string.gsub(s, 'Monde', 'Lua') :", string.gsub(s, "Monde", "Lua"))
print("string.match(s, 'B(.*)e !') :", string.match(s, "B(.*)e !"))
print("string.reverse(s) :", string.reverse(s))
print("string.rep('a', 5) :", string.rep("a", 5))
print("string.format('%s a %d caractères', s, #s) :",
      string.format("'%s' a %d caractères", s, #s))
```

Sortie :

```
Fonctions bibliothèque string :
string.len(s) : 19
string.upper(s) : BONJOUR, LE MONDE !
string.lower(s) : bonjour, le monde !
string.sub(s, 1, 7) : Bonjour
string.find(s, 'Monde') : 11      15
string.gsub(s, 'Monde', 'Lua') : Bonjour, le Lua !        1
string.match(s, 'B(.*)e !') : onjour, le Mond
string.reverse(s) : ! ednoM el ,ruojnoB
string.rep('a', 5) : aaaaa
string.format('%s a %d caractères', s, #s) : 'Bonjour, le Monde !' a 19
caractères
```

La Bibliothèque Table

La bibliothèque table fournit des fonctions pour travailler avec les tables Lua :

```lua
-- Démonstration bibliothèque table
print("\nFonctions bibliothèque table :")

-- table.insert : Ajouter des éléments à une table (liste)
local fruits = {"pomme", "banane"}
print("Initial :", table.concat(fruits, ", "))
table.insert(fruits, "cerise") -- Ajoute à la fin
table.insert(fruits, 2, "orange")  -- Insère à la position 2
print("Après insertions :", table.concat(fruits, ", "))
```

```lua
-- table.remove : Retirer des éléments d'une table (liste)
local retireFin = table.remove(fruits)   -- Retire le dernier élément
print("Retiré fin :", retireFin)
local retireDebut = table.remove(fruits, 1)      -- Retire le premier élément
print("Retiré début :", retireDebut)
print("Après retraits :", table.concat(fruits, ", "))

-- table.concat : Joindre les éléments d'une table (liste)
local mots = {"Ceci", "est", "une", "phrase"}
print("\nJoint avec espaces :", table.concat(mots, " "))
print("Joint avec tirets :", table.concat(mots, "-"))
print("Sous-ensemble joint :", table.concat(mots, " ", 2, 3)) -- Éléments 2 et 3

-- table.sort : Trier les éléments d'une table (liste)
local nombres = {5, 2, 8, 1, 4}
table.sort(nombres)
print("\nNombres triés :", table.concat(nombres, ", "))

-- table.sort avec fonction de comparaison personnalisée
local personnes = {
    {nom = "Alice", age = 30},
    {nom = "Bob", age = 25},
    {nom = "Carole", age = 35}
}
table.sort(personnes, function(a, b) return a.age < b.age end) -- Tri par âge
croissant
print("\nTrié par âge :")
for _, personne in ipairs(personnes) do
    print("  " .. personne.nom, personne.age)
end

-- table.move (Lua 5.3+) : Copier des éléments d'une table à une autre (ou dans
la même)
if table.move then
    print("\nTest table.move :")
    local source = {1, 2, 3, 4, 5}
    local cible = {10, 20, 30, 40, 50, 60}
    -- Copier les éléments 2 à 4 de 'source' vers 'cible' à partir de l'indice 3
    table.move(source, 2, 4, 3, cible)
    print("  Source :", table.concat(source, ", "))
    print("  Cible après move :", table.concat(cible, ", ")) -- Devrait être 10,
20, 2, 3, 4, 60
end

-- table.unpack (Lua 5.2+) ou unpack (versions antérieures) : Dépaqueter les
éléments d'une table en arguments
```

```lua
local depaqueterFunc = table.unpack or unpack -- Gérer la compatibilité
local valeurs = {10, 20, 30}
print("\nValeurs dépaquetées :")
print(depaqueterFunc(valeurs)) -- Appelle print(10, 20, 30)

-- table.pack (Lua 5.2+) : Empaqueter des arguments variables dans une table
if table.pack then
    print("\nTest table.pack :")
    local empaquete = table.pack(5, "quatre", true, nil, 1)
    -- Crée une table {5, "quatre", true, nil, 1, n=5}
    io.write("  Table empaquetée : { ")
    for i=1, empaquete.n do io.write(tostring(empaquete[i]), ", ") end
    print("}, n =", empaquete.n)
end
```

Sortie :

```
Fonctions bibliothèque table :
Initial : pomme, banane
Après insertions : pomme, orange, banane, cerise
Retiré fin : cerise
Retiré début : pomme
Après retraits : orange, banane

Joint avec espaces : Ceci est une phrase
Joint avec tirets : Ceci-est-une-phrase
Sous-ensemble joint : est une

Nombres triés : 1, 2, 4, 5, 8

Trié par âge :
  Bob 25
  Alice 30
  Carole 35

Test table.move :
  Source : 1, 2, 3, 4, 5
  Cible après move : 10, 20, 2, 3, 4, 60

Valeurs dépaquetées :
10      20      30

Test table.pack :
  Table empaquetée : { 5, quatre, true, nil, 1, }, n = 5
```

La Bibliothèque Math

La bibliothèque math fournit des fonctions et constantes mathématiques :

```lua
-- Démonstration bibliothèque math
print("\nFonctions et constantes bibliothèque math :")

-- Constantes
print("\nConstantes :")
print("math.pi :", math.pi)
print("math.huge :", math.huge) -- Infini
print("math.mininteger :", math.mininteger) -- Si Lua >= 5.3
print("math.maxinteger :", math.maxinteger) -- Si Lua >= 5.3

-- Fonctions de base
print("\nFonctions de base :")
print("math.abs(-10) :", math.abs(-10)) -- Valeur absolue
print("math.ceil(3.2) :", math.ceil(3.2)) -- Arrondi supérieur
print("math.floor(3.7) :", math.floor(3.7)) -- Arrondi inférieur
print("math.max(5, 10, 3) :", math.max(5, 10, 3)) -- Maximum
print("math.min(5, 10, 3) :", math.min(5, 10, 3)) -- Minimum

-- Arrondi
print("\nArrondi :")
print("math.floor(3.7) :", math.floor(3.7))
print("math.ceil(3.2) :", math.ceil(3.2))
local intPart, fracPart = math.modf(3.7) -- Sépare partie entière et
fractionnaire
print("math.modf(3.7) :", intPart, fracPart)

-- Fonction d'arrondi personnalisée (à l'entier le plus proche)
local function arrondir(num) return math.floor(num + 0.5) end
print("arrondir(3.2) :", arrondir(3.2))
print("arrondir(3.7) :", arrondir(3.7))

-- Fonctions puissance et logarithme
print("\nFonctions puissance et logarithme :")
print("math.pow(2, 3) :", math.pow(2, 3)) -- 2^3
print("math.sqrt(16) :", math.sqrt(16)) -- Racine carrée
print("math.log(10) :", math.log(10))        -- Logarithme naturel (base e)
print("math.log10(100) :", math.log10 and math.log10(100) or
math.log(100)/math.log(10)) -- Log base 10
print("math.exp(1) :", math.exp(1))        -- Exponentielle (e^1)

-- Fonctions trigonométriques (en radians)
print("\nFonctions trigonométriques :")
print("math.sin(math.pi/2) :", math.sin(math.pi/2))
```

```
print("math.cos(math.pi) :", math.cos(math.pi))
print("math.tan(math.pi/4) :", math.tan(math.pi/4))
print("math.asin(1) :", math.asin(1)) -- Arc sinus
print("math.acos(0) :", math.acos(0)) -- Arc cosinus
print("math.atan(1) :", math.atan(1)) -- Arc tangent
print("math.atan2(1, 1) :", math.atan2 and math.atan2(1, 1) or math.atan(1/1))
-- Arc tangent (deux args)
print("math.deg(math.pi) :", math.deg(math.pi)) -- Conversion radians vers
degrés
print("math.rad(180) :", math.rad(180)) -- Conversion degrés vers radians

-- Génération de nombres aléatoires
math.randomseed(os.time())  -- Initialiser le générateur avec l'heure actuelle
print("\nGénération de nombres aléatoires :")
print("math.random() :", math.random())        -- Entre 0.0 et 1.0
print("math.random(10) :", math.random(10))     -- Entier entre 1 et 10
print("math.random(5, 10) :", math.random(5, 10))  -- Entier entre 5 et 10

-- Générer 5 entiers aléatoires entre 1 et 100
print("\nCinq nombres aléatoires (1-100) :")
for i = 1, 5 do io.write(math.random(1, 100) .. " ") end
print()

-- Conversion de type (Lua 5.3+)
print("\nConversions de type (Lua 5.3+) :")
print("math.tointeger(3.0) :", math.tointeger and math.tointeger(3.0) or "N/A")
print("math.type(3) :", math.type and math.type(3) or "N/A")
print("math.type(3.14) :", math.type and math.type(3.14) or "N/A")
```

Sortie :

```
Fonctions et constantes bibliothèque math :

Constantes :
math.pi : 3.1415926535898
math.huge : inf
math.mininteger : -9223372036854775808
math.maxinteger : 9223372036854775807

Fonctions de base :
math.abs(-10) : 10
math.ceil(3.2) : 4
math.floor(3.7) : 3
math.max(5, 10, 3) : 10
math.min(5, 10, 3) : 3
```

```
Arrondi :
math.floor(3.7) : 3
math.ceil(3.2) : 4
math.modf(3.7) : 3        0.7
arrondir(3.2) : 3
arrondir(3.7) : 4

Fonctions puissance et logarithme :
math.pow(2, 3) : 8.0
math.sqrt(16) : 4.0
math.log(10) : 2.302585092994
math.log10(100) : 2.0
math.exp(1) : 2.718281828459

Fonctions trigonométriques :
math.sin(math.pi/2) : 1.0
math.cos(math.pi) : -1.0
math.tan(math.pi/4) : 1.0
math.asin(1) : 1.5707963267949
math.acos(0) : 1.5707963267949
math.atan(1) : 0.78539816339745
math.atan2(1, 1) : 0.78539816339745
math.deg(math.pi) : 180.0
math.rad(180) : 3.1415926535898

Génération de nombres aléatoires :
math.random() : 0.873... -- Varie
math.random(10) : 5 -- Varie
math.random(5, 10) : 7 -- Varie

Cinq nombres aléatoires (1-100) :
88 15 72 41 99  -- Varie
Conversions de type (Lua 5.3+) :
math.tointeger(3.0) : 3
math.type(3) : integer
math.type(3.14) : float
```

La Bibliothèque IO

La bibliothèque io fournit les opérations d'entrée et de sortie. Nous avons couvert la plupart de ces fonctions au Chapitre 10, mais voici un résumé :

```
-- Résumé bibliothèque io
print("\nFonctions bibliothèque io :")
```

```lua
-- Flux standard entrée/sortie/erreur
print("\nFlux standards :")
print("io.stdin :", io.stdin)
print("io.stdout :", io.stdout)
print("io.stderr :", io.stderr)

-- Écrire sur la sortie standard directement
io.stdout:write("Écrit sur stdout directement\n")

-- Ouvrir un fichier en écriture
print("\nOpérations fichier :")
local fichier, err = io.open("test_io.txt", "w")
if fichier then
    fichier:write("Ligne 1\n")
    fichier:write("Ligne 2\n")
    fichier:write("Ligne 3\n")
    fichier:close()
    print("Fichier écrit avec succès")
else print("Erreur écriture:", err) end

-- Ouvrir un fichier en lecture
fichier, err = io.open("test_io.txt", "r")
if fichier then
    print("\nContenu fichier :")
    print(fichier:read("*all"))
    fichier:close()
else print("Erreur lecture:", err) end

-- Définir fichier d'entrée par défaut
fichier = io.open("test_io.txt", "r")
if fichier then
    io.input(fichier)
    print("\nLecture via io.read() :")
    print(io.read("*line"))
    print(io.read("*line"))
    io.input():close()  -- Ferme le fichier d'entrée par défaut
else print("Erreur re-ouverture:", err) end

-- Définir fichier de sortie par défaut
local fichierSortie, errSortie = io.open("test_io_sortie.txt", "w")
if fichierSortie then
    io.output(fichierSortie)
    io.write("Écrit via io.write()\n")
    io.output():close() -- Ferme le fichier de sortie par défaut
else print("Erreur sortie:", errSortie) end

-- Lire le fichier de sortie
```

```lua
fichier = io.open("test_io_sortie.txt", "r")
if fichier then
    print("\nContenu fichier sortie :")
    print(fichier:read("*all"))
    fichier:close()
end

-- Nettoyer
os.remove("test_io.txt")
os.remove("test_io_sortie.txt")
```

Sortie :

```
Fonctions bibliothèque io :

Flux standards :
io.stdin : file (0x...)
io.stdout : file (0x...)
io.stderr : file (0x...)
Écrit sur stdout directement

Opérations fichier :
Fichier écrit avec succès

Contenu fichier :
Ligne 1
Ligne 2
Ligne 3

Lecture via io.read() :
Ligne 1
Ligne 2

Contenu fichier sortie :
Écrit via io.write()
```

La Bibliothèque OS

La bibliothèque os fournit des fonctions pour interagir avec le système d'exploitation :

```lua
-- Démonstration bibliothèque os
print("\nFonctions bibliothèque os :")
```

```lua
-- Fonctions heure et date
print("\nHeure et date :")
local maintenant = os.time()
print("os.time() (timestamp) :", maintenant)

print("os.date() (format local) :", os.date())
print("os.date('%Y-%m-%d') :", os.date("%Y-%m-%d"))
print("os.date('%H:%M:%S') :", os.date("%H:%M:%S"))
print("os.date('!*t') :") -- '!': UTC, '*t': table
local utcTable = os.date("!*t", maintenant)
for k,v in pairs(utcTable) do io.write(k.."="..v.." ") end; print()

-- Calculer des différences de temps
local demainTimestamp = os.time({year=utcTable.year, month=utcTable.month,
day=utcTable.day + 1})
print("\nSecondes jusqu'à demain (UTC) :", demainTimestamp - maintenant)

-- Variables d'environnement
print("\nVariables d'environnement :")
print("PATH :", os.getenv("PATH") or "N/A")
print("HOME :", os.getenv("HOME") or "N/A") -- Peut être nil sous Windows

-- Commandes système
print("\nCommandes système :")
-- Attention : os.execute dépend de l'OS et peut être un risque de sécurité
local codeRetour = os.execute("echo Bonjour depuis le système")
print("Code retour execute :", codeRetour) -- 0 indique succès sur Unix

-- Fichiers temporaires
print("\nFichiers temporaires :")
local nomTemp = os.tmpname()
print("Nom fichier temporaire :", nomTemp) -- Note: juste un nom, ne crée pas le
fichier

-- Gestion de processus
print("\nInformation processus :")
print("Temps CPU (os.clock) :", os.clock()) -- Temps CPU utilisé par le
processus Lua

-- Fonction pause (non standard, dépend de os.execute)
print("\nFonction pause :")
local okPause = os.execute("sleep 1") -- Fonctionne sur Unix/Linux/macOS
if okPause then print("Pause de 1 seconde réussie via execute") end

-- Quitter le programme (décommenter terminerait le script)
-- print("Sortie du programme...")
-- os.exit(0) -- 0 = succès, autre = erreur
```

Sortie (variera selon le système et l'heure) :

```
Fonctions bibliothèque os :

Heure et date :
os.time() (timestamp) : 1674840600
os.date() (format local) : Thu Jan 27 12:30:00 2023
os.date('%Y-%m-%d') : 2023-01-27
os.date('%H:%M:%S') : 12:30:00
os.date('!*t') :
hour=11 min=30 wday=5 day=27 month=1 year=2023 sec=0 yday=27 isdst=false

Secondes jusqu'à demain (UTC) : 41400

Variables d'environnement :
PATH : /usr/local/bin:/usr/bin:/bin:...
HOME : /home/utilisateur

Commandes système :
Bonjour depuis le système
Code retour execute : 0

Fichiers temporaires :
Nom fichier temporaire : /tmp/lua_XXXXXX

Information processus :
Temps CPU (os.clock) : 0.04...

Fonction pause :
Pause de 1 seconde réussie via execute
```

La Bibliothèque Debug

La bibliothèque debug fournit des fonctions pour le débogage et l'introspection :

```
-- Démonstration bibliothèque debug
print("\nFonctions bibliothèque debug :")

-- Fonction simple à examiner
local function fonctionTest(a, b, c)
    local x = a + b
    local y = x * c
    -- point pour getinfo
    return x, y
end
```

```lua
-- Obtenir des informations sur une fonction
print("\nInfo fonction :")
local info = debug.getinfo(fonctionTest, ">Snluf") -- Obtient Source, nom, ligne
def, etc.
for k, v in pairs(info) do
    print("  " .. k .. " :", v)
end

-- Obtenir les upvalues d'une fermeture
print("\nUpvalues :")
local function creerFermeture()
    local compteur = 0
    return function() compteur = compteur + 1; return compteur end
end

local increment = creerFermeture()
local i = 1
while true do
    local nom, valeur = debug.getupvalue(increment, i)
    if not nom then break end
    print("  Upvalue " .. i .. ": " .. nom .. " =", valeur) -- Affiche 0
initialement
    i = i + 1
end
increment(); increment() -- Incrémenter pour voir la valeur changer
nom, valeur = debug.getupvalue(increment, 1)
print("  Après appels, " .. nom .. " =", valeur) -- Devrait afficher 2

-- Obtenir les variables locales (d'un niveau de pile spécifique)
print("\nVariables locales fonction actuelle (niveau 1) :")
local a = 10; local b = "salut"; local c = true
for i = 1, 10 do -- Boucle pour trouver toutes les locales
    local nom, valeur = debug.getlocal(1, i) -- Niveau 1 = cette fonction
actuelle
    if not nom then break end
    if not nom:match("^%(") then print("  " .. nom .. " :", valeur) end --
Ignorer internes
end

-- Définir une variable locale (attention, puissant et dangereux)
debug.setlocal(1, 1, 20)  -- Définit 'a' à 20 au niveau 1
print("\nAprès setlocal(1, 1, 20), a =", a) -- a vaut maintenant 20

-- Trace de la pile
print("\nTrace de la pile :")
```

```
local function niveau3() print(debug.traceback("Message personnalisé", 2)) end
-- Niveau 2 pour voir l'appelant
local function niveau2() niveau3() end
local function niveau1() niveau2() end
niveau1()

-- Fonctions crochet (hook)
print("\nCrochets de débogage :")
local compteurCrochet = 0
local function crochet(evenement, ligne)
    compteurCrochet = compteurCrochet + 1
    if compteurCrochet <= 3 then -- Limiter l'affichage
        print(" Crochet :", evenement, "Ligne :", ligne)
    elseif compteurCrochet == 4 then
        print(" Crochet : ... (plusieurs)")
        debug.sethook() -- Désactiver le crochet
    end
end

debug.sethook(crochet, "l")  -- Définir crochet de ligne
print("Ceci déclenche le crochet")
print("Ceci aussi")
local x = 1+1 -- Déclenche aussi
local y = 1+1 -- Déclenche aussi
print("Crochet désactivé maintenant")
debug.sethook()  -- S'assurer qu'il est désactivé
```

Sortie (peut varier légèrement) :

```
Fonctions bibliothèque debug :

Info fonction :
  source : stdin
  short_src : stdin
  linedefined : 5
  lastlinedefined : 9
  what : Lua
  name : fonctionTest
  namewhat : global
  nups : 0
  nparams : 3
  isvararg : false
  func : function: 0x...

Upvalues :
  Upvalue 1 : compteur = 0
```

```
    Après appels, compteur = 2

Variables locales fonction actuelle (niveau 1) :
  a : 10
  b : salut
  c : true
  i : 1
  nom : nil
  valeur : nil

Après setlocal(1, 1, 20), a = 20

Trace de la pile :
Message personnalisé
stack traceback:
    stdin:42: in function 'niveau3'
    stdin:43: in function 'niveau2'
    stdin:44: in function 'niveau1'
    stdin:45: in main chunk
    [C]: in ?

Crochets de débogage :
 Crochet : line Ligne : 56
 Crochet : line Ligne : 57
 Crochet : line Ligne : 58
 Crochet : ... (plusieurs)
Ceci déclenche le crochet
Ceci aussi
Crochet désactivé maintenant
```

La Bibliothèque Coroutine

La bibliothèque coroutine fournit des fonctions pour le multitâche coopératif :

```
-- Démonstration bibliothèque coroutine
print("\nFonctions bibliothèque coroutine :")

-- Créer une coroutine simple
print("\nCoroutine de base :")
local co = coroutine.create(function(arg1, arg2)
    print("Dans coroutine - reçu :", arg1, arg2)
    local r1 = coroutine.yield("Premier yield") -- Suspend et retourne "Premier
yield"
    print("Dans coroutine - repris avec :", r1)
```

```lua
    local r2 = coroutine.yield("Second yield") -- Suspend et retourne "Second
yield"
    print("Dans coroutine - repris avec :", r2)
    return "Coroutine terminée", "avec succès" -- Valeurs de retour finales
end)

print("Statut coroutine :", coroutine.status(co))

-- Reprendre la coroutine (premier appel)
print("\nPremier resume :")
local succes, val1 = coroutine.resume(co, "arg A", "arg B") -- Passe les
arguments initiaux
print(" Succès :", succes, "Valeur(s) :", val1)
print(" Statut coroutine :", coroutine.status(co))

-- Reprendre à nouveau (passe une valeur à yield)
print("\nSecond resume :")
succes, val2 = coroutine.resume(co, "valeur pour yield 1")
print(" Succès :", succes, "Valeur(s) :", val2)
print(" Statut coroutine :", coroutine.status(co))

-- Reprendre une troisième fois
print("\nTroisième resume :")
succes, val3, val4 = coroutine.resume(co, "valeur pour yield 2") -- Capture les
deux retours finaux
print(" Succès :", succes, "Valeur(s) :", val3, val4)
print(" Statut coroutine :", coroutine.status(co))

-- Reprendre une quatrième fois (devrait échouer car la coroutine est terminée)
print("\nQuatrième resume :")
succes, err = coroutine.resume(co, "inutile")
print(" Succès :", succes, "Erreur :", err)

-- Exemple producteur-consommateur avec coroutines
print("\nExemple Producteur-Consommateur :")

local function producteur()
    for i = 1, 3 do
        print(" Produit :", i)
        coroutine.yield(i) -- Cède la valeur produite
    end
    return "Fin production"
end

local function consommateur(prodCoroutine)
    while coroutine.status(prodCoroutine) ~= "dead" do
        print("Consommateur demande...")
```

```
        local ok, valeur = coroutine.resume(prodCoroutine)
        if ok and valeur then
            print("Consommateur reçu :", valeur)
        elseif not ok then
            print("Erreur producteur:", valeur)
        -- else : le producteur s'est terminé sans erreur mais sans valeur
yieldée finale (le return)
        end
    end
     print("Consommateur terminé")
end

local prod = coroutine.create(producteur)
consommateur(prod)

-- Exemple coroutine.wrap (crée une fonction qui reprend la coroutine)
print("\nExemple coroutine.wrap :")
local generateur = coroutine.wrap(function()
    print(" Generateur: 1")
    coroutine.yield(1)
    print(" Generateur: 2")
    coroutine.yield(2)
    print(" Generateur: 3")
    -- Pas de yield final, la fonction se termine
end)

print("Appel 1 :", generateur())
print("Appel 2 :", generateur())
print("Appel 3 :", generateur())
print("Appel 4 :", generateur()) -- Retourne nil car la coroutine est terminée
```

Sortie :

```
Fonctions bibliothèque coroutine :

Coroutine de base :
Statut coroutine : suspended

Premier resume :
Dans coroutine - reçu : arg A    arg B
 Succès : true Valeur(s) : Premier yield
 Statut coroutine : suspended

Second resume :
Dans coroutine - repris avec : valeur pour yield 1
 Succès : true Valeur(s) : Second yield
```

```
  Statut coroutine : suspended

Troisième resume :
Dans coroutine - repris avec : valeur pour yield 2
  Succès : true Valeur(s) : Coroutine terminée    avec succès
  Statut coroutine : dead

Quatrième resume :
  Succès : false Erreur : cannot resume dead coroutine

Exemple Producteur-Consommateur :
Consommateur demande...
  Produit : 1
Consommateur reçu : 1
Consommateur demande...
  Produit : 2
Consommateur reçu : 2
Consommateur demande...
  Produit : 3
Consommateur reçu : 3
Consommateur demande...
Consommateur terminé

Exemple coroutine.wrap :
  Generateur: 1
Appel 1 : 1
  Generateur: 2
Appel 2 : 2
  Generateur: 3
Appel 3 : nil
Appel 4 : nil
```

La Bibliothèque UTF-8 (Lua 5.3+)

Lua 5.3 a introduit une bibliothèque dédiée pour travailler avec les chaînes UTF-8 :

```
-- Bibliothèque UTF-8 (Lua 5.3+)
if _VERSION >= "Lua 5.3" and utf8 then -- Vérifier version et existence
    print("\nFonctions bibliothèque utf8 :")

    local texte = "Bonjour, 世界! ¿Comment ça va?"

    print("\nTexte UTF-8 :", texte)
    print("Longueur octets (#) :", #texte)
    print("Nombre caractères (utf8.len) :", utf8.len(texte))
```

```lua
    -- Obtenir le point de code pour un caractère à une position de caractère
    local posCaractere = 10 -- Le caractère '世'
    local posOctet = utf8.offset(texte, posCaractere) -- Position en octet
    print("\nPosition caractère", posCaractere, "-> Position octet :", posOctet)
    local pointCode = utf8.codepoint(texte, posOctet)
    print("Point de code de '"..utf8.char(pointCode).."' :", pointCode,
string.format("(U+%04X)", pointCode))

    -- Itérer sur la chaîne avec les points de code
    print("\nItération avec utf8.codes :")
    local compte = 0
    for pos, pcode in utf8.codes(texte) do
        compte = compte + 1
        if compte <= 12 then -- Afficher les premiers
            io.write(string.format("[%d]=%d(%s) ", pos, pcode,
utf8.char(pcode)))
        elseif compte == 13 then io.write("...") end
    end
    print("\nTotal caractères :", compte)

    -- Correspondance de motifs avec UTF-8 (simple)
    print("\nMotif UTF-8 (trouver les mots) :")
    -- Le motif [%a]+ ne fonctionne pas directement pour les lettres non-ASCII
    -- Utilisons un motif qui capture les séquences de non-espaces comme
approximation
    for mot in string.gmatch(texte, "[^%s]+") do
        io.write("'" .. mot .. "' ")
    end
    print()
    -- Note : pour une correspondance de motifs UTF-8 avancée, des bibliothèques
externes sont souvent utilisées.
else
    print("\nBibliothèque utf8 non disponible (nécessite Lua 5.3+)")
end
```

Sortie (si vous utilisez Lua 5.3 ou ultérieur) :

```
Fonctions bibliothèque utf8 :

Texte UTF-8 : Bonjour, 世界! ¿Comment ça va?
Longueur octets (#) : 34
Nombre caractères (utf8.len) : 26

Position caractère 10 -> Position octet : 10
Point de code de '世' : 19990 (U+4E16)
```

```
Itération avec utf8.codes :
[1]=66(B) [2]=111(o) [3]=110(n) [4]=106(j) [5]=111(o) [6]=117(u) [7]=114(r)
[8]=44(,) [9]=32( ) [10]=19990(世) [13]=30028(界) [16]=33(!) ...
Total caractères : 26

Motif UTF-8 (trouver les mots) :
'Bonjour,' '世界!' '¿Comment' 'ça' 'va?'
```

La Bibliothèque Bit (Lua 5.2) ou Opérations Bit à Bit (Lua 5.3+)

Lua 5.2 incluait une bibliothèque `bit32` séparée, tandis que Lua 5.3 a intégré les opérations bit à bit directement dans le langage :

```
-- Opérations sur les bits

-- Vérifier Lua 5.2 et la bibliothèque bit32
if _VERSION == "Lua 5.2" and bit32 then
    print("\nFonctions bibliothèque bit32 (Lua 5.2) :")
    print(" bit32.band(0xFF, 0x0F) :", bit32.band(0xFF, 0x0F)) -- 15
    print(" bit32.bor(0xF0, 0x0F) :", bit32.bor(0xF0, 0x0F)) -- 255
    print(" bit32.bxor(0xFF, 0x0F) :", bit32.bxor(0xFF, 0x0F)) -- 240
    print(" bit32.bnot(0x0F) :", bit32.bnot(0x0F)) -- Dépend de la
représentation interne
    print(" bit32.lshift(1, 4) :", bit32.lshift(1, 4)) -- 16
    print(" bit32.rshift(0x10, 4) :", bit32.rshift(0x10, 4)) -- 1 (logique)
    print(" bit32.arshift(0x10, 4) :", bit32.arshift(0x10, 4)) -- 1
(arithmétique)
    print(" bit32.extract(0x12345678, 4, 8) :", bit32.extract(0x12345678, 4, 8))
-- extrait 8 bits à partir du bit 4
end

-- Vérifier les opérateurs bit à bit de Lua 5.3+
local okBitwise = pcall(function() return 1 & 1 end)
if okBitwise then
    print("\nOpérateurs bit à bit (Lua 5.3+) :")
    print(" 0xFF & 0x0F :", 0xFF & 0x0F) -- ET : 15
    print(" 0xF0 | 0x0F :", 0xF0 | 0x0F) -- OU : 255
    print(" 0xFF ~ 0x0F :", 0xFF ~ 0x0F) -- XOR : 240
    print(" ~0x0F :", ~0x0F) -- NON : -16 (complément à deux)
    print(" 1 << 4 :", 1 << 4) -- Décalage gauche : 16
    print(" 0x10 >> 4 :", 0x10 >> 4) -- Décalage droite : 1
end
```

Sortie (dépend de la version de Lua) :

```
Opérateurs bit à bit (Lua 5.3+) :
 0xFF & 0x0F : 15
 0xF0 | 0x0F : 255
 0xFF ~ 0x0F : 240
 ~0x0F : -16
 1 << 4 : 16
 0x10 >> 4 : 1
```

La Bibliothèque Package

La bibliothèque package gère les modules et les paquets :

```lua
-- Démonstration bibliothèque package
print("\nBibliothèque package :")

-- Afficher les chemins de recherche de modules actuels
print("\nChemins de recherche package :")
print("Lua (package.path) :\n  " .. package.path:gsub(";", "\n  "))
print("\nC (package.cpath) :\n  " .. package.cpath:gsub(";", "\n  "))

-- Lister les modules chargés
print("\nModules chargés (package.loaded) :")
local compte = 0
local clesModules = {}
for nom in pairs(package.loaded) do table.insert(clesModules, nom) end
table.sort(clesModules) -- Pour affichage ordonné
for _, nom in ipairs(clesModules) do
    compte = compte + 1
    if compte <= 8 then -- Limiter l'affichage
        print("  " .. nom)
    end
end
if compte > 8 then print("  ... et " .. (compte - 8) .. " autres") end

-- Démonstration package.preload
package.preload["module_demo"] = function()
    print("Chargement de module_demo préchargé...")
    return { nom = "Module Démo", version = "1.0" }
end

print("\nChargement d'un module préchargé :")
local demo = require("module_demo") -- Exécute la fonction dans preload
print(" Nom module :", demo.nom, " Version :", demo.version)
-- Re-requérir ne ré-exécute pas la fonction preload
```

```lua
local demo2 = require("module_demo")
print(" Est-ce le même objet ?", demo == demo2)



-- Afficheurs/Chargeurs (Searchers)
print("\nChargeurs (package.searchers) :")
local chargeurs = package.searchers or package.loaders -- Compatibilité
anciennes versions
for i, chargeur in ipairs(chargeurs) do
    print("  Chargeur " .. i .. " : " .. tostring(chargeur))
end

-- Ajouter au package.path temporairement
print("\nAjout temporaire à package.path :")
local cheminOriginal = package.path
package.path = "./mon_chemin/?.lua;" .. package.path
print(" Nouvelle première entrée :", package.path:match("^[^;]+"))
-- Restaurer le chemin original
package.path = cheminOriginal
print(" Chemin original restauré.")
```

Sortie (variera selon le système et les modules chargés) :

```
Bibliothèque package :

Chemins de recherche package :
Lua (package.path) :
  ./?.lua
  /usr/local/share/lua/5.3/?.lua
  /usr/local/share/lua/5.3/?/init.lua
  ... (autres chemins)

C (package.cpath) :
  ./?.so
  /usr/local/lib/lua/5.3/?.so
  ... (autres chemins)

Modules chargés (package.loaded) :
  _G
  coroutine
  debug
  io
  math
  os
  package
  string
```

```
  ... et 5 autres

Chargement d'un module préchargé :
Chargement de module_demo préchargé...
 Nom module : Module Démo  Version : 1.0
 Est-ce le même objet ? true

Chargeurs (package.searchers) :
  Chargeur 1 : function: 0x...
  Chargeur 2 : function: 0x...
  Chargeur 3 : function: 0x...
  Chargeur 4 : function: 0x...

Ajout temporaire à package.path :
 Nouvelle première entrée : ./mon_chemin/?.lua
 Chemin original restauré.
```

Créer des Bibliothèques Personnalisées

Vous pouvez étendre Lua avec vos propres bibliothèques, généralement sous forme de modules retournant une table. Voici l'exemple du chapitre précédent transformé en module :

```lua
-- Création d'une bibliothèque personnalisée (module utils)

-- Ce code serait dans un fichier, par ex. "monutils.lua"
local utils = {}

--[[ --- Section Utilitaires Chaîne --- ]]--
utils.chaine = {}
function utils.chaine.nettoyer(s) return s:match("^%s*(.-)%s*$") end
function utils.chaine.diviser(s, d)
    d = d or "%s+"
    local r = {}
    for m in (s..d):gmatch("(.-)"..d) do table.insert(r, m) end
    return r
end
function utils.chaine.commencePar(s, p) return s:sub(1, #p) == p end
function utils.chaine.terminePar(s, sf) return sf == "" or s:sub(-#sf) == sf end

--[[ --- Section Utilitaires Table --- ]]--
utils.table = {}
function utils.table.copier(t) local r={}; for k,v in pairs(t) do r[k]=v end;
return r end
local function copieProfondeRec(t, vus) -- Fonction interne récursive
```

```lua
    if type(t) ~= "table" then return t end
    if vus[t] then return vus[t] end -- Gérer cycles
    local r = {}
    vus[t] = r
    for k, v in pairs(t) do r[k] = copieProfondeRec(v, vus) end
    return r
end
function utils.table.copieProfonde(t) return copieProfondeRec(t, {}) end
function utils.table.cles(t) local c={}; for k,_ in pairs(t) do
table.insert(c,k) end; return c end
function utils.table.valeurs(t) local v={}; for _,vl in pairs(t) do
table.insert(v,vl) end; return v end
function utils.table.trouver(t, val) for k,v in pairs(t) do if v==val then
return k end end; return nil end
function utils.table.filtrer(t, pred) local r={}; for k,v in pairs(t) do if
pred(v,k,t) then r[k]=v end end; return r end
function utils.table.mapper(t, mapFunc) local r={}; for k,v in pairs(t) do
r[k]=mapFunc(v,k,t) end; return r end

--[[ --- Section Utilitaires Math --- ]]--
utils.math = {}
function utils.math.arrondir(n, dec) local m=10^(dec or 0); return
math.floor(n*m+0.5)/m end
function utils.math.borner(v, min, max) return math.min(math.max(v, min), max)
end
function utils.math.interpoler(a, b, t) return a + (b - a) * t end


-- Rendre la table 'utils' disponible si ce fichier est exécuté directement
-- (pour le test ici), mais retourner la table pour `require`.
-- Ceci est juste pour que l'exemple fonctionne en un seul bloc.
_G.utils = utils

-- Retourner la table pour que `require` fonctionne
-- return utils


-- Test de la bibliothèque personnalisée (comme si elle était requise)
print("\nTest bibliothèque utilitaire personnalisée :")

print("\nUtilitaires Chaîne :")
print("nettoyer(' salut ') : '" .. utils.chaine.nettoyer(" salut  ") .. "'")
print("diviser('a,b,c', ',') :", table.concat(utils.chaine.diviser("a,b,c",
","), "|"))

print("\nUtilitaires Table :")
local tOrig = {x=1, y={z=2}}
```

```
local tCopie = utils.table.copieProfonde(tOrig)
tOrig.y.z = 99
print("Original :", tOrig.y.z, "Copié :", tCopie.y.z) -- Copié reste 2
local nums = {10, 20, 15}
local pairsFiltres = utils.table.filtrer(nums, function(v) return v >= 15 end)
print("Filtré (>=15) :", table.concat(pairsFiltres, ", "))

print("\nUtilitaires Math :")
print("arrondir(math.pi, 3) :", utils.math.arrondir(math.pi, 3))
print("borner(50, 0, 20) :", utils.math.borner(50, 0, 20))
print("interpoler(10, 20, 0.5) :", utils.math.interpoler(10, 20, 0.5))
```

Sortie :

```
Test bibliothèque utilitaire personnalisée :

Utilitaires Chaîne :
nettoyer('  salut  ') : 'salut'
diviser('a,b,c', ',') : a|b|c

Utilitaires Table :
Original : 99 Copié : 2
Filtré (>=15) : 20, 15 -- Note: l'ordre dépend de pairs

Utilitaires Math :
arrondir(math.pi, 3) : 3.142
borner(50, 0, 20) : 20
interpoler(10, 20, 0.5) : 15
```

Bonnes Pratiques pour l'Utilisation de la Bibliothèque Standard

Voici quelques bonnes pratiques pour utiliser efficacement la bibliothèque standard de Lua :

1. **Savoir ce qui est disponible** : Familiarisez-vous avec les fonctions de chaque bibliothèque pour éviter de réinventer la roue.
2. **Utiliser l'approche la plus efficace** : Par exemple, utilisez `table.concat` au lieu de la concaténation de chaînes dans les boucles, et `ipairs` pour les tables de type tableau lorsque l'ordre et les indices séquentiels sont importants.

3. **Gérer les différences de version** : Soyez conscient des différences entre les versions de Lua (par ex., `unpack` vs `table.unpack`, opérateurs bit à bit vs `bit32`) et fournissez des alternatives si nécessaire.

4. **Étendre plutôt que modifier** : Créez vos propres bibliothèques (modules) qui étendent les fonctionnalités de Lua plutôt que de modifier directement les tables des bibliothèques standard (comme `string` ou `table`).

5. **Organisez votre code** : Regroupez les fonctions associées dans des espaces de noms (tables/modules) pour une meilleure organisation et pour éviter de polluer l'espace de noms global.

```
-- Exemple de gestion des différences de version
local depaqueter = table.unpack or unpack -- Choisit la fonction disponible
local maTable = { "a", "b", "c" }
print( depaqueter(maTable) ) --> a b c

-- Exemple d'organisation de fonctions associées
local UtilsChaine = {}
function UtilsChaine.estVide(s) return s == nil or s == "" end
function UtilsChaine.nettoyer(s) return s:match("^%s*(.-)%s*$") end

-- Utilisation
print("EstVide('') :", UtilsChaine.estVide(""))
print("Nettoyer(' test '):", "'"..UtilsChaine.nettoyer(" test ").."'")
```

Sortie :

```
a       b       c
EstVide('') : true
Nettoyer(' test '): 'test'
```

Résumé du Chapitre

Dans ce chapitre, nous avons exploré la bibliothèque standard de Lua, une collection compacte mais puissante de fonctions et d'utilitaires qui forment le cœur de la programmation Lua. Nous avons couvert les fonctions globales de base, ainsi que les bibliothèques spécialisées pour les chaînes, les tables, les mathématiques, les entrées/ sorties, l'interaction avec le système d'exploitation, le débogage et le multitâche coopératif.

Nous avons également vu comment étendre Lua avec des bibliothèques personnalisées, gérer les différences de version et organiser efficacement le code. Malgré son approche minimaliste, la bibliothèque standard de Lua fournit la plupart des fonctionnalités nécessaires aux tâches de programmation courantes, du traitement de texte et des calculs mathématiques aux E/S de fichiers et à la gestion des processus.

Comprendre la bibliothèque standard est essentiel pour une programmation Lua efficace, car elle vous permet de tirer parti des fonctionnalités intégrées plutôt que de tout réimplémenter à partir de zéro. Les bibliothèques sont conçues pour fonctionner ensemble de manière transparente, offrant une expérience de programmation cohérente et logique.

Dans le chapitre suivant, nous explorerons comment intégrer Lua avec C/C++, ce qui vous permet d'étendre encore davantage les capacités de Lua en ajoutant des fonctions et des types personnalisés implémentés dans un langage de plus bas niveau.

Chapitre 14 : Intégration de Lua avec C/C++

Introduction à l'Intégration Lua/C

L'une des plus grandes forces de Lua est sa capacité à s'intégrer avec C et C++. Cette intégration permet aux scripts Lua d'appeler des fonctions C et aux programmes C d'interagir avec le code Lua. Cette caractéristique fait de Lua un excellent choix pour l'embarquement dans des applications, où il peut servir de couche de script au-dessus de code C/C++ haute performance.

Dans ce chapitre, nous explorerons l'API C de Lua, qui fournit l'interface entre Lua et C. Nous apprendrons comment :

- Embarquer un interpréteur Lua dans une application C/C++
- Appeler des fonctions Lua depuis C
- Appeler des fonctions C depuis Lua
- Partager des données entre Lua et C
- Créer des modules Lua en C
- Gérer les erreurs à travers la frontière linguistique

Bien que ce chapitre suppose une certaine familiarité avec la programmation C, nous nous concentrerons sur l'explication claire des concepts, avec de nombreux exemples.

L'API C de Lua

L'API C de Lua est centrée autour d'une pile virtuelle qui sert d'interface entre Lua et C. Cette pile est utilisée pour passer des valeurs entre les deux langages, gérer les appels de fonction et traiter les erreurs.

La Pile Virtuelle Lua

Voici une vue simplifiée du fonctionnement de la pile virtuelle Lua :

1. Les valeurs sont poussées sur la pile depuis C.
2. Les opérations Lua consomment des valeurs de la pile et y poussent les résultats.
3. Le code C peut récupérer des valeurs de la pile.
4. La pile est automatiquement gérée lors des appels de fonction.

Examinons un exemple simple qui démontre l'utilisation de la pile :

```c
#include <stdio.h>
#include <lua.h>          // API C principale de Lua
#include <lauxlib.h>      // Fonctions auxiliaires
#include <lualib.h>       // Pour ouvrir les bibliothèques standard

int main(void) {
    // Créer un nouvel état Lua
    lua_State *L = luaL_newstate();
    if (L == NULL) {
        fprintf(stderr, "Erreur: Impossible de créer l'état Lua.\n");
        return 1;
    }

    // Ouvrir les bibliothèques standard (print, math, string, etc.)
    luaL_openlibs(L);

    printf("Travail avec la pile Lua :\n");

    // Pousser des valeurs sur la pile
    lua_pushnil(L);              // pile[1]: nil
    lua_pushboolean(L, 1);       // pile[2]: true
    lua_pushnumber(L, 42.5);     // pile[3]: 42.5
    lua_pushinteger(L, 123);     // pile[4]: 123
    lua_pushstring(L, "Bonjour");  // pile[5]: "Bonjour"

    // Afficher la taille de la pile (nombre d'éléments)
    printf("Taille pile : %d\n", lua_gettop(L)); // Devrait être 5

    // Accéder aux valeurs de la pile (indices positifs depuis le bas, négatifs
depuis le haut)
    printf("Type à l'indice 1 (bas) : %s\n", lua_typename(L, lua_type(L,
1))); // nil
    printf("Valeur à l'indice -1 (haut) : %s\n", lua_tostring(L, -1)); //
"Bonjour"
    printf("Valeur à l'indice 3 : %f\n", lua_tonumber(L, 3)); // 42.5
```

```
    // Manipuler la pile
    lua_pop(L, 2); // Retire 2 éléments du haut (123, "Bonjour")
    // pile: nil, true, 42.5
    printf("Après pop(2), taille pile : %d\n", lua_gettop(L)); // Devrait être 3

    lua_pushvalue(L, -2); // Pousse une copie de l'élément à l'indice -2 (true)
    // pile: nil, true, 42.5, true
    printf("Après pushvalue(-2), taille pile : %d\n", lua_gettop(L)); // Devrait
être 4

    lua_remove(L, 2); // Retire l'élément à l'indice 2 (true)
    // pile: nil, 42.5, true
    printf("Après remove(2), taille pile : %d\n", lua_gettop(L)); // Devrait
être 3

    lua_insert(L, 1); // Déplace le haut (-1, true) à l'indice 1
    // pile: true, nil, 42.5
    printf("Après insert(1), type à l'indice 1 : %s\n", lua_typename(L,
lua_type(L, 1))); // boolean

    lua_replace(L, 2); // Remplace l'élément à l'indice 2 (nil) par le haut
(42.5)
    // pile: true, 42.5
    printf("Après replace(2), taille pile : %d\n", lua_gettop(L)); // Devrait
être 2

    // Nettoyer et fermer l'état Lua
    lua_close(L);
    return 0;
}
```

Lorsqu'il est compilé et exécuté (en liant avec la bibliothèque Lua), ce programme démontre les opérations de base sur la pile Lua, montrant comment pousser des valeurs, les récupérer et manipuler la pile.

Fonctions Clés de l'API C

L'API C de Lua fournit de nombreuses fonctions pour travailler avec l'état Lua. Voici quelques-unes des catégories les plus importantes :

1. **Gestion de l'État**

    - `lua_State *luaL_newstate()`: Crée un nouvel état Lua.
    - `void lua_close(lua_State *L)`: Ferme un état Lua.

- void `luaL_openlibs(lua_State *L)`: Ouvre les bibliothèques standard.

2. **Manipulation de la Pile**

   - int `lua_gettop(lua_State *L)`: Obtient la taille de la pile.
   - void `lua_settop(lua_State *L, int index)`: Définit la taille de la pile (tronque ou ajoute des nils).
   - void `lua_pushvalue(lua_State *L, int index)`: Pousse une copie d'une valeur existante sur la pile.
   - void `lua_remove(lua_State *L, int index)`: Retire une valeur à un indice donné.
   - void `lua_insert(lua_State *L, int index)`: Insère la valeur du haut à un indice donné.
   - void `lua_replace(lua_State *L, int index)`: Remplace une valeur à un indice donné par la valeur du haut.
   - void `lua_pop(lua_State *L, int n)`: Retire n éléments du haut de la pile.

3. **Pousser des Valeurs (Push)**

   - void `lua_pushnil(lua_State *L)`: Pousse nil.
   - void `lua_pushboolean(lua_State *L, int b)`: Pousse un booléen (b != 0 est vrai).
   - void `lua_pushinteger(lua_State *L, lua_Integer n)`: Pousse un entier Lua.
   - void `lua_pushnumber(lua_State *L, lua_Number n)`: Pousse un nombre flottant Lua.
   - const char `*lua_pushstring(lua_State *L, const char *s)`: Pousse une chaîne C.
   - const char `*lua_pushlstring(lua_State *L, const char *s, size_t len)`: Pousse une chaîne C avec longueur spécifiée.
   - const char `*lua_pushfstring(lua_State *L, const char *fmt, ...)`: Pousse une chaîne formatée.
   - void `lua_newtable(lua_State *L)`: Pousse une nouvelle table vide.
   - void `lua_pushcfunction(lua_State *L, lua_CFunction f)`: Pousse une fonction C.
   - void `lua_pushlightuserdata(lua_State *L, void *p)`: Pousse un pointeur C léger.

4. **Récupérer des Valeurs (To)**

- `int lua_isnil(lua_State *L, int index)`, `lua_isboolean`, `lua_isnumber`, `lua_isstring`, `lua_istable`, `lua_isfunction`, `lua_isuserdata`, `lua_islightuserdata` : Vérifient le type à un indice.
- `int lua_type(lua_State *L, int index)`: Obtient le type (constante `LUA_T...`).
- `lua_Integer lua_tointeger(lua_State *L, int index)`: Obtient un entier (0 si non convertible).
- `lua_Number lua_tonumber(lua_State *L, int index)`: Obtient un nombre (0.0 si non convertible).
- `int lua_toboolean(lua_State *L, int index)`: Obtient un booléen (selon les règles Lua).
- `const char *lua_tostring(lua_State *L, int index)`: Obtient une chaîne (`NULL` si non convertible). Peut changer la valeur sur la pile.
- `size_t lua_rawlen(lua_State *L, int index)`: Obtient la longueur brute (octets pour chaîne, taille pour table/userdata).
- `void *lua_touserdata(lua_State *L, int index)`: Obtient un pointeur userdata (léger ou plein).
- `lua_CFunction lua_tocfunction(lua_State *L, int index)`: Obtient une fonction C.

5. **Appels de Fonction**

- `void lua_call(lua_State *L, int nargs, int nresults)`: Appelle une fonction sur la pile (non protégé).
- `int lua_pcall(lua_State *L, int nargs, int nresults, int errfunc)`: Appelle une fonction sur la pile (protégé).

6. **Accès aux Tables**

- `int lua_getfield(lua_State *L, int index, const char *k)`: Obtient `table[k]` (k est une chaîne).
- `int lua_gettable(lua_State *L, int index)`: Obtient `table[key]` (la clé est au sommet de la pile).
- `int lua_getglobal(lua_State *L, const char *name)`: Obtient une variable globale.
- `void lua_setfield(lua_State *L, int index, const char *k)`: Définit `table[k]` = `valeur` (la valeur est au sommet).
- `void lua_settable(lua_State *L, int index)`: Définit `table[key]` = `valeur` (clé et valeur sont au sommet).
- `void lua_setglobal(lua_State *L, const char *name)`: Définit une variable globale (la valeur est au sommet).

- void lua_rawgeti(lua_State *L, int index, lua_Integer n): Obtient table[n] (n est un entier).
- void lua_rawseti(lua_State *L, int index, lua_Integer n): Définit table[n] = valeur (la valeur est au sommet).

Ceci n'est qu'un sous-ensemble, mais couvre les opérations les plus courantes.

Embarquer Lua dans des Applications C

L'une des utilisations les plus courantes de l'API C Lua est d'embarquer un interpréteur Lua dans une application C/C++. Cela permet à l'application d'utiliser Lua pour la configuration, le scripting ou d'autres tâches.

Embarquement de Base

Voici un exemple simple d'embarquement de Lua dans un programme C :

```c
#include <stdio.h>
#include <lua.h>
#include <lauxlib.h>
#include <lualib.h>

int main(void) {
    // Créer un nouvel état Lua
    lua_State *L = luaL_newstate();
    if (L == NULL) { return 1; }

    // Ouvrir les bibliothèques standard
    luaL_openlibs(L);

    printf("Exemple d'interpréteur Lua embarqué :\n");

    // Exécuter un morceau de code Lua simple
    // luaL_dostring est un raccourci pour loadstring + pcall
    int statut = luaL_dostring(L, "print('Bonjour depuis Lua !')");
    if (statut != LUA_OK) {
        fprintf(stderr, "Erreur dostring : %s\n", lua_tostring(L, -1));
        lua_pop(L, 1);  // Retirer le message d'erreur
    }

    // Définir une variable Lua depuis C
    lua_pushnumber(L, 42);
    lua_setglobal(L, "reponse"); // Définit la variable globale 'reponse' à 42

    // Exécuter du code qui utilise la variable
```

```c
    statut = luaL_dostring(L, "print('La réponse est :', reponse)");
    if (statut != LUA_OK) {
        fprintf(stderr, "Erreur dostring 2 : %s\n", lua_tostring(L, -1));
        lua_pop(L, 1);
    }


    // Récupérer la variable depuis Lua vers C
    lua_getglobal(L, "reponse"); // Pousse la valeur de 'reponse' sur la pile
    if (lua_isnumber(L, -1)) {
        lua_Number reponseLua = lua_tonumber(L, -1);
        printf("Réponse lue depuis Lua : %g\n", reponseLua);
    }
    lua_pop(L, 1);   // Retirer la valeur de la réponse de la pile

    // Exécuter un fichier Lua
    printf("\nExécution d'un fichier Lua :\n");

    // Créer un fichier Lua de test
    FILE *f = fopen("test_embarque.lua", "w");
    if (f == NULL) { lua_close(L); return 1; }
    fprintf(f, "print('Ceci vient d\\'un fichier Lua')\n");
    fprintf(f, "return 'Fichier exécuté avec succès'\n");
    fclose(f);

    // Exécuter le fichier (raccourci pour loadfile + pcall)
    statut = luaL_dofile(L, "test_embarque.lua");
    if (statut == LUA_OK) {
        // Obtenir la valeur de retour (si elle existe)
        if (lua_isstring(L, -1)) {
            printf("Valeur retournée : %s\n", lua_tostring(L, -1));
        }
         lua_pop(L, lua_gettop(L)); // Nettoyer la pile
    } else {
        fprintf(stderr, "Erreur dofile : %s\n", lua_tostring(L, -1));
        lua_pop(L, 1);
    }

    // Nettoyer
    lua_close(L);
    remove("test_embarque.lua");  // Supprimer le fichier de test
    return 0;
}
```

Ce programme montre comment créer un état Lua, exécuter du code Lua (chaînes et fichiers) et échanger des données simples entre C et Lua.

Gestion des Erreurs

Lors de l'exécution de code Lua depuis C, il est important de gérer correctement les erreurs. La fonction `lua_pcall` permet d'exécuter du code Lua dans un environnement protégé, en attrapant les erreurs qui se produisent :

```c
#include <stdio.h>
#include <lua.h>
#include <lauxlib.h>
#include <lualib.h>

// Gestionnaire d'erreurs personnalisé pour ajouter une trace de pile
static int gestionnaire_erreur_trace(lua_State *L) {
    // L'erreur originale est au sommet de la pile (-1)
    const char *msg = lua_tostring(L, 1); // Obtenir le message d'erreur
original
    if (msg == NULL) { // Si l'erreur n'est pas une chaîne
        if (luaL_callmeta(L, 1, "__tostring") && lua_type(L, -1) == LUA_TSTRING)
{
            // Essayer d'appeler __tostring sur l'objet erreur
            msg = lua_tostring(L, -1); // Utiliser le résultat
            lua_remove(L, 1); // Enlever l'objet original
        } else {
            msg = lua_pushfstring(L, "(objet erreur est une valeur %s)",
luaL_typename(L, 1));
        }
    }
    // Ajouter la trace de pile au message
    luaL_traceback(L, L, msg, 1); // Niveau 1 pour ne pas inclure ce
gestionnaire
    return 1; // Retourne la nouvelle chaîne (message + trace)
}


int main(void) {
    lua_State *L = luaL_newstate();
    if (!L) return 1;
    luaL_openlibs(L);

    printf("Exemple de gestion d'erreur :\n");

    // --- Exécution de code valide ---
    printf("\nExécution de code valide :\n");
    lua_pushcfunction(L, gestionnaire_erreur_trace); // Pousse le gestionnaire
    int idxGestionnaire = lua_gettop(L);

    // Charger la chaîne (compile et pousse la fonction chunk sur la pile)
```

```
    int statutLoad = luaL_loadstring(L, "print('Ce code est valide')");
    if (statutLoad == LUA_OK) {
        // Exécuter le chunk avec gestion d'erreur
        int statutPcall = lua_pcall(L, 0, 0, idxGestionnaire); // 0 args, 0
retours
        if (statutPcall != LUA_OK) {
            fprintf(stderr, "Erreur pcall (inattendue) : %s\n", lua_tostring(L,
-1));
            lua_pop(L, 1); // Nettoyer erreur
        } else {
            printf(" Exécution réussie.\n");
        }
    } else {
        fprintf(stderr, "Erreur loadstring : %s\n", lua_tostring(L, -1));
        lua_pop(L, 1); // Nettoyer erreur
    }
    lua_remove(L, idxGestionnaire); // Enlever le gestionnaire de la pile

    // --- Exécution de code invalide (erreur d'exécution) ---
    printf("\nExécution de code invalide :\n");
    lua_pushcfunction(L, gestionnaire_erreur_trace); // Pousse le gestionnaire
    idxGestionnaire = lua_gettop(L);

    statutLoad = luaL_loadstring(L, "error('Ce code va échouer')");
    if (statutLoad == LUA_OK) {
        int statutPcall = lua_pcall(L, 0, 0, idxGestionnaire);
        if (statutPcall != LUA_OK) {
            // L'erreur formatée par le gestionnaire est au sommet
            fprintf(stderr, "Erreur pcall (attendue) : %s\n", lua_tostring(L, -
1));
            lua_pop(L, 1); // Nettoyer erreur
        } else {
            printf(" Exécution réussie (inattendu).\n");
        }
    } else { /* ... gestion erreur load ... */ }
    lua_remove(L, idxGestionnaire);

    // --- Exécution de code avec erreur de syntaxe ---
    printf("\nExécution de code avec erreur de syntaxe :\n");
    // loadstring attrape les erreurs de syntaxe
    statutLoad = luaL_loadstring(L, "function invalide(x print(x) end"); // ')'
manquante
    if (statutLoad != LUA_OK) {
        fprintf(stderr, "Erreur loadstring (attendue) : %s\n", lua_tostring(L, -
1));
        lua_pop(L, 1); // Nettoyer erreur
    } else {
```

```
        printf(" Chargement réussi (inattendu).\n");
        lua_pop(L, 1); // Nettoyer la fonction chargée
    }

    lua_close(L);
    return 0;
}
```

Cet exemple montre comment gérer différents types d'erreurs qui peuvent survenir lors de l'exécution de code Lua depuis C, y compris l'utilisation d'un gestionnaire d'erreurs personnalisé avec `lua_pcall` pour obtenir une trace de pile.

Appeler des Fonctions Lua depuis C

L'un des aspects clés de l'intégration Lua/C est la capacité d'appeler des fonctions Lua depuis du code C. Cela permet au code C d'utiliser des fonctionnalités implémentées en Lua.

Appels de Fonction de Base

Voici un exemple d'appel d'une fonction Lua depuis C :

```
#include <stdio.h>
#include <string.h> // Pour strcmp
#include <lua.h>
#include <lauxlib.h>
#include <lualib.h>

// Fonction utilitaire pour appeler une fonction Lua et afficher le résultat
void appelerFonctionLua(lua_State *L, const char *nomFonction, int nArgs, int
nRets) {
    printf("\nAppel de %s(...):\n", nomFonction);

    // Obtenir la fonction globale
    int typeFonction = lua_getglobal(L, nomFonction);
    if (typeFonction != LUA_TFUNCTION) {
        fprintf(stderr, "Erreur : '%s' n'est pas une fonction (type %s)\n",
                nomFonction, lua_typename(L, typeFonction));
        lua_pop(L, 1 + nArgs); // Nettoyer la valeur non-fonction et les
arguments déjà poussés
        return;
    }

    // Déplacer la fonction avant les arguments si nécessaire
```

```c
    if (nArgs > 0) {
        lua_insert(L, -(nArgs + 1));
    }

    // Appeler la fonction via pcall
    int statutPcall = lua_pcall(L, nArgs, nRets, 0); // 0 = pas de gestionnaire
d'erreur ici
    if (statutPcall != LUA_OK) {
        fprintf(stderr, " Erreur pcall : %s\n", lua_tostring(L, -1));
        lua_pop(L, 1); // Nettoyer erreur
        return;
    }

    // Afficher les résultats
    int nbResultatsReels = lua_gettop(L); // Combien de résultats sont
réellement sur la pile
    printf(" Résultat(s) (%d attendus, %d reçus) :\n", nRets, nbResultatsReels);
    for (int i = 1; i <= nbResultatsReels; ++i) {
        // Afficher chaque résultat
        lua_pushvalue(L, i); // Copier pour ne pas modifier avec lua_tostring
        const char *strRes = luaL_tolstring(L, -1, NULL); // Convertit en chaîne
        printf(" [%d]: %s (type: %s)\n", i, strRes, luaL_typename(L, i));
        lua_pop(L, 2); // Retirer la copie et la chaîne créée par tolstring
    }
     lua_pop(L, nbResultatsReels); // Nettoyer tous les résultats de la pile
}


int main(void) {
    lua_State *L = luaL_newstate();
    if (!L) return 1;
    luaL_openlibs(L);

    printf("Appel de fonctions Lua depuis C :\n");

    // Définir des fonctions Lua
    const char *code_lua =
        "function additionner(a, b) return a + b end\n"
        "function saluer(nom) return 'Bonjour, ' .. nom .. ' !' end\n"
        "function obtenir_table() return {nom = 'Lua', annee = 1993, feats =
{'léger', 'embarquable'}} end\n"
        "function retour_multiple() return 'un', 'deux', 'trois' end";

    if (luaL_dostring(L, code_lua) != LUA_OK) { /* ... gestion erreur ... */
lua_close(L); return 1; }

    // --- Appeler additionner(10, 20) ---
```

```
    lua_pushinteger(L, 10);
    lua_pushinteger(L, 20);
    appelerFonctionLua(L, "additionner", 2, 1); // 2 args, 1 retour attendu

    // --- Appeler saluer('Jean') ---
    lua_pushstring(L, "Jean");
    appelerFonctionLua(L, "saluer", 1, 1); // 1 arg, 1 retour attendu

    // --- Appeler obtenir_table() ---
    appelerFonctionLua(L, "obtenir_table", 0, 1); // 0 args, 1 retour attendu
    // Accéder aux champs de la table retournée (si elle est toujours sur la
pile après appelerFonctionLua)
    // Note: appelerFonctionLua nettoie la pile, il faudrait modifier cela pour
garder le résultat
    // Pour l'instant, on ré-appelle pour obtenir la table
    lua_getglobal(L, "obtenir_table");
    if(lua_pcall(L, 0, 1, 0) == LUA_OK && lua_istable(L, -1)) {
        printf(" Contenu table retournée :\n");
        lua_getfield(L, -1, "nom"); printf("  nom: %s\n", lua_tostring(L, -1));
lua_pop(L, 1);
        lua_getfield(L, -1, "annee"); printf("  annee: %d\n",
(int)lua_tointeger(L, -1)); lua_pop(L, 1);
        lua_getfield(L, -1, "feats");
        if(lua_istable(L, -1)){
            printf("  feats: { ");
            for(int i=1; ; ++i){
                if(lua_rawgeti(L, -1, i) == LUA_TNIL){ lua_pop(L, 1);
break; } // Fin du tableau
                printf("%s ", lua_tostring(L, -1)); lua_pop(L, 1);
            }
            printf("}\n");
        }
        lua_pop(L, 1); // feats table
        lua_pop(L, 1); // obtenir_table result table
    } else { /* ... gestion erreur ou type incorrect ...*/ }

    // --- Appeler retour_multiple() ---
    // Note : appelerFonctionLua est conçu pour afficher les retours, pas pour
les traiter individuellement ici.
    // On s'attend à 3 retours, mais pcall en reçoit LUA_MULTRET implicitement
si nRets=-1
    // Notre fonction appelerFonctionLua va les afficher.
    appelerFonctionLua(L, "retour_multiple", 0, 3); // 0 args, 3 retours
attendus

    lua_close(L);
    return 0;
```

```
}
```

Cet exemple (avec la fonction utilitaire appelerFonctionLua) montre comment appeler des fonctions Lua de complexité variable, y compris celles qui retournent des tables et plusieurs valeurs.

Utilisation de la Bibliothèque Auxiliaire

La bibliothèque auxiliaire Lua (lauxlib.h) fournit des fonctions de plus haut niveau qui simplifient les tâches courantes, notamment pour vérifier les types d'arguments.

```c
#include <stdio.h>
#include <lua.h>
#include <lauxlib.h>
#include <lualib.h>

// Fonction C pour appeler une fonction Lua de manière plus sûre
// Retourne le nombre de résultats sur la pile, ou -1 en cas d'erreur
int appelerCalculerSecurise(lua_State *L, const char *operation, double a,
double b) {
    printf("\nAppel sécurisé calculer('%s', %g, %g):\n", operation, a, b);

    // Obtenir la fonction globale 'calculer'
    int typeFunc = lua_getglobal(L, "calculer");
    if (typeFunc != LUA_TFUNCTION) {
        fprintf(stderr, " Erreur: 'calculer' n'est pas une fonction.\n");
        lua_pop(L, 1); // Retirer la valeur non-fonction
        return -1;
    }

    // Pousser les arguments
    lua_pushnumber(L, a);
    lua_pushnumber(L, b);
    lua_pushstring(L, operation);

    // Appeler la fonction (3 arguments, 1 résultat attendu)
    int statutPcall = lua_pcall(L, 3, 1, 0); // 0 = pas de gestionnaire d'erreur
    if (statutPcall != LUA_OK) {
        fprintf(stderr, " Erreur pcall: %s\n", lua_tostring(L, -1));
        lua_pop(L, 1); // Retirer le message d'erreur
        return -1;
    }

    // Vérifier et obtenir le résultat en utilisant la bibliothèque auxiliaire
    // luaL_checknumber lève une erreur Lua si le type est incorrect
    // pcall attraperait cette erreur si on l'utilisait autour de l'appel C
```

```c
    if (!lua_isnumber(L, -1)) {
        fprintf(stderr, " Erreur: Le résultat n'est pas un nombre.\n");
        lua_pop(L, 1); // Retirer la valeur incorrecte
        return -1;
    }
    // Pour être plus sûr, on pourrait utiliser lua_pcall autour de l'appel à la
fonction C
    // et vérifier le type *après* le pcall réussi.
    // Ici, on utilise luaL_checknumber *à l'intérieur* de la fonction C pour la
simplicité.
    // Si on était dans une fonction C appelée par Lua, luaL_checknumber serait
idéal.
    // Dans ce contexte d'appel C vers Lua, vérifier avec lua_isnumber est plus
sûr.
    lua_Number resultat = lua_tonumber(L, -1);
    printf(" Résultat: %g\n", resultat);

    // Laisser le résultat sur la pile pour l'appelant C
    return 1; // 1 résultat sur la pile
}


int main(void) {
    lua_State *L = luaL_newstate();
    if (!L) return 1;
    luaL_openlibs(L);

    printf("Utilisation de la bibliothèque auxiliaire Lua :\n");

    // Définir la fonction Lua 'calculer'
    const char *code_lua =
        "function calculer(a, b, operation)\n"
        "  if operation == 'addition' then return a + b\n"
        "  elseif operation == 'soustraction' then return a - b\n"
        "  elseif operation == 'multiplication' then return a * b\n"
        "  elseif operation == 'division' then\n"
        "    if b == 0 then error('Division par zéro') end\n"
        "    return a / b\n"
        "  else error('Opération inconnue: ' .. tostring(operation)) end\n"
        "end";

    if (luaL_dostring(L, code_lua) != LUA_OK) { /* ... gestion erreur ... */
lua_close(L); return 1; }

    // Tester avec différentes opérations
    int nbRes;
    nbRes = appelerCalculerSecurise(L, "addition", 10, 20);
```

```
        if (nbRes > 0) lua_pop(L, nbRes); // Nettoyer la pile

    nbRes = appelerCalculerSecurise(L, "soustraction", 50, 30);
     if (nbRes > 0) lua_pop(L, nbRes);

    nbRes = appelerCalculerSecurise(L, "multiplication", 6, 7);
     if (nbRes > 0) lua_pop(L, nbRes);

    nbRes = appelerCalculerSecurise(L, "division", 100, 4);
     if (nbRes > 0) lua_pop(L, nbRes);

    // Tester la gestion d'erreur (division par zéro)
    nbRes = appelerCalculerSecurise(L, "division", 10, 0);
     if (nbRes > 0) lua_pop(L, nbRes); // Ne devrait pas être atteint

    // Tester opération inconnue
    nbRes = appelerCalculerSecurise(L, "modulo", 10, 3);
     if (nbRes > 0) lua_pop(L, nbRes); // Ne devrait pas être atteint

    lua_close(L);
    return 0;
}
```

Les fonctions de la bibliothèque auxiliaire comme luaL_checknumber, luaL_check-string, luaL_checktype, etc., fournissent une vérification de type supplémentaire et une gestion des erreurs, rendant le code C plus robuste lorsqu'il interagit avec Lua. Elles lèvent une erreur Lua si la vérification échoue, ce qui peut être attrapé par lua_pcall si nécessaire.

Enregistrer des Fonctions C dans Lua

L'une des fonctionnalités les plus puissantes de l'API C Lua est la possibilité d'enregistrer des fonctions C qui peuvent être appelées depuis du code Lua. Cela vous permet d'étendre Lua avec des fonctionnalités personnalisées implémentées en C.

Créer des Fonctions C pour Lua

Pour créer une fonction C pouvant être appelée depuis Lua, vous devez suivre le prototype lua_CFunction, qui est typedef int (*lua_CFunction)(lua_State *L);. La fonction reçoit l'état Lua (L) comme argument et retourne le nombre de valeurs qu'elle a poussées sur la pile comme résultats.

```
#include <stdio.h>
```

```c
#include <math.h> // Pour INFINITY
#include <float.h> // Pour DBL_MAX/MIN si INFINITY n'est pas défini
#include <lua.h>
#include <lauxlib.h>
#include <lualib.h>

#ifndef INFINITY
#define INFINITY (DBL_MAX * 2.0)
#endif
#ifndef NAN
#define NAN (INFINITY - INFINITY)
#endif


// Une fonction C qui sera appelable depuis Lua
static int c_additionner(lua_State *L) {
    // Vérifier et obtenir le premier argument (à l'indice 1)
    double a = luaL_checknumber(L, 1);

    // Vérifier et obtenir le second argument (à l'indice 2)
    double b = luaL_checknumber(L, 2);

    // Effectuer l'opération
    double resultat = a + b;

    // Pousser le résultat sur la pile
    lua_pushnumber(L, resultat);

    // Retourner le nombre de résultats (1 dans ce cas)
    return 1;
}

// Une fonction C plus complexe retournant plusieurs valeurs
static int c_statistiques(lua_State *L) {
    // Vérifier que l'argument est une table
    luaL_checktype(L, 1, LUA_TTABLE);

    int compteur = 0;
    double somme = 0.0;
    double minVal = INFINITY;
    double maxVal = -INFINITY;

    // Itérer sur la table (à l'indice 1)
    lua_pushnil(L);  // Pousse nil pour démarrer l'itération avec next
    while (lua_next(L, 1) != 0) {
        // La valeur est à l'indice -1, la clé à l'indice -2
        // On ne s'intéresse qu'aux valeurs numériques
```

```c
        if (lua_isnumber(L, -1)) {
            double valeur = lua_tonumber(L, -1);
            somme += valeur;
            compteur++;
            minVal = fmin(minVal, valeur); // Utiliser fmin/fmax
            maxVal = fmax(maxVal, valeur);
        }
        // Retirer la valeur, garder la clé pour la prochaine itération de next
        lua_pop(L, 1);
    }

    // Calculer la moyenne
    double moyenne = (compteur > 0) ? (somme / compteur) : NAN; // Retourne NaN
si vide

    // Pousser les résultats sur la pile
    lua_pushinteger(L, compteur);
    lua_pushnumber(L, somme);
    lua_pushnumber(L, moyenne);
    lua_pushnumber(L, (compteur > 0) ? minVal : NAN); // Retourne NaN si vide
    lua_pushnumber(L, (compteur > 0) ? maxVal : NAN); // Retourne NaN si vide

    // Retourner le nombre de résultats (5)
    return 5;
}

// Une fonction C qui utilise la gestion d'erreur Lua
static int c_diviser(lua_State *L) {
    double a = luaL_checknumber(L, 1);
    double b = luaL_checknumber(L, 2);

    if (fabs(b) < 1e-10) { // Comparaison plus sûre pour la division par zéro
flottant
        // Lève une erreur Lua
        return luaL_error(L, "Division par zéro ou nombre très proche de zéro");
    }

    lua_pushnumber(L, a / b);
    return 1;
}

int main(void) {
    lua_State *L = luaL_newstate();
    if (!L) return 1;
    luaL_openlibs(L);

    printf("Enregistrement de fonctions C dans Lua :\n");
```

```c
    // Enregistrer les fonctions C dans l'environnement global Lua
    lua_pushcfunction(L, c_additionner);
    lua_setglobal(L, "c_additionner");

    lua_pushcfunction(L, c_statistiques);
    lua_setglobal(L, "c_statistiques");

    lua_pushcfunction(L, c_diviser);
    lua_setglobal(L, "c_diviser");

    // Tester les fonctions C depuis Lua
    printf("\nAppel des fonctions C depuis Lua :\n");

    const char *code_test =
        "-- Test c_additionner\n"
        "local resultat = c_additionner(10, 20)\n"
        "print('c_additionner(10, 20) =', resultat)\n"
        "\n"
        "-- Test c_statistiques\n"
        "local nombres = {1, 5, 2, 8, 3, 9, 4, 7, 6}\n"
        "local compte, somme, moy, min, max = c_statistiques(nombres)\n"
        "print('Statistiques pour', table.concat(nombres, ', '))\n"
        "print('  Compte :', compte)\n"
        "print('  Somme :', somme)\n"
        "print('  Moyenne :', moy)\n"
        "print('  Min :', min)\n"
        "print('  Max :', max)\n"
        "\n"
        "-- Test c_diviser\n"
        "print('c_diviser(100, 5) =', c_diviser(100, 5))\n"
        "\n"
        "-- Test gestion d'erreur\n"
        "local succes, msg_erreur = pcall(c_diviser, 10, 0)\n"
        "if not succes then\n"
        "    print('Erreur attendue :', msg_erreur)\n"
        "end";

    if (luaL_dostring(L, code_test) != LUA_OK) {
        fprintf(stderr, "Erreur lors de l'exécution du test Lua: %s\n",
lua_tostring(L, -1));
    }

    lua_close(L);
    return 0;
}
```

Cet exemple montre comment créer des fonctions C qui peuvent être appelées depuis Lua, y compris des fonctions retournant plusieurs valeurs et gérant les erreurs.

Créer des Modules Lua en C

Pour des extensions plus complexes, il est courant de créer des modules Lua en C. Un module est une table contenant des fonctions et des valeurs associées. Voici un exemple créant un module vecteur :

```c
#include <stdio.h>
#include <string.h>
#include <math.h>
#include <lua.h>
#include <lauxlib.h>
#include <lualib.h>


// Fonctions du module vecteur

// Calculer la distance euclidienne entre deux points (x1,y1) et (x2,y2)
static int vecteur_distance(lua_State *L) {
    // Récupérer les 4 arguments numériques
    double x1 = luaL_checknumber(L, 1);
    double y1 = luaL_checknumber(L, 2);
    double x2 = luaL_checknumber(L, 3);
    double y2 = luaL_checknumber(L, 4);

    double dx = x2 - x1;
    double dy = y2 - y1;
    lua_pushnumber(L, sqrt(dx*dx + dy*dy)); // Pousse le résultat
    return 1; // 1 valeur de retour
}

// Normaliser un vecteur (x,y) pour obtenir un vecteur unitaire
static int vecteur_normaliser(lua_State *L) {
    double x = luaL_checknumber(L, 1);
    double y = luaL_checknumber(L, 2);
    double longueur = sqrt(x*x + y*y);

    if (longueur < 1e-10) { // Éviter division par zéro
        lua_pushnumber(L, 0);
        lua_pushnumber(L, 0);
    } else {
        lua_pushnumber(L, x / longueur);
        lua_pushnumber(L, y / longueur);
    }
    return 2; // 2 valeurs de retour (nx, ny)
}
```

```
// Calculer le produit scalaire de deux vecteurs (x1,y1) . (x2,y2)
static int vecteur_produit_scalaire(lua_State *L) {
    double x1 = luaL_checknumber(L, 1);
    double y1 = luaL_checknumber(L, 2);
    double x2 = luaL_checknumber(L, 3);
    double y2 = luaL_checknumber(L, 4);
    lua_pushnumber(L, x1*x2 + y1*y2); // Pousse le résultat
    return 1; // 1 valeur de retour
}

// Tableau décrivant les fonctions du module
static const struct luaL_Reg fonctions_vecteur[] = {
    {"distance", vecteur_distance},
    {"normaliser", vecteur_normaliser},
    {"produitScalaire", vecteur_produit_scalaire}, // Utiliser camelCase pour le
nom Lua
    {NULL, NULL} // Sentinelle de fin
};

// Fonction d'ouverture du module (appelée par require 'vecteur')
// Le nom doit être luaopen_<nom_module>
int luaopen_vecteur(lua_State *L) {
    // Crée une nouvelle table (le module) et y enregistre les fonctions de
fonctions_vecteur
    luaL_newlib(L, fonctions_vecteur);

    // Ajouter une constante au module
    lua_pushnumber(L, M_PI); // M_PI nécessite math.h
    lua_setfield(L, -2, "PI"); // Assigne la valeur au champ "PI" de la table
module

    // Ajouter des informations de version
    lua_pushstring(L, "1.0.0");
    lua_setfield(L, -2, "VERSION"); // Assigne la valeur au champ "VERSION"

    // Retourne la table module (qui est au sommet de la pile)
    return 1;
}

// Fonction principale pour tester l'enregistrement du module C
int main(void) {
    lua_State *L = luaL_newstate();
    if (!L) return 1;
    luaL_openlibs(L);

    printf("Création d'un module Lua en C (vecteur) :\n");
```

```c
    // Précharger le module C pour qu'il soit disponible via require
    luaL_requiref(L, "vecteur", luaopen_vecteur, 1); // 1 = met dans _G aussi
    lua_pop(L, 1); // requiref laisse la table sur la pile, on la retire

    // Tester le module depuis Lua
    printf("\nTest du module vecteur :\n");

    const char* code_test =
        "local vec = require('vecteur')\n" -- Charger le module
        "print('Version module Vecteur :', vec.VERSION)\n"
        "print('Constante PI :', vec.PI)\n"
        "\n"
        "-- Tester distance\n"
        "local dist = vec.distance(0, 0, 3, 4)\n"
        "print('Distance de (0,0) à (3,4) :', dist)\n"
        "\n"
        "-- Tester normaliser\n"
        "local nx, ny = vec.normaliser(3, 4)\n"
        "print('Normalisé (3,4) :', nx, ny)\n"
        "\n"
        "-- Tester produit scalaire\n"
        "local ps = vec.produitScalaire(1, 0, 0, 1)\n"
        "print('Produit scalaire de (1,0) et (0,1) :', ps)\n"
        "\n"
        "-- Créer une fonction Lua utilisant le module C\n"
        "function vec.angle(x1, y1, x2, y2)\n"
        "   local ps = vec.produitScalaire(x1, y1, x2, y2)\n"
        "   local len1 = vec.distance(0, 0, x1, y1)\n"
        "   local len2 = vec.distance(0, 0, x2, y2)\n"
        "   if len1 == 0 or len2 == 0 then return 0 end\n"
        "   -- Borner le cosinus à [-1, 1] pour éviter erreurs acos dues à
l'imprécision flottante
        "   local cosTheta = math.max(-1.0, math.min(1.0, ps / (len1 * len2)))\
n"
        "   return math.deg(math.acos(cosTheta)) -- Retourne en degrés\n"
        "end\n"
        "\n"
        "-- Tester la nouvelle fonction\n"
        "local angle = vec.angle(1, 0, 0, 1)\n"
        "print('Angle entre (1,0) et (0,1) :', angle, 'degrés')";

    if (luaL_dostring(L, code_test) != LUA_OK) {
        fprintf(stderr, "Erreur exécution test Lua : %s\n", lua_tostring(L, -
1));
    }
```

```
    lua_close(L);
    return 0;
}
```

Cet exemple crée un module `vecteur` avec des fonctions pour les opérations vectorielles, montrant comment organiser des fonctions C dans un module Lua cohérent. `luaL_newlib` est une fonction auxiliaire pratique pour créer la table du module et y enregistrer les fonctions définies dans le tableau `luaL_Reg`. `luaL_requiref` est utilisé pour enregistrer et éventuellement précharger le module.

Travailler avec les Userdata

Userdata permet de stocker des structures de données C dans des variables Lua. C'est utile pour implémenter des types de données complexes ou envelopper des bibliothèques C.

Exemple Userdata de Base (Light Userdata)

Voici un exemple simple utilisant des *light userdata* (userdata légers), qui sont essentiellement des pointeurs C bruts :

```c
#include <stdio.h>
#include <stdlib.h> // Pour malloc/free
#include <lua.h>
#include <lauxlib.h>
#include <lualib.h>

int main(void) {
    lua_State *L = luaL_newstate();
    if (!L) return 1;
    luaL_openlibs(L);

    printf("Exemple userdata léger :\n");

    // Créer un pointeur en C
    int *donnee = (int*)malloc(sizeof(int));
    if (!donnee) { lua_close(L); return 1; }
    *donnee = 42;
    printf(" Pointeur C créé à %p avec valeur %d\n", (void*)donnee, *donnee);

    // Pousser le pointeur comme userdata léger
    lua_pushlightuserdata(L, donnee);

    // Le stocker dans une variable globale Lua
```

```
    lua_setglobal(L, "donnee_c");

    // Définir une fonction Lua pour accéder à la donnée (juste pour montrer
qu'elle est passée)
    const char *code_lua =
        "function obtenir_donnee_c()\n"
        "    print(' Lua: obtention de donnee_c:', type(donnee_c), donnee_c)\n"
        "    return donnee_c\n"
        "end";
    luaL_dostring(L, code_lua);

    // Récupérer la donnée depuis Lua vers C
    lua_getglobal(L, "obtenir_donnee_c");
    if (lua_pcall(L, 0, 1, 0) == LUA_OK) {
        // Vérifier si la valeur retournée est un userdata léger
        if (lua_islightuserdata(L, -1)) {
            // Récupérer le pointeur C
            int *recupere = (int*)lua_touserdata(L, -1);
            printf(" Donnée récupérée via Lua : pointeur %p, valeur %d\n",
(void*)recupere, *recupere);
            if (recupere == donnee) {
                printf(" Les pointeurs correspondent !\n");
            }
        } else {
            printf(" Erreur: La valeur retournée n'est pas un userdata léger
(type: %s)\n", luaL_typename(L,-1));
        }
        lua_pop(L, 1); // Retirer le résultat
    } else { /* ... gestion erreur pcall ... */ }

    // Nettoyer la mémoire allouée en C
    free(donnee);
    lua_close(L);
    return 0;
}
```

Les userdata légers sont simples mais limités : ce ne sont que des pointeurs sans information de type associée en Lua, sans métatable, et ils ne sont pas gérés par le ramasse-miettes de Lua (vous devez gérer leur mémoire manuellement).

Userdata Complets avec Métatables

Pour des scénarios plus complexes, vous pouvez utiliser des *full userdata* (userdata complets) avec des métatables pour implémenter des types personnalisés, avec gestion de la mémoire par Lua et des méthodes associées :

```c
#include <stdio.h>
#include <stdlib.h> // Pour malloc/free (pas nécessaire ici car Lua gère la
mémoire)
#include <string.h>
#include <math.h> // Pour sqrt
#include <lua.h>
#include <lauxlib.h>
#include <lualib.h>

// Définir une structure C simple pour un Point
typedef struct {
    double x;
    double y;
} Point;

// Méthodes pour le userdata Point

// Créer un nouveau Point userdata
static int point_nouveau(lua_State *L) {
    double x = luaL_optnumber(L, 1, 0.0); // Argument optionnel x, défaut 0
    double y = luaL_optnumber(L, 2, 0.0); // Argument optionnel y, défaut 0

    // Allouer de la mémoire pour le Point DANS Lua (géré par le GC)
    Point *point = (Point*)lua_newuserdata(L, sizeof(Point));
    point->x = x;
    point->y = y;

    // Associer la métatable "Point" à ce userdata
    luaL_getmetatable(L, "Point"); // Récupère la métatable enregistrée
    lua_setmetatable(L, -2); // Assigne la métatable au userdata au sommet - 1

    return 1;  // Retourne le userdata créé sur la pile
}

// Obtenir les coordonnées x, y d'un Point
static int point_get(lua_State *L) {
    // Vérifie que l'argument 1 est un userdata de type "Point" et le récupère
    Point *point = (Point*)luaL_checkudata(L, 1, "Point");

    lua_pushnumber(L, point->x);
    lua_pushnumber(L, point->y);

    return 2;  // Retourne deux valeurs (x, y)
}

// Définir les coordonnées x, y d'un Point
static int point_set(lua_State *L) {
```

```c
    Point *point = (Point*)luaL_checkudata(L, 1, "Point");
    point->x = luaL_checknumber(L, 2); // Récupère x (argument 2)
    point->y = luaL_checknumber(L, 3); // Récupère y (argument 3)

    return 0;   // Ne retourne rien
}

// Calculer la distance entre deux Points
static int point_distance(lua_State *L) {
    Point *p1 = (Point*)luaL_checkudata(L, 1, "Point");
    Point *p2 = (Point*)luaL_checkudata(L, 2, "Point");

    double dx = p2->x - p1->x;
    double dy = p2->y - p1->y;
    lua_pushnumber(L, sqrt(dx*dx + dy*dy));
    return 1;
}

// Représentation textuelle (__tostring)
static int point_tostring(lua_State *L) {
    Point *point = (Point*)luaL_checkudata(L, 1, "Point");
    lua_pushfstring(L, "Point(%.2f, %.2f)", point->x, point->y); // Utilise le
formatage Lua
    return 1;
}

// Ramasse-miettes (__gc)
static int point_gc(lua_State *L) {
    // La mémoire pour la structure Point (allouée par lua_newuserdata)
    // est automatiquement libérée par Lua après cet appel.
    // On peut ajouter ici du code de nettoyage spécifique si le userdata
    // gérait d'autres ressources (ex: fermer un handle de fichier).
    Point *point = (Point*)luaL_checkudata(L, 1, "Point");
    printf("Ramassage Point(%.2f, %.2f)\n", point->x, point->y);
    // free(point->quelquechose_alloue_manuellement); // Si nécessaire
    return 0;
}

// Enregistrer le type Point (créer la métatable et la librairie)
int luaopen_point(lua_State *L) {
    // 1. Créer la métatable pour les userdata Point
    luaL_newmetatable(L, "Point"); // Crée et enregistre mt avec nom "Point"

    // 2. Définir mt.__index = mt (pour que p:methode() cherche dans la
métatable)
    lua_pushvalue(L, -1); // Duplique la métatable au sommet
    lua_setfield(L, -2, "__index"); // mt.__index = mt
```

```c
        // 3. Enregistrer les métaméthodes
        lua_pushcfunction(L, point_tostring);
        lua_setfield(L, -2, "__tostring");

        lua_pushcfunction(L, point_gc);
        lua_setfield(L, -2, "__gc");

        // 4. Enregistrer les méthodes "normales" dans la métatable
        lua_pushcfunction(L, point_get);
        lua_setfield(L, -2, "get"); // mt.get = point_get

        lua_pushcfunction(L, point_set);
        lua_setfield(L, -2, "set"); // mt.set = point_set

        lua_pushcfunction(L, point_distance);
        lua_setfield(L, -2, "distance"); // mt.distance = point_distance

        lua_pop(L, 1); // Enlever la métatable de la pile (elle est enregistrée)

        // 5. Créer la table de la bibliothèque (le module)
    luaL_newlib(L, (luaL_Reg[]){ // Tableau de fonctions pour la bibliothèque
        {"nouveau", point_nouveau}, // La seule fonction exportée directement
dans la lib
        {NULL, NULL}
    });

    return 1; // Retourne la table bibliothèque
}


int main(void) {
    lua_State *L = luaL_newstate();
    if (!L) return 1;
    luaL_openlibs(L);

    printf("Exemple userdata complet avec métatable :\n");

    // Enregistrer le type Point (comme un module préchargé)
    luaL_requiref(L, "Point", luaopen_point, 1); // 1 = met aussi dans _G
    lua_pop(L, 1); // Nettoyer la table retournée par requiref

    // Tester le type Point depuis Lua
    printf("\nTest du userdata Point :\n");

    const char* code_test =
        "-- Créer des Points\n"
```

```
    "local p1 = Point.nouveau(3, 4)\n"
    "local p2 = Point.nouveau(6, 8)\n"
    "\n"
    "-- Tester la métaméthode __tostring\n"
    "print('p1 =', p1)\n"
    "print('p2 =', p2)\n"
    "\n"
    "-- Tester la méthode get\n"
    "local x, y = p1:get()\n"
    "print('Coordonnées p1 :', x, y)\n"
    "\n"
    "-- Tester la méthode set\n"
    "p1:set(10, 20)\n"
    "print('Après set : p1 =', p1)\n"
    "\n"
    "-- Tester la méthode distance\n"
    "local dist = p1:distance(p2) -- équivalent à p1.distance(p1, p2)\n"
    "print('Distance entre p1 et p2 :', dist)\n"
    "\n"
    "-- Tester la collecte des déchets\n"
    "print('Test du GC :')\n"
    "local function test_gc()\n"
    "    local p_temp = Point.nouveau(1, 1)\n"
    "    print('  Point temporaire créé :', p_temp)\n"
    "end\n"
    "test_gc() -- p_temp devient inaccessible après cet appel\n"
    "collectgarbage('collect') -- Forcer une collecte complète";

    if (luaL_dostring(L, code_test) != LUA_OK) {
        fprintf(stderr, "Erreur exécution test Lua : %s\n", lua_tostring(L, -
1));
    }

    lua_close(L);
    return 0;
}
```

Cet exemple montre une implémentation de userdata plus complète avec métatables, méthodes et gestion automatique de la mémoire par le ramasse-miettes de Lua (via la métaméthode __gc).

Gestion de la Mémoire et des Ressources

Lors de l'intégration de Lua avec C, une gestion correcte de la mémoire est cruciale pour éviter les fuites et les plantages.

Ramasse-miettes et Références

Lua utilise un ramasse-miettes automatique, mais lorsque le code C détient des références à des valeurs Lua (en particulier des tables, fonctions, userdata, threads), vous devez gérer ces références explicitement pour empêcher le GC de collecter ces valeurs prématurément. Le registre Lua est souvent utilisé pour cela.

```c
#include <stdio.h>
#include <lua.h>
#include <lauxlib.h>
#include <lualib.h>

int main(void) {
    lua_State *L = luaL_newstate();
    if (!L) return 1;
    luaL_openlibs(L);

    printf("Gestion mémoire et références :\n");

    // Créer une table Lua
    lua_newtable(L); // La table est au sommet [-1]
    lua_pushstring(L, "Ce message est stocké");
    lua_setfield(L, -2, "message"); // table.message = "..." ; la table est
toujours à [-1]

    // Stocker la table dans le registre en utilisant une référence
    // luaL_ref retourne un entier unique et retire la valeur de la pile
    int ref = luaL_ref(L, LUA_REGISTRYINDEX);
    printf(" Référence créée : %d\n", ref);

    // La table n'est plus sur la pile principale, mais le registre la protège
du GC
    printf(" Taille pile après ref : %d\n", lua_gettop(L)); // Devrait être 0

    // Plus tard, on peut récupérer la table en utilisant la référence
    printf("\nRécupération de la table depuis la référence :\n");
    // Pousse la valeur associée à 'ref' depuis le registre sur la pile
    int typeVal = lua_rawgeti(L, LUA_REGISTRYINDEX, ref);

    // Vérifier si on a bien récupéré une table
    if (typeVal == LUA_TTABLE) {
        printf(" Table récupérée avec succès\n");

        // Accéder à un champ de la table récupérée
        lua_getfield(L, -1, "message"); // Récupère table.message
        printf(" Message : %s\n", lua_tostring(L, -1));
        lua_pop(L, 1);  // Retire le message
```

```
        lua_pop(L, 1);   // Retire la table
    } else {
        printf(" Échec de récupération de la table (type: %s)\n",
lua_typename(L, typeVal));
        lua_pop(L, 1); // Retirer la valeur (nil ou autre)
    }
     printf(" Taille pile après récupération et pop : %d\n", lua_gettop(L));

    // Quand on n'a plus besoin de la référence, il faut la libérer
    // pour permettre au GC de collecter l'objet si aucune autre référence
n'existe.
    luaL_unref(L, LUA_REGISTRYINDEX, ref);
    printf("\nRéférence %d libérée\n", ref);

    // Essayer de récupérer la table à nouveau (devrait échouer ou donner nil)
    typeVal = lua_rawgeti(L, LUA_REGISTRYINDEX, ref);
    printf(" Après libération, type obtenu : %s\n", lua_typename(L,
typeVal)); // nil
    lua_pop(L, 1);   // Retirer la valeur nil

    lua_close(L);
    return 0;
}
```

Cet exemple montre comment stocker et récupérer des valeurs Lua en utilisant le registre et les références, ce qui est essentiel pour gérer des références de longue durée dans le code C sans empêcher le ramasse-miettes de fonctionner.

Gestion des Ressources avec Userdata

Lorsque userdata enveloppe des ressources externes (comme des handles de fichiers, des connexions de base de données, de la mémoire allouée manuellement), un nettoyage approprié via la métaméthode __gc est essentiel :

```
#include <stdio.h>
#include <stdlib.h> // Pour malloc/free (si nécessaire)
#include <string.h> // Pour strdup, strerror
#include <errno.h>  // Pour errno
#include <lua.h>
#include <lauxlib.h>
#include <lualib.h>

// Structure pour une ressource fichier C
typedef struct {
    FILE *fichier;
```

```c
    char *nomFichier; // Garder une copie du nom
    int estFerme;
} RessourceFichier;

// Créer une nouvelle ressource fichier
static int fichier_ouvrir(lua_State *L) {
    const char *nomFichier = luaL_checkstring(L, 1);
    const char *mode = luaL_optstring(L, 2, "r");

    // Allouer la mémoire pour notre structure dans Lua (sera gérée par GC)
    RessourceFichier *rf = (RessourceFichier*)lua_newuserdata(L,
sizeof(RessourceFichier));
    rf->fichier = NULL;      // Initialiser
    rf->nomFichier = NULL;
    rf->estFerme = 1;      // Considéré fermé jusqu'à succès

    // Associer la métatable AVANT d'ouvrir potentiellement le fichier
    luaL_setmetatable(L, "RessourceFichier");

    // Essayer d'ouvrir le fichier C
    rf->fichier = fopen(nomFichier, mode);
    if (!rf->fichier) {
        // Retourner nil et le message d'erreur
        lua_pushnil(L);
        lua_pushfstring(L, "Impossible d'ouvrir '%s': %s", nomFichier,
strerror(errno));
        return 2;
    }

    // Succès : stocker le nom et marquer comme ouvert
    rf->nomFichier = strdup(nomFichier); // Allouer et copier le nom
    rf->estFerme = 0;

    // Laisser le userdata sur la pile
    return 1;
}

// Lire une ligne du fichier
static int fichier_lireligne(lua_State *L) {
    RessourceFichier *rf = (RessourceFichier*)luaL_checkudata(L, 1,
"RessourceFichier");
    luaL_argcheck(L, !rf->estFerme, 1, "Tentative d'utiliser un fichier fermé");

    char buffer[2048]; // Buffer pour lire la ligne
    if (fgets(buffer, sizeof(buffer), rf->fichier)) {
        // Enlever le \n final s'il existe
        size_t len = strlen(buffer);
```

```c
        if (len > 0 && buffer[len-1] == '\n') { buffer[len-1] = '\0'; }
        lua_pushstring(L, buffer); // Pousse la ligne lue
        return 1;
    } else {
        // Fin de fichier ou erreur
        return 0; // Retourne nil (rien sur la pile)
    }
}


// Écrire dans le fichier
static int fichier_ecrire(lua_State *L) {
    RessourceFichier *rf = (RessourceFichier*)luaL_checkudata(L, 1,
"RessourceFichier");
    luaL_argcheck(L, !rf->estFerme, 1, "Tentative d'utiliser un fichier fermé");
    // Obtenir tous les arguments à écrire
    int n = lua_gettop(L);
    for (int i = 2; i <= n; i++) {
        size_t len;
        const char *s = luaL_checklstring(L, i, &len); // Obtient chaîne et
longueur
        if (fwrite(s, sizeof(char), len, rf->fichier) != len) {
            return luaL_error(L, "Erreur d'écriture dans le fichier");
        }
    }
    // Optionnel : forcer l'écriture sur disque
    // fflush(rf->fichier);
    return 0;
}


// Fermer le fichier explicitement
static int fichier_fermer(lua_State *L) {
    RessourceFichier *rf = (RessourceFichier*)luaL_checkudata(L, 1,
"RessourceFichier");
    if (rf->estFerme) return 0; // Déjà fermé

    printf("Fermeture explicite fichier: %s\n", rf->nomFichier);
    fclose(rf->fichier);
    free(rf->nomFichier); // Libérer la mémoire allouée par strdup
    rf->fichier = NULL;
    rf->nomFichier = NULL;
    rf->estFerme = 1;
    return 0;
}


// Ramasse-miettes (__gc) - appelé automatiquement par Lua
static int fichier_gc(lua_State *L) {
```

```
    RessourceFichier *rf = (RessourceFichier*)luaL_checkudata(L, 1,
"RessourceFichier");
    // Fermer seulement s'il n'a pas déjà été fermé explicitement
    if (!rf->estFerme) {
        printf("Fermeture par GC fichier: %s\n", rf->nomFichier ? rf->nomFichier
: "(nom inconnu)");
        fclose(rf->fichier);
        free(rf->nomFichier); // Libérer la mémoire
    }
    // Pas besoin de libérer 'rf' lui-même, Lua s'en charge (car créé avec
newuserdata)
    printf("GC pour userdata fichier\n");
    return 0;
}


// Représentation textuelle (__tostring)
static int fichier_tostring(lua_State *L) {
    RessourceFichier *rf = (RessourceFichier*)luaL_checkudata(L, 1,
"RessourceFichier");
    lua_pushfstring(L, "Fichier(%s, %s)",
                    rf->nomFichier ? rf->nomFichier : "???",
                    rf->estFerme ? "fermé" : "ouvert");
    return 1;
}


// Enregistrer le type RessourceFichier
int luaopen_ressourcefichier(lua_State *L) {
    // 1. Créer et enregistrer la métatable
    luaL_newmetatable(L, "RessourceFichier");

    // 2. Définir __index = mt
    lua_pushvalue(L, -1);
    lua_setfield(L, -2, "__index");

    // 3. Enregistrer les métaméthodes et méthodes
    luaL_Reg methodes[] = {
        {"lireligne", fichier_lireligne},
        {"ecrire", fichier_ecrire},
        {"fermer", fichier_fermer},
        {"__tostring", fichier_tostring},
        {"__gc", fichier_gc},
        {NULL, NULL}
    };
    luaL_setfuncs(L, methodes, 0); // Enregistre les fonctions dans la métatable
    lua_pop(L, 1); // Enlever la métatable de la pile

    // 4. Créer la table bibliothèque
```

```c
    luaL_newlib(L, (luaL_Reg[]){
        {"ouvrir", fichier_ouvrir},
        {NULL, NULL}
    });
    return 1; // Retourne la table bibliothèque
}

int main(void) {
    lua_State *L = luaL_newstate();
    if (!L) return 1;
    luaL_openlibs(L);

    printf("Gestion des ressources avec userdata :\n");

    // Enregistrer le type RessourceFichier
    luaL_requiref(L, "FichierRes", luaopen_ressourcefichier, 1);
    lua_pop(L, 1);

    // Créer un fichier de test
    FILE *f = fopen("fichier_test.txt", "w");
    if(!f) return 1;
    fprintf(f, "Ligne 1: Test.\nLigne 2: Autre ligne.\n");
    fclose(f);

    printf("\nTest de RessourceFichier :\n");

    const char* code_test =
        "local f_res, err = FichierRes.ouvrir('fichier_test.txt', 'r')\n"
        "if not f_res then print('Erreur ouverture:', err); return end\n"
        "print('Fichier ouvert :', f_res)\n"
        "\n"
        "print('Lecture lignes :')\n"
        "local ligne = f_res:lireligne()\n"
        "while ligne do\n"
        "    print('  Lu:', ligne)\n"
        "    ligne = f_res:lireligne()\n"
        "end\n"
        "\n"
        "f_res:fermer()\n"
        "print('Après fermeture :', f_res)\n"
        "\n"
        "local f_ecriture, err2 = FichierRes.ouvrir('sortie_test.txt', 'w')\n"
        "if not f_ecriture then print('Erreur ouverture ecriture:', err2);
return end\n"
        "print('Fichier écriture ouvert :', f_ecriture)\n"
        "f_ecriture:ecrire('Ligne 1 écrite par Lua.\\n', 'Ligne 2 aussi.\\n')\n"
        "print('Laissant GC fermer f_ecriture...')\n"
```

```
        "f_ecriture = nil -- Rendre éligible au GC\n"
        "collectgarbage('collect') -- Forcer GC";

    if (luaL_dostring(L, code_test) != LUA_OK) {
        fprintf(stderr, "Erreur exécution test Lua : %s\n", lua_tostring(L, -
1));
    }

    lua_close(L);

    // Afficher le contenu du fichier de sortie
    printf("\nContenu du fichier de sortie :\n");
    f = fopen("sortie_test.txt", "r");
    if (f) {
        char buffer[256];
        while (fgets(buffer, sizeof(buffer), f)) { printf("%s", buffer); }
        fclose(f);
    } else { printf("(Impossible d'ouvrir sortie_test.txt)\n"); }

    // Nettoyer
    remove("fichier_test.txt");
    remove("sortie_test.txt");

    return 0;
}
```

Cet exemple montre une gestion appropriée des ressources pour les userdata qui enveloppent des ressources externes comme des handles de fichiers. La métaméthode __gc garantit que la ressource C (le FILE*) est libérée même si l'utilisateur Lua oublie d'appeler la méthode fermer explicitement.

Sujets Avancés et Bonnes Pratiques

Examinons quelques sujets avancés et bonnes pratiques pour l'intégration de Lua avec C.

Gestion des Erreurs à travers les Frontières Linguistiques

Une gestion correcte des erreurs est cruciale lors des appels entre Lua et C :

```
#include <stdio.h>
#include <lua.h>
#include <lauxlib.h>
#include <lualib.h>
```

```
// Fonction C qui peut lever une erreur Lua
static int peut_echouer(lua_State *L) {
    lua_Integer n = luaL_checkinteger(L, 1);

    if (n < 0) {
        return luaL_error(L, "Valeurs négatives non autorisées (%d)", n);
    }
    if (n == 0) {
        // Créer une erreur détaillée avec trace
        luaL_traceback(L, L, "Tentative de division par zéro", 1);
        return lua_error(L); // Lève l'erreur (la trace est au sommet)
    }
    lua_pushinteger(L, 100 / n);
    return 1;
}


// Fonction C qui appelle du code Lua de manière sûre
// Retourne: true, resultats... ou false, message_erreur
static int appeler_lua_securise(lua_State *L) {
    // Arg 1: la fonction Lua à appeler
    luaL_checktype(L, 1, LUA_TFUNCTION);

    // Préparer pcall: pusher le gestionnaire d'erreur (traceback)
    lua_pushcfunction(L, gestionnaire_erreur_trace); // Utilise le gestionnaire
de l'exemple précédent
    lua_insert(L, 1); // Insérer le gestionnaire avant la fonction et les args

    int nbArgs = lua_gettop(L) - 2; // Nombre d'arguments passés à cette
fonction C (excluant fonction et gestionnaire)

    // Appeler pcall
    int statut = lua_pcall(L, nbArgs, LUA_MULTRET, 1); // LUA_MULTRET =
n'importe quel nb de retours
                                                     // 1 = indice du
gestionnaire d'erreur

    lua_remove(L, 1); // Enlever le gestionnaire d'erreur de la pile

    if (statut != LUA_OK) {
        // Erreur: le message d'erreur formaté est au sommet
        lua_pushboolean(L, 0); // false (indicateur d'erreur)
        lua_insert(L, -2); // Mettre 'false' avant le message d'erreur
        return 2; // Retourne false + message_erreur
    } else {
        // Succès: les résultats sont sur la pile
        int nbResultats = lua_gettop(L);
```

```
        lua_pushboolean(L, 1); // true (indicateur de succès)
        lua_insert(L, 1); // Mettre 'true' avant les résultats
        return nbResultats + 1; // Retourne true + tous les résultats
    }
}


int main(void) {
    lua_State *L = luaL_newstate();
    if (!L) return 1;
    luaL_openlibs(L);

    printf("Gestion erreurs inter-langages :\n");

    // Enregistrer les fonctions C
    lua_pushcfunction(L, peut_echouer);
    lua_setglobal(L, "peut_echouer");

    lua_pushcfunction(L, appeler_lua_securise);
    lua_setglobal(L, "appeler_lua_securise");

    // Tester les fonctions
    printf("\nTest gestion erreurs :\n");

    const char* code_test =
        "-- Test peut_echouer avec entrée valide\n"
        "print('\\nAppel peut_echouer(4) :')\n"
        "local resultat = peut_echouer(4)\n"
        "print(' Résultat :', resultat)\n"
        "\n"
        "-- Test peut_echouer avec erreur gérée par Lua (pcall)\n"
        "print('\\nAppel peut_echouer(-1) via pcall :')\n"
        "local succes, err = pcall(peut_echouer, -1)\n"
        "print(' Succès :', succes, ' Erreur :', err)\n"
        "\n"
        "-- Test peut_echouer avec erreur (division par zéro)\n"
        "print('\\nAppel peut_echouer(0) via pcall :')\n"
        "succes, err = pcall(peut_echouer, 0)\n"
        "print(' Succès :', succes, ' Erreur :', err)\n" -- Devrait inclure la
trace
        "\n"
        "-- Définir une fonction Lua qui peut échouer\n"
        "local function fonction_lua(x)\n"
        "    if x < 0 then error('Entrée négative : ' .. x) end\n"
        "    return x * 2\n"
        "end\n"
        "\n"
```

```
        "-- Test appeler_lua_securise avec succès\n"
        "print('\\nAppel sécurisé de fonction_lua(5) :')\n"
        "local ok, res = appeler_lua_securise(fonction_lua, 5)\n"
        "print(' ok :', ok, ' Résultat :', res)\n"
        "\n"
        "-- Test appeler_lua_securise avec erreur\n"
        "print('\\nAppel sécurisé de fonction_lua(-10) :')\n"
        "local ok, erreur = appeler_lua_securise(fonction_lua, -10)\n"
        "print(' ok :', ok, '\\n Erreur :', erreur)"; -- L'erreur aura la trace

    if (luaL_dostring(L, code_test) != LUA_OK) {
        fprintf(stderr, "Erreur exécution test Lua : %s\n", lua_tostring(L, -
1));
    }

    lua_close(L);
    return 0;
}
```

Cet exemple montre des techniques pour gérer les erreurs à travers la frontière Lua/
C, y compris l'utilisation du paramètre de gestionnaire d'erreurs dans `lua_pcall` pour
obtenir des traces de pile utiles.

Sécurité des Threads et États Multiples

Lors de l'utilisation de Lua dans un environnement multithread, il est important de
garantir la sécurité des threads. L'approche standard et la plus sûre est d'utiliser **un
état Lua distinct (`lua_State`) pour chaque thread**. Un `lua_State` n'est **pas** thread-
safe.

```c
#include <stdio.h>
#include <pthread.h> // Pour pthreads (exemple Unix/Linux/macOS)
#include <lua.h>
#include <lauxlib.h>
#include <lualib.h>

// Structure pour passer des données aux threads
typedef struct {
    int id_thread;
    const char *script;
} DonneesThread;

// Fonction exécutée par chaque thread
void* executer_script_lua(void *arg) {
    DonneesThread *donnees = (DonneesThread*)arg;
```

```c
    printf("Thread %d démarrage\n", donnees->id_thread);

    // Créer un NOUVEL état Lua pour ce thread
    lua_State *L = luaL_newstate();
    if (!L) {
        fprintf(stderr, "Thread %d: Erreur création état Lua\n", donnees-
>id_thread);
        return NULL;
    }
    luaL_openlibs(L); // Chaque état a ses propres bibliothèques

    // Définir une globale avec l'ID du thread
    lua_pushinteger(L, donnees->id_thread);
    lua_setglobal(L, "ID_THREAD");

    // Exécuter le script fourni
    int statut = luaL_dostring(L, donnees->script);
    if (statut != LUA_OK) {
        fprintf(stderr, "Thread %d erreur: %s\n",
                donnees->id_thread, lua_tostring(L, -1));
        // lua_pop(L, 1); // dostring nettoie en cas d'erreur
    }

    // Nettoyer l'état Lua de ce thread
    lua_close(L);

    printf("Thread %d terminé\n", donnees->id_thread);
    pthread_exit(NULL); // Terminer le thread pthreads
    return NULL;
}

int main(void) {
    printf("Sécurité des threads et états Lua multiples :\n");

    pthread_t threads[2];
    DonneesThread donnees_thread[2];

    // Définir les scripts pour chaque thread
    donnees_thread[0].id_thread = 1;
    donnees_thread[0].script =
        "print('Thread ' .. ID_THREAD .. ' exécute')\n"
        "local s = 0\n"
        "for i = 1, 5e6 do s = s + i end -- Simulation travail\n"
        "print('Thread ' .. ID_THREAD .. ' somme=' .. s)";

    donnees_thread[1].id_thread = 2;
```

```
        donnees_thread[1].script =
            "print('Thread ' .. ID_THREAD .. ' exécute')\n"
            "local t = {}\n"
            "for i = 1, 5 do t[i] = i * ID_THREAD end\n"
            "print('Thread ' .. ID_THREAD .. ' table=' .. table.concat(t, ','))\n"
            "for i = 1, 3e6 do end -- Simulation travail";

    // Créer les threads
    for (int i = 0; i < 2; i++) {
        int rc = pthread_create(&threads[i], NULL, executer_script_lua,
&donnees_thread[i]);
        if (rc) {
            fprintf(stderr, "Erreur création thread %d: %d\n", i+1, rc);
            return 1; // Ou gérer l'erreur
        }
    }

    // Attendre la fin des threads
    for (int i = 0; i < 2; i++) {
        pthread_join(threads[i], NULL);
    }

    printf("\nTous les threads terminés\n");
    return 0;
}
```

Cet exemple montre l'utilisation de plusieurs états Lua pour la sécurité des threads. Chaque thread possède son propre état Lua, évitant ainsi les conflits. Partager un seul `lua_State` entre plusieurs threads nécessite une synchronisation externe complexe et n'est généralement pas recommandé.

Considérations de Performance

Lors de l'intégration de Lua avec C, la performance peut être une préoccupation. Voici quelques techniques pour optimiser la performance :

```c
#include <stdio.h>
#include <time.h> // Pour clock()
#include <lua.h>
#include <lauxlib.h>
#include <lualib.h>

// Fonction utilitaire pour chronométrer des opérations
double chronometrer_operation(void (*operation)(lua_State *L), lua_State *L,
const char *nom) {
```

```c
    clock_t debut = clock();
    operation(L); // Exécute l'opération à tester
    clock_t fin = clock();

    double ecoule = (double)(fin - debut) / CLOCKS_PER_SEC;
    printf("%-35s: %.6f secondes\n", nom, ecoule);
    return ecoule;
}

// --- Fonctions de Test ---

// Accès répétitif à une table sans mise en cache de valeur
void test_acces_table_non_cache(lua_State *L) {
    luaL_dostring(L, "local t = {valeur = 42}; local somme = 0; for i = 1,
1000000 do somme = somme + t.valeur end; return somme");
    lua_pop(L, 1);
}

// Accès répétitif à une table avec valeur mise en cache
void test_acces_table_cache(lua_State *L) {
    luaL_dostring(L, "local t = {valeur = 42}; local somme = 0; local v =
t.valeur; for i = 1, 1000000 do somme = somme + v end; return somme");
    lua_pop(L, 1);
}

// Surcharge d'appels de fonction Lua
void test_appels_fonction(lua_State *L) {
    luaL_dostring(L, "local function f(x) return x end; local res; for i = 1,
1000000 do res = f(i) end; return res");
    lua_pop(L, 1);
}

// Calcul direct sans appels de fonction
void test_calcul_direct(lua_State *L) {
    luaL_dostring(L, "local res; for i = 1, 1000000 do res = i end; return
res");
    lua_pop(L, 1);
}

// Concaténation de chaînes avec ..
void test_concat_operateur(lua_State *L) {
    luaL_dostring(L, "local s = ''; for i = 1, 10000 do s = s .. 'a' end; return
#s");
    lua_pop(L, 1);
}

// Concaténation de chaînes avec table.concat
```

```c
void test_concat_table(lua_State *L) {
    luaL_dostring(L, "local t = {}; for i = 1, 10000 do t[i] = 'a' end; local s
= table.concat(t); return #s");
    lua_pop(L, 1);
}

// Implémentation C d'une fonction simple
static int c_iterer(lua_State *L) {
    lua_Integer n = luaL_checkinteger(L, 1);
    lua_Integer somme = 0;
    for (lua_Integer i = 1; i <= n; i++) { somme += i; }
    lua_pushinteger(L, somme);
    return 1;
}

// Test implémentation Lua vs C
void test_implementation_lua(lua_State *L) {
    luaL_dostring(L, "local function somme(n) local r=0; for i=1,n do r=r+i end;
return r end; return somme(1000000)");
    lua_pop(L, 1);
}

void test_implementation_c(lua_State *L) {
    lua_pushcfunction(L, c_iterer);
    lua_pushinteger(L, 1000000);
    lua_pcall(L, 1, 1, 0); // Utiliser pcall pour être sûr
    lua_pop(L, 1);
}


int main(void) {
    lua_State *L = luaL_newstate();
    if (!L) return 1;
    luaL_openlibs(L);

    printf("Considérations de performance :\n\n");

    // Enregistrer la fonction C
    lua_pushcfunction(L, c_iterer);
    lua_setglobal(L, "c_iterer"); // Rendre dispo pour tests Lua si besoin

    // Lancer les tests
    printf("Test accès table :\n");
    chronometrer_operation(test_acces_table_non_cache, L, "Accès table non-
caché");
    chronometrer_operation(test_acces_table_cache, L, "Accès table caché");
```

```
    printf("\nTest surcharge appels fonction :\n");
    chronometrer_operation(test_appels_fonction, L, "Appels de fonction");
    chronometrer_operation(test_calcul_direct, L, "Calcul direct");

    printf("\nTest concaténation chaîne :\n");
    chronometrer_operation(test_concat_operateur, L, "Concaténation avec ..");
    chronometrer_operation(test_concat_table, L, "Concaténation avec table");

    printf("\nTest implémentation Lua vs C :\n");
    chronometrer_operation(test_implementation_lua, L, "Implémentation Lua
(somme)");
    chronometrer_operation(test_implementation_c, L, "Implémentation C
(somme)");

    lua_close(L);
    return 0;
}
```

Cet exemple illustre plusieurs techniques d'optimisation des performances, notamment la mise en cache des valeurs de table, la minimisation des appels de fonction, la concaténation efficace de chaînes et l'implémentation de fonctions critiques pour les performances en C.

Bonnes Pratiques pour l'Intégration Lua/C

Basé sur les exemples que nous avons vus, voici quelques bonnes pratiques pour l'intégration de Lua avec C :

1. **Utilisez la pile Lua avec précaution** : Maintenez toujours la pile correctement, en poussant et retirant les éléments si nécessaire. Utilisez `lua_gettop` et `lua_settop` pour contrôler l'état de la pile.
2. **Gérez les erreurs avec élégance** : Utilisez `lua_pcall` avec un gestionnaire d'erreurs (`luaL_traceback` est un bon point de départ) pour attraper et gérer les erreurs Lua depuis C. Utilisez `luaL_error` ou `lua_error` pour signaler des erreurs depuis C vers Lua.
3. **Gérez la mémoire et les ressources** : Nettoyez correctement les ressources, en particulier lorsque vous travaillez avec des userdata (`__gc`). Utilisez le registre Lua et `luaL_ref`/`luaL_unref` pour les références C de longue durée vers des objets Lua.
4. **Vérifiez les arguments des fonctions C** : Utilisez les fonctions `luaL_check*` (comme `luaL_checknumber`, `luaL_checkstring`, `luaL_checkudata`) pour valider les arguments reçus de Lua et fournir des messages d'erreur clairs.

5. **Utilisez le registre pour les références persistantes** : Stockez les valeurs Lua qui doivent persister dans le registre avec une gestion appropriée des références.

6. **Implémentez les userdata avec des métatables** : Pour les types de données complexes, utilisez des userdata complets avec des métatables pour fournir une interface propre et idiomatique en Lua (méthodes, opérateurs, __gc, __tostring).

7. **Assurez la sécurité des threads** : Utilisez des états Lua séparés pour chaque thread, ou implémentez un verrouillage externe approprié si vous partagez un état (non recommandé).

8. **Optimisez pour la performance si nécessaire** : Implémentez le code critique pour les performances en C. Utilisez des techniques comme la mise en cache pour minimiser la surcharge des appels entre Lua et C.

9. **Suivez les idiomes Lua** : Faites en sorte que les fonctions C et les userdata se comportent comme des objets Lua natifs pour une API cohérente.

10. **Documentez votre API** : Documentez clairement l'interface entre Lua et C, y compris les signatures de fonctions, la gestion des erreurs et les attentes en matière de gestion de la mémoire.

Résumé du Chapitre

Dans ce chapitre, nous avons exploré l'intégration de Lua avec C/C++, l'une des caractéristiques les plus puissantes de Lua. Nous avons appris comment embarquer Lua dans des applications C, appeler des fonctions Lua depuis C, appeler des fonctions C depuis Lua, travailler avec des userdata pour représenter des structures C, et gérer la mémoire et les ressources à travers la frontière linguistique.

Nous avons également examiné des sujets avancés comme la gestion des erreurs, la sécurité des threads et l'optimisation des performances, et nous avons établi des bonnes pratiques pour l'intégration Lua/C.

La capacité d'intégrer Lua de manière transparente avec C permet des architectures d'application puissantes et flexibles, où le code critique pour les performances peut être implémenté en C tandis que la logique de haut niveau peut être écrite en Lua. Cette intégration a fait de Lua un choix populaire pour l'embarquement dans des applications dans divers domaines, du développement de jeux aux systèmes embarqués.